中國制度史研究 3

突破棘闈：太平天國科舉與社會史

彭靖著

蘭臺出版社

II 突破棘闈：太平天國科舉與社會史

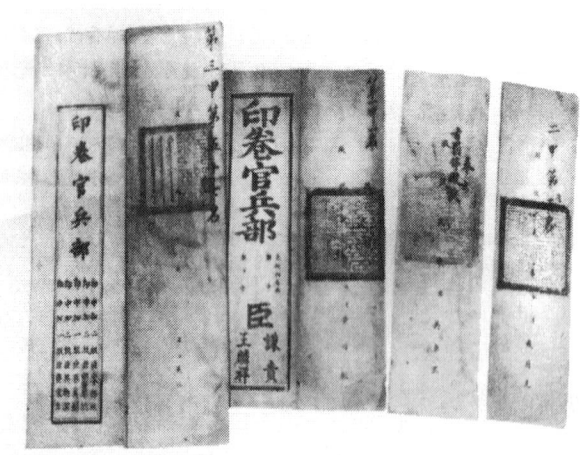

圖1　武殿試試卷（中國第一歷史檔案館收藏）
光緒六年（1880年）

圖2　武舉拿石照

圖3　南京總統府天王寶座
（太平天國時期，作者拍攝）

封前插圖 III

圖4 天王洪秀全玉璽

圖5 太平天國女狀元傅善祥

圖6 末代探花商衍鎏

IV 突破棘闈:太平天國科舉與社會史

圖7 被太平軍攻克時的上海西門城牆

圖8 位於上海浦東高橋「太平天國烈士墓」

圖9 位於浙江金華,天平天國侍王府

圖10 侍王府現存壁畫（局部）
（收藏在浙江金華，太平天國侍王府）

圖11 「英雄會」
太平天國北伐軍進佔天津府靜海縣期間所繪年畫（夏春濤提供）

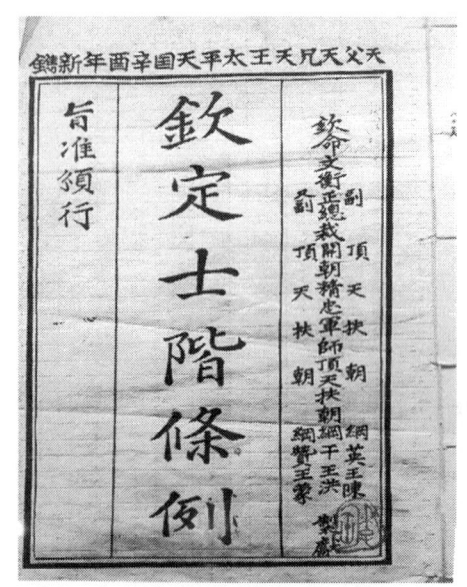

圖12　太平天國頒布《欽定士階條例》
（南京太平天國歷史博物館收藏／作者拍攝）

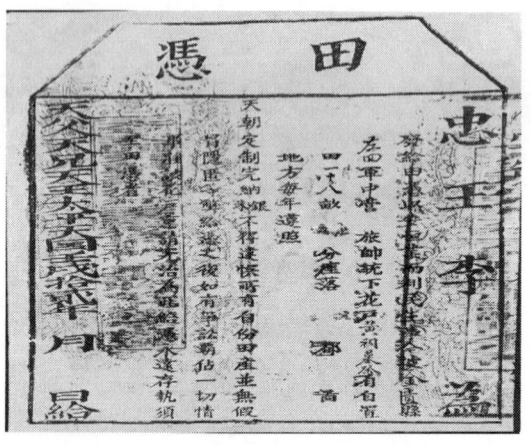

圖13　1862年，忠王李秀成頒發的「田憑」
（南京太平天國歷史博物館收藏／作者拍攝）

目　錄

序章：寫在歷史留白處　1

上篇　太平天國科舉史

第一章：太平天國前的中國社會　7
　　一、前所未有的危機局面　7
　　二、反清運動此伏彼起　11
　　三、自然災害層出不窮　14

第二章：咸豐與同治時期的科舉歷程　16
　　一、會試恩科、展緩與補科　16
　　二、鄉試加科、展緩與借浙闈補行　24
　　三、鄉試展停、補行的原則與特點　74

第三章：咸豐與同治時期鄉會試的應試特色　78
　　一、變化莫測的赴考旅途　78
　　二、寬嚴相濟的考試策略　81
　　三、「捐輸廣額」政策的實施與廢止　85
　　四、太平天國科舉考試的特色　99

第四章：洪秀全的科舉之路與起義思想　104
　　一、少年生活與學堂時代　106
　　二、屢試不第的科舉歷程　107

三、洪秀全起義思想的來源　109
四、實現開科取士的步驟　114

第五章：太平天國對科舉的改革與實踐　117
一、太平天國初期的科舉考試　118
二、定都天京後的科舉制度與實踐　119
三、太平天國後期的科舉制度與管理　123
四、太平天國《欽定士階條例》的實施　134
五、設立女試與選拔女狀元　136
　　附：太平天國狀元名錄　142
六、對於考試生員的照顧與變革措施　142

第六章：太平天國科舉改革的意義與社會影響　145
一、太平天國對科舉制度改革的起因　145
二、太平天國科舉改革的意義　148
三、太平天國科舉改革的社會影響　149
四、太平天國對科舉制度改革的利弊分析　156

第七章：江南貢院與太平天國時期的變遷　163
一、太平天國前的江南貢院　164
二、林則徐三次監臨江南貢院　170
三、江南貢院：考場與監獄　175
四、太平天國對於南京貢院的改造　180
五、曾國藩推動江南貢院鄉試與經濟影響　183
六、陳獨秀眼中的江南貢院　190

下篇　太平天國社會史
第八章：晚清上海與太平天國　194
一、小刀會起義與太平天國　195
二、太平軍首次進攻上海　200

三、太平軍第二次攻打上海　206
四、太平天國時期上海城市與人口現狀　222

第九章：湘軍崛起與太平天國興亡　226
一、曾國藩與湘軍的組建　226
二、曾國藩治理湘軍的謀略　231
三、曾國藩與洪秀全的成敗原因　235
四、太平軍在軍事戰略上的失誤　243

第十章：民眾基礎變遷與太平天國興亡　246
一、初期建立良好的民眾基礎　246
二、土地問題與腐敗現象導致民眾基礎變遷　255
三、民變事件頻發與政權根基動搖　258

第十一章：美國與太平天國興亡　264
一、太平天國前的中美關係　264
二、美國傳教士的參與和影響　267
三、美國的敵對態度與對太平天國的鎮壓　277

第十二章：太平天國王府與壁畫藝術　283
一、王府建築的數量、分類與特徵　284
二、太平軍佔領南京前的臨時王府　285
三、在南京建造或改建的王府　288
四、太平天國在南京以外的王府　293
五、太平天國壁畫藝術的記載與起因　297
六、侍王府壁畫的價值與創作者　300

後記　306

序章：寫在歷史留白處

　　太平天國運動，是洪秀全領導的中國近代歷史上一次轟轟烈烈的革命大起義，也是19世紀中葉中國的一場大規模反清運動。從1851年（咸豐元年）開始，至1864年（同治三年）結束，持續14年，縱橫17個省，對於推翻滿清政權統治起到了重要的影響作用。

　　這次大起義發生在中國剛剛進入近代的早期階段，勢必帶有當時的歷史特點。其中，在推行科舉考試方面，在太平天國初期，太平軍攻克永安、武昌之後，就舉行過科舉考試。從史料上看，太平軍每佔領一地，就發表布告示，進行臨時性的考試，這是其雛形。1853年洪秀全定都於南京後，就正式開科取士，到1862年止，共舉行過十次京試，從未間斷。

　　在科舉考試形式上，雖然太平天國前期與明、清兩代相似。但是，後期在制度與內容上，都具有強烈的改革創新精神。例如，1861年洪仁玕等人起草頒行《欽定士階條例》，經過作者研究證明，已經在天京之外省分實施，並在對於考試生員的照顧與變革措施方面，也比清廷更

加人性化。先後錄取幾百名進士，其中文、武狀元17人。並專門設立女試，考選女狀元。太平天國除科舉之外，同時還有招賢制度，這些都是太平天國在選拔人才制度方面做出的重大貢獻。

目前，在已出版的研究科舉制度的各類著作，往往僅是研究隋、唐、宋、元、明、清幾個所謂的正統王朝。這些朝代立國時間長，實行科舉制度時間久，把它們作為研究的重點自然是應該的。但是這樣做的結果給人一種錯覺，似乎除了幾個正統的王朝之外，其它政權就沒有實行過科舉考試。實際上不僅洪秀全建立的太平天國實行過科舉考試，張獻忠建立的大西國也曾開科取士，也考取有狀元，但是卻沒有文獻記錄。而太平天國的歷史要長得多，更具有代表性，並具有相關文獻記載。

鄧嗣禹在為太平天國史專家簡又文，出版《太平天國全史》一書撰寫時序言曾指出：「太平天國革命為十九世紀中國政治社會經濟一大巨變。其重要性與法國大革命，美國南北戰爭相仿佛」。[1] 而對於這一時期科舉制度改革意義的評價，他在其所著《太平天國與西方列強》一書中又曾指出：「太平天國的科舉考試制度，對於中國傳統考試制度產生過重要的影響作用。」[2]

2012年，王凱旋在其出版的《中國科舉制度史》一書中，也強調：「從科舉史的角度說，太平天國科舉實踐是中國科舉制度和科舉文化的重要內容，其許多內容仍是值得今後認真考證、發掘和分析研究的。」[3] 因此，將這一階段的科舉制度作為研究專著來論述，就使得對於科舉制度的研究更加全面。同時，也是人們全面研究科舉制度，正確認識和評

---

[1] 簡又文，《太平天國全史》，北京：猛進書屋，1961年，鄧嗣禹序言。
[2] Teng Ssu-yu, *The Taiping Rebellion and the Western Powers*, Oxford: The Clarendon Press, 1971, P.164.
[3] 王凱旋，《中國科舉制度史》，瀋陽：萬卷出版公司，2012年，第421頁。

價太平天國不可或缺的一個重要視角。

另一方面，在國內目前出版的，涉及太平天國科舉制度的書籍極少。1961年商衍鎏出版的《太平天國科舉考試紀略》，仍是至今研究太平天國科舉制度最全面的書籍。但是，此書僅是對這一階段的科舉事件的粗略記述，附加應試詩文，輔以個別考證，並未對其利弊得失做任何分析。同時，還存在有個別記述不准與錯誤之處。近年，國內研究學者已發表論文予以指正。[4]

研究太平天國科舉，就不能僅局限於科舉考試本身，而應該從科舉文化與社會史的多角度，立體化進行研究。本書分為十二章，從第一章到第六章為本書的「上編」部分，詳細論述了從太平天國前的中國社會、到太平天國同時期，咸豐與同治時期的科舉歷程與應試特色；洪秀全的科舉之路與起義思想，太平天國對科舉的改革與實踐，太平天國科舉的意義與社會影響等方面內容，結合大量史料進行全方位、綜合性分析與研究。同時，針對現有研究成果的不足之處，補充作者的觀點與評論。

早在2013年，作者在《中國考試》期刊上，就曾經發表過多篇科舉制與公務員制度改革、高考制度完善與國際影響力提升方面的論文。[5] 其中一篇涉及太平天國科舉與高考制度改革的論文，[6] 2020年曾被華東理工大學碩士論文引用。同時，收錄在廈門大學教育研究院，研究學者發表的〈21世紀以來我國「科舉與高考」研究述評〉文章之中。並作為引用論文，給予重點評論。

4　王立新，〈咸同年間文闈停科問題考訂〉，載《近代史研究》，2016年第5期。
5　彭靖，〈科舉制的當代價值：國際影響力的提升與公務員制度改革〉，載《中國考試》，2013年第1期；彭靖，〈科舉制對於中國婦女社會地位的影響作用〉，載《中國考試》，2013年第10期。
6　彭靖，〈從太平天國科舉制看當今高考制度改革〉，載《中國考試》，2013年第3期。

2013 年，作者在《中國考試》期刊上的，發表的另外一篇論文〈科舉制的當代價值：國際影響力的提升與公務員制度改革〉，從 2015 年到 2020 年期間，不僅被河南大學等三所高校的碩士論文引用，同時還被俄羅斯莫斯科大學，亞洲和非洲研究所東方政治學系副博士論文引用，並發表長篇評論。[7] 2019 年，由作者主編《鄧嗣禹文集》（八卷本）獲批為國家出版基金資助專案，2023 年 8 月由華中師範大學出版社出版。其中，按照原作者的寫作風格，作為增補版本書籍，將「太平天國之考試制度」作為一個章節，補充在鄧嗣禹《中國考試制度史》書中。此次，作者進一步修改與完善了上述方面的內容。

江南貢院是江蘇、安徽兩省生員共同的鄉試場所，在中國科舉的發展史上，有著十分重要的地位，也是從事科舉學研究學者重點關注的內容。目前，從科舉文化角度而言，現有研究成果側重於科舉制度廢除後，江南貢院的存廢之爭，兼及貢院規模的變化；從社會史的角度而言，相關研究學者論述太平天國時期南京城的變遷時，並未能涉及到江南貢院的問題。[8] 然而，林則徐對於江南貢院的整頓措施，太平天國對江南貢院的改造與使用，以及江南貢院擴建的原因；曾國藩推動江南鄉試，對於恢復南京經濟繁榮等問題，尚未予以充分討論，導致對太平天國前後江南貢院的研究呈現斷裂狀態。

再有，目前國內外研究科舉與江南貢院的學者，許多人普遍認為：「三場考試共九天，吃喝拉撒全在一間約一點三平方米的號房內。」[9]

---

[7] 郝倫（Хао Лун），《中國當代公務員系統的運行與發展》，俄羅斯，莫斯科國立大學副博士論文，2015 年，第 85-86 頁。

[8] 夏春濤，〈太平天國時期南京城的變遷〉，載《太平天國與晚清社會》，北京：北京師範大學出版社，2018 年，第 32-46 頁。

[9] 唐浩明，《唐浩明評點曾國落奏摺》，濟南：山東人民出版社，2018 年，第 226 頁。

然而，在《續纂江寧府志》中記載：「同治五年（1866年），兩江總督李鴻章收買貢院迤西民宅基地，增建號舍2812間，曰狀元新號，加廁房81所。」[10] 從李鴻章「加廁房81所」的歷史記載，以及陳獨秀撰寫的《實庵自傳》中，對於所謂「屎號」和吃飯問題的描述，[11] 說明這是不符合實際情況的事。為此，作者將以上有爭議的問題，作為第七章節的部分內容，詳細加以辯證與論述。

從第八章到第十一章為本書的「下編」部分，結合現有的研究成果，作者從社會史的視角出發，梳理太平軍對於晚清上海的影響，論述了湘軍與淮軍崛起、民眾基礎變遷，以及美國與太平天國興亡三個方面的關係。

目前，國內科舉研究學者普遍認為：1864年4月洪秀全病逝，6月天京失陷，則事實上，《欽定士階條例》這一制度並未開始全面施行便告夭折。依據國內科舉學權威學者的論述，還有學者認為，直到1864年，《欽定士階條例》中的規定才正式生效，但此時已距太平天國滅亡之期不遠。可以說，《欽定士階條例》自頒布之後，從未完整地貫徹與落實。但是，筆者經查閱史料與分析後認為，事實並非如此。詳見第五章第四節「太平天國《欽定士階條例》的實施」。

在太平天國眾多王府中，還保存有各種壁畫。在王府裝飾藝術上，太平天國的壁畫藝術具有獨特的風格，且具有較高的藝術價值與觀賞價值。在太平天國對於歷史與人類的貢獻之中，最為輝煌的藝術成就是壁畫。太平天國壁畫，極大地推動了我國壁畫的進步，是繪畫史上的一朵璀璨奇葩。

10　轉引《續纂江寧府志》第5卷，第13頁。
11　陳獨秀，《實庵自傳》，北京：中華書局，2015年，第80-81頁。

截止目前為止，太平天國壁畫發現約35處，集中分佈於江蘇、浙江和安徽三省。所以，國內學者太平天國壁畫研究主要集中於這三省發現的壁畫上面。但是，太平天國北伐時，太平軍進佔天津府靜海縣期間，所繪年畫在楊柳青一帶發現。這是目前研究學者尚未涉及與研究的內容。因此，第十二章以「太平天國王府與壁畫藝術」為題，進行論述。

　　太平天國運動，是集農民反抗思想之大成，數百萬太平軍民投身起義浪潮的革命運動，具有深刻的正義性，其歷史影響深遠，並值得認真總結與借鑑。受時代和階級的局限性，太平天國提不出新的社會改造方案，大多數始終難以突破前朝舊制。太平天國的民眾基礎，從最初階段軍民關係融洽，促進與繁榮經濟發展，到後期實踐上背離〈天朝田畝制度〉的基本主張，未能很好解決土地問題。加上後期腐敗問題嚴重，各項措施卻愈加繁雜無序，苛捐雜稅不勝其濫，導致民變情況不斷發生，從而喪失了民眾的基礎與支持。

　　洪秀全等天國領袖找不到走出農民戰爭失敗宿命的新路，歷經14年的革命運動，在清政府與美英法三國侵略者的聯合夾擊下，最終歸於失敗。但是，太平天國革命運動代表了19世紀中葉，中國人民反抗壓迫剝削、反抗外來侵略的時代訴求，其革命性與進步性影響深遠。

彭　靖

2024 年 3 月 1 日

寫於上海，海上書屋

2025 年 3 月修改

第一章：太平天國前的中國社會

在鴉片戰爭過後，太平天國起義之前，中國社會的弊端更加深重，清政府的威望幾乎全部喪失，出現了前所未有的危機局面。鴉片戰爭中國家軍費開支增加，戰後付出巨量賠款，這些負擔最後都落到了農民身上。全國各地戰亂的形勢更加迫切，各地人民反抗清朝統治者的大小暴動連連發生，且此起伏彼。再加上自然災害層出不窮的因素，由此拉開了太平天國起義的序幕。

一、前所未有的危機局面

1842年8月29日，耆英代表清朝政府，在英軍炮口的威逼下，簽訂了喪權辱國的《南京條約》，這是中國晚清時期簽訂的第一份不平等條約。次年，耆英又在廣州與英方先後訂立《五口通商章程》和《五口通商附善後條款》，作為對《南京條約》的補充條款。鴉片戰爭期間，接二連三的慘敗與沉重打擊，如同五雷轟頂一般，令一直沉湎於「天朝上國」夢幻中的道光帝，及其文武百官們極為震驚。此前，他們對外部

世界，特別是歐美國家的真實情況幾乎一無所知。

從公正的角度評價道光皇帝，他親政勤政，生活儉樸，對於被迫簽訂的《南京條約》，他抱恨終生，也常常覺得愧對列祖列宗，故在彌留之際留下遺詔：「朕萬年之後，斷不可行郊配之禮。」不可為他設立「神聖功德碑」。[1]由此說明，他自身並不糊塗。

然而，作為清朝的最高統治者，他太愚昧於世界形勢，天朝上國之夢積習實在太深。而對於西方殖民主義者的貪得無厭的欲望和本性，他明顯缺乏清醒的認識和作為。以為中英議和條約既然已簽，英夷的願望已經得到滿足，中國就會像從前那樣回復永久性的平靜。鴉片戰爭過後，他不積極去總結失敗的教訓，力求中國的改革振興，反而堵塞言路，諱談西方之事。直到道光三十年（1850年）去世為止，大清帝國在政治、軍事、經濟和文化等各個方面，仍然原封未動，中國現代化根本還沒有起動。因此，戰後十年的黃金歲月，就這樣像流水一樣白白流失掉了。

鴉片戰爭之後，清政府也誤認為西方國家入侵中國是暫時的，他們的要求滿足之後便不會再來，簽訂的《南京條約》不過就是一次「暫事羈縻」。但事實遠非如此，外國殖民主義者的野心與欲望永遠是不會滿足的。

咸豐十年（1860年），英法兩國發動了第二次鴉片戰爭，清政府又以失敗而告終，被迫再次先後簽訂《天津條約》、《北京條約》。中國不得不再次向英、法國支付巨額賠款，增開通商口岸，並且允許外國公使進駐北京等等。

第二次鴉片戰爭改變了清政府對西方國家的短視看法。此後，西方

---

[1] 馬平安，《晚清殤史：大清王朝滅亡之謎》，北京：中國文史出版社，2012，第36頁。

國家也認清了大清帝國的虛弱本質，他們頻頻挑起事端，對中國的權益要求不斷增加。與此同時，清政府經過兩次慘敗的沉重打擊，對西方國家的看法也逐漸由蔑視變為恐懼。但是，失敗一個接著一個，除了滿足西方列強要求之外，清政府已經別無選擇。[2] 自古以來，中國至高無上的皇權破天荒地受制於西方列強，並開始出現前所未有的危機局面。

面對西方列強的入侵，可能給中國政治帶來重大影響的這一問題，早在一百多年前，馬克思就敏銳地觀察到：「隨著鴉片日益成為中國人的統治者，皇帝及其周圍墨守成規的大官們也就日益喪失自己的權力。」[3] 不僅如此，伴隨著巨額賠款的出現，外國公使的進駐北京，不平等貿易的往來與擴大，通商口岸的開放與增加，傳教士的紛紛到來等，西方對於中國的影響逐步擴大並不斷深入。西方政治、文化終於成為中國人關注的焦點，中國在被動挨打中被納入了以西方文化為霸主地位的世界文明體系之中。

西方上帝中國行的第一個成果，就帶動了一個落第秀才，名叫洪秀全的人，於咸豐元年（1851年）初在帝國的南方，發起了一次中國歷史上規模最大，由社會底層知識分子組織的造反運動。清政府沒有想到的是，他們賴以生存的經制軍：八旗、綠營等部隊，在這場戰爭中很快被消滅殆盡。為了整治與自救，清政府被迫下放緊握在手中的權力，開始允許地方漢人自建軍隊，同時授權兵為將有。從此，「內輕外重」的政治格局開始形成。而且，漢人的建國意識也因此而開始復甦。以太平天國運動和第二次鴉片戰爭為分水嶺，清朝帝國在瑟瑟秋風中，終於步

2　馬平安，《晚清殤史：大清王朝滅亡之謎》，北京：中國文史出版社，2012年，第3-4頁。

3　馬克思、恩格斯，《馬克思恩格斯選集》第2卷，北京：人民出版社，1972年，第2-3頁。

入了它的晚期時代。

　　鴉片戰爭之所以成為大清帝國歷史上的一個轉捩點，是由戰爭雙方不同文明、不同軍事實力、不同武器裝備之間的衝突和較量所決定的。

　　胡繩在《從鴉片戰爭到五四運動》一書中，提出了這樣一個值得深思的問題。這就是：在鴉片戰爭中，英國軍隊的人數不過七千，而且還是不識地理、不諳地形、勞師遠征的疲憊之師，充其量不過是一批規模較大的海盜而已，為什麼清政府調集的十萬軍隊，在數量上占著絕對的優勢，卻不能應付這群遠道而來的七千海外之人？

　　原來，通過大量的戰報與奏章的分析之後，胡繩發現：從內地調來的清軍雖然人數眾多，但卻是軍餉嚴重缺乏的軍隊，他們行動遲緩，戰鬥力極低。等到他們趕到廣東，機動靈活的英軍早已殺向內地。於是，這幫饑餓之師，便就地搶掠百姓，「遇避難百姓，指為漢奸，攘奪財物」。這樣的軍隊完全是一群嚴重缺餉的烏合之眾，他們不去禍殃地方就已經不錯了，還能指望他們去為國殺敵？由此，胡繩得出結論：鴉片戰爭失敗，是由於清軍的腐敗，以及英軍採取了清軍不擅長的海洋戰爭的手段所致。[4] 此外，還有清軍武器裝備極度落後方面的因素。

　　當時，清軍武器裝備落後，主要以弓箭、大刀與長矛等冷兵器為主，少量裝備火繩槍、滑膛炮等老式武器。戰船很多以「薄板舊釘」製成，「遇擊即破」。這樣的軍隊，難以擔負起保衛國家的重任。

　　同時，英軍擁有堅船利炮，清朝軍隊在沿海和他們硬拼，期望速戰速決，是沒有勝利希望的。但是，如果不與敵人在海上交鋒，而把敵人引入內河與內地，堅持持久作戰，使敵人失去所長，導致後援不濟。清

4　胡繩，《從鴉片戰爭到五四運動》，上海：華東師範大學出版社，2021年，第34-36頁。

軍就可以揚長避短，取得最後勝利。日後，中國抗日戰爭的勝利，就是最好的佐證。

二、反清運動此伏彼起

鴉片戰爭過後，中國社會的弊端更加深重，清政府的威望幾乎全部喪失，全國各地戰亂的形勢更加迫切。各地人民反抗清朝統治者的大小暴動連連發生，且此起彼伏。在北方有捻軍的反抗鬥爭；在南方有「天地會」的暴動；在少數民族聚居的地方，有回、苗、壯、瑤等各族人民的起義鬥爭；在浙江也發生許多次農民暴動和起義。最後終於爆發了太平天國農民運動。

在《中國近百年政治史》一書中，李劍農指出：從1841年到1850年的十年期間，全國無一年沒有民亂發生。他將收藏於《東華錄》中的諭旨，所涉及的內容摘錄如下：[5]

1841年，湖北崇陽縣人鐘人傑聚眾三千人，設立都督大元帥府，自稱鐘王，攻佔崇陽、通城兩縣，到次年始平定。1843年，湖南武岡人曾如炷、曾以得，因阻米出境，聚眾戕官，據守洪崖洞，謀起事，旋被捕。1844年，臺灣嘉義縣人洪協，與武生員郭崇高聚眾二千餘人謀起事，旋被捕；又湖南末陽縣段、陽二姓因抗糧起釁，聚眾千餘人，由陽大鵬統率進攻縣城，經月始平。1845山東捻軍滋事，聚眾拒捕，與官兵接仗。又廣東各屬土軍四起，諭軍機謂：

> 有人奏稱廣州府一帶土匪，劫掠為生，結黨聚會數萬餘人；其著名積匪，如香山、新會、順德等處，姓名皆歷歷可數；

5　李劍農，《中國近百年政治史》，武漢：武漢大學出版社，2006年，第48-49頁。

> 上年查拿之臥龍、三合等會匪，搜捕未靜，嗣後復有新安、新寧各縣匪徒，在香山之港口及隆都鄉，引人，千百為群，肆行無忌；又香山下沙地面，近來匪類漸多，地方文武，不肯實力查拿，以致農民不安耕作……又香山縣城內外，自上年冬至今年春夏之交，報劫者不下數千案……並有香山巡檢魯鳳林，被盜劫去，剃鬚勒贖等語。

1846年，山東嶧縣蘭山等處，盜劫頻行，並有擄人勒贖之案，諭令剿捕；又因廣東盜劫頻行諭令認真清查保甲。1847年，湖南新寧縣與廣西全州交界之黃坡崗瑤人雷再浩，與人民李輝、陳名機結黨糾眾，諭湘桂兩省合力剿辦，經年未平。1848年，諭軍機謂：「有人奏廣西盜劫各案……北流縣境有陳、李二姓，於道光二十六年為盜匪擄掠，橫州所屬南鄉墟地界，本年五月內有商船二十餘號，並遭劫搶，計贓一萬餘金……」。著桂撫鄭祖琛認真查辦。1849年，廣東陽山英德等縣盜徒滋事，命徐廣縉等剿辦。又廣西盜徒在廣東毗連一帶地方，聚眾滋事，都司鄧宗珩督兵追捕，負傷斃命；該徒並有鐵炮甚多，被官兵奪獲十二尊。又湖南新寧縣城被盜徒攻陷，戕殺知縣全家，經月始收復。1850年，因湘撫馮德馨剿亂不力，諭令兩湖總督裕泰督兵，會同廣西員弁進剿由湘竄桂之匪。

經過鴉片戰爭之後，國內階級矛盾主要是地主階級和農民階級這兩大階級間的矛盾是更加尖銳化了。戰爭暴露了封建專制政府在外國侵略者面前的無能，也暴露了它的外強中乾的本性。鴉片戰爭中國家軍費開支增加，戰後付出巨量賠款，這些負擔最後都落到了農民身上。他們遭受到更加沉重的封建剝削，許多人紛紛破產，或者失去僅有的田地。

我們現以浙江省為例。在浙江省博物館藏有一批土地買賣契約，寫

有破產農民出賣土地的原因。如道光二十七年（1847年），永康十二都水碓頭農民，週三元在賣給王俊卿土地契約上寫道：「今因年歲荒歉，口食缺需」。[6] 由此說明，週三元就是因為荒年口食無著落，而出賣賴以生存的土地。又如道光二十八年（1848年），桐廬縣皇袁氏在賣給族內親人，明灼的土地契約上寫道：「今因口食無辦」，出賣「三十六會會一股田六厘，得銀三錢。」[7] 這是因為皇袁氏沒有飯吃，只得將廟會中一股土地賣掉，得些錢來買糧充饑。

當時，浙江省漕額重、漕弊深，也有不少農民為了納錢糧而出賣土地。浙江省博物館所藏契約文書中，在乾隆十年，永康農民徐有漢出賣土地的契約，就寫有「因錢糧無辦」而出賣土地。最典型的要算桐廬皇姚氏，她在道光十八年，「因夫故男幼，所欠錢糧無辦，自情願將夫遺民地一處」出賣給皇甫坤。她契約中寫得原因很清楚，丈夫死了，兒子幼小，欠下大量錢糧，官府催逼緊迫，只得出賣土地，將所得之錢用來交納錢糧。有學者估計，在太平天國運動前夕，浙江等14省的土地，有40%-80%集中在10%-30%的少數人手中，佔有60%-90%比例的多數人沒有土地。[8]

除農民之外，手工業者、小商販等其他勞動人民也深受封建剝削之苦。當時，浙江各地關卡林立，捐稅繁多。僅杭州是一地，各式各樣的雜稅就有14種以上；城郊附近設徵收關口15處，稽查關口20處。同時，這些關卡「徵稅繁苛，關胥巡役等向來視為利藪，藉端需索，肆意誅求，商民視為畏途。」遂昌從事冶鐵的手工業工人較多，清政府就強迫冶鐵

6　王興福，《太平天國在浙江》，北京：社會科學文獻出版社，第10頁。
7　王興福，《太平天國在浙江》，北京：社會科學文獻出版社，第11頁。
8　王瑛，〈太平天國革命前夕的土地問題〉，轉引自牟安世，《太平天國》，上海：上海人民出版社，1979年，第10頁。

手工業工人交納鐵稅、鐵爐稅、砂炕稅。富春江產鱘魚，清政府除收魚稅外，又規定：「漁人首獲鱘，必獻之官」；還有所謂「官價」買魚，「半民間給錢」等等，有時官府人員連半價也不給。

勞動人民在封建統治階級敲骨吸髓的剝削下，過著悲慘的生活，遇到災荒，人們往往被迫「吃草吃糠，釜中食與餵豬料，溲相似，甚有數日不舉火者。」有的農民甚至忍痛賣兒，如浦江縣有一詩人寫了一首寫實的〈賣兒行〉：「囊無餘布炊無煙，不惜孤兒換斗粟……可憐母泣牽兒衣，兒將別母兒未知。」趙鈞在〈過來語〉中也載：「聞（溫州）南陳有賣一女，得錢八千，除開銷，到手只有數百，可憐屠極矣。」[9]因此，這些典型事例，都是導致在全國各地爆發農民起義運動的重要原因。

三、自然災害層出不窮

從道光二十一年（1841年）起，黃河曾連續三年三次決口，使得河南、山東、安徽很多地方被淹沒，死亡的人數以百萬計。道光二十六年至三十年間（1846-1850年）黃河流域和長江流域各省連續遭到嚴重的水災、旱災。尤其是道光二十九年（1849年）湖北、安徽、江蘇、浙江等省水災之重，為這些地區百年來前所未有。道光二十八年（1848年）廣東、廣西兩省又出現大旱天氣。這些所謂天災因素，很大程度上是在腐朽貪污的清代官僚機構把持下，水利長年失修的結果。

清朝統治者自己也承認，封建官僚機構已不能對人民做任何有利的事。兩江總督耆英在道光二十三年（1840年）上皇帝密折中說：「自古禦獸，攘外必先安內……今之牧令，不理民事，不問疾苦，動輒與民為難，以致民情渙散，內不自安，何暇攘外？」他又說：「官與民，民

9　王興福，《太平天國在浙江》，北京：社會科學文獻出版社，第13頁。

與兵役，已同仇敵，良民與莠民亦成水火。」[10] 耆英把這種現象說成是「壞官員」造成的，但他承認「好」的官員實在很難找到。他所說的實際上是腐朽的封建專制統治下尖銳的階級矛盾，這種階級矛盾是封建統治者自己解決不了的事。道光皇帝看了他的奏摺，只好批道：「所論一切情形均非虛妄，朕翻閱再三，倍覺可歎可恨！」[11] 當然，他不可能解決，也提不出任何解決辦法。

在這樣的社會背景下，被壓迫的農民大眾為解決這些矛盾站起來了。在鴉片戰爭後的幾年內，全國許多地區農民騷動以聚眾抗糧、持械戕官等各種形式零星地爆發，各種不同名目的秘密結社在農民和其他勞動群眾中十分活躍。特別是廣東、廣西和湖南一帶，在道光二十七年（1847年）以後，發生了若干次的農民武裝起義。雖然這些起義規模還是比較小的，但是充分反映晚清時期，民間反對清朝統治的現狀。至於純粹經濟性的盜匪現象的出現，更是幾乎無處不在。在這樣的社會形勢中，在國內外都有的深刻影響的，太平天國革命運動就此醞釀發動起來了。

10　故宮博物院編，《史料旬刊》第三十五期，北京：北京圖書館出版社，2008年，第 291-293 頁。
11　胡繩，《從鴉片戰爭到五四運動》，上海：華東師範大學出版社，2021年，第 65 頁。

第二章：咸豐與同治時期的科舉歷程

在太平天國運動爆發初始，1850年正月，道光皇帝愛新覺羅・旻寧病逝，享年69歲。道光帝在位30年期間，內憂外患不斷加劇，閉關鎖國政策的弊端日漸突顯。接下來的兩任皇帝咸豐、同治時期，中國雖然開展了洋務運動，但在資本主義列強的貪欲之下，無奈地逐漸步入半殖民地、半封建社會。

而在1851年初，在廣西爆發的太平天國農民起義，則更令清政府左支右絀、狼狽不堪，耗時20餘年，費盡無窮國力，才最終將太平軍鎮壓下去。再加上自然災害導致的「展期」。如1855年，黃河在河南省蘭考縣銅瓦廂地區決口。此時，清朝各省的科舉鄉試也不得不加以適當調整，以及採用展緩、補科和借浙闈補行等特殊方式得以延續。

一、會試恩科、展緩與補科

自康熙五十二年（西元1713年），康熙皇帝的60歲大壽開始，每逢新皇帝登基，或者皇帝、皇太后和太上皇的誕辰日，朝廷便開例鄉會

試恩科，以示優待所有士子，普天同慶。咸豐、同治年間，因新皇登基及皇帝誕辰，共增加三次恩科鄉會試，其中登極恩科二次，萬壽恩科一次。[1]

（一）會試恩科

在咸豐年間，根據史料記載，有「慶榜兩開，正科四舉」[2]的記錄。所謂「慶榜」，是指恩科鄉會試，一為咸豐皇帝登極恩科，二為咸豐皇帝30周歲萬壽恩科。

道光三十年（1850）正月，清宣宗旻寧駕崩，清文宗奕詝即位。是年二月丙子（13日）下旨：

> 為政以得人為首務。我朝列聖御極建元，均於三年大比之外特開鄉會恩科，廣羅俊彥。今朕纘承大統，宜遵成式，嘉惠士林。著於咸豐元年（1851）舉行鄉試恩科，二年舉行會試恩科，用副朕作育賢才至意。[3]

按照清代科舉管理制度，每三年舉行一次正科會試的正常運行軌跡，道光三十年（1850年）已經舉行過一次。因而，接下來的正科會試應該是在咸豐三年（1853年）舉行。但是，因為適逢新皇登基，因而仿照道光元年、二年舉行恩科鄉會試之例，直接在咸豐元年（1851）八月舉行恩科鄉試，次年三月舉行恩科會試。

是年，會試正考官為刑部尚書周祖培，副考官為兵部右侍郎杜翮、

1　劉海峰主編，王日根等著，《中國科舉通史・清代卷》，北京：人民出版社2020年版，第352頁。
2　《清文宗實錄序》，北京：中華書局1986年版，第3頁。
3　清・奎潤等纂修，《欽定科場條例》，載沈雲龍編，《近代中國史料叢刊三編》第471冊，第129頁。在《清文宗實錄》中，「嘉惠」應為「嘉會」。

內閣學士戴齡和兵部右侍郎何桂清。[4] 三月壬申，禮部將各省入場考試人數及擬錄取的貢士名額奏請文宗欽定。按照這項旨令，全國各省共應錄取貢士244人。四月辛丑，「策試天下貢士孫慶咸等二百三十九人於保和殿」[5]，以大學士裕誠、協辦大學士杜受田等八人為殿試讀卷官。乙巳，於太和殿傳臚，「賜一甲章鋆、楊泗孫、潘祖蔭三人進士及第，二甲彭瑞毓等一百八人進士出身，三甲何桂芳等一百二十八人同進士出身」[6]，所取進士人數與會試貢士人數相同。

清文宗奕詝，出生於道光十一年（1831年）六月初九日，咸豐十年（1861年）時正好是他的三十周歲。儘管此前，歷任皇帝從未有30周歲便舉行萬壽恩科的先例，但清文宗依然於咸豐九年正月，命令禮部著手組織咸豐十年庚申恩科會試：

> 朕自御極之初，特開恩榜，迄今已閱數年。緬惟皇考宣宗成皇帝五旬、六旬萬壽，均降旨特開鄉會試恩科，仰見宏敷教澤，行慶作人，有加無已。茲於咸豐十年屆朕三旬萬壽，允宜特開慶榜，嘉惠士林。著於本年八月舉行恩科鄉試，明年三月舉行恩科會試，用副朕簡拔人材至意。[7]

在咸豐十年三月會試期間，禮部將各省應試人數，以及擬錄取貢士人數奏請文宗欽定，奉旨滿洲、蒙古、漢軍、直隸、和奉天等，合計取中貢士190人。四月乙酉舉行殿試，「策試天下貢士徐致祥等一百九十

---

4 劉海峰主編，王日根等著，《中國科舉通史·清代卷》，北京：人民出版社2020年版，第353頁。
5 《清文宗實錄》卷六〇，咸豐二年四月辛丑，第789頁。
6 《清文宗實錄》卷六〇，咸豐二年四月乙巳，第792頁。
7 《清文宗實錄》卷二七三，咸豐九年正月癸酉，《清實錄》第44冊，北京：中華書局影印本，1987年版，第3頁。

人於保和殿」[8]；壬辰，於正大光明殿傳臚，「賜一甲鐘駿聲等三人進士及第，二甲黎培敬等八十二人進士出身，三甲崇謙等九十八人同進士出身」[9]，合計該科共錄取進士183人。而據《明清曆科進士題名碑錄》記載，該科進士共有189人，其中一甲3人，二甲80人，三甲106人。[10] 兩者對比略有差異。

在同治執政時期，歷時共計有13年，也有「正科五舉，慶榜一開」的記錄。清穆宗載淳5歲登基，18歲病故。其間，除了舉行五次正科鄉會試之外，僅舉行一次登極恩科會試，未及舉行萬壽恩科會試。咸豐十一年（1861年）七月，清文宗病逝，剛剛開始接受啟蒙教育的皇長子載淳被立為皇太子。同年十月，經過一番殘酷的政治鬥爭，載淳才得已「御太和殿即皇帝位」，慈安、慈禧太后垂簾聽政。於是，他在十月辛巳下旨：

> 為政以得人為首務，我朝列聖御極建元，均於三年大比之外，特開鄉會試恩科，廣羅俊彥。今朕纘承大統，宜遵成式，嘉惠士林。著於同治元年舉行鄉試恩科，二年舉行會試恩科，用副朕作育賢才至意。[11]

要求禮部按照咸豐初年的成例，舉行登極恩科。同治元年三月丙戌下旨：

> 本年壬戌科會試場期已近，各省來京會試舉人，有因道途梗

8　《清文宗實錄》卷二七八，咸豐十年四月乙酉，《清實錄》第44冊，北京：中華書局影印本，1987年版，第654頁。
9　《清文宗實錄》卷二七八，咸豐十年四月壬辰，第44冊，第666頁。
10　《清文宗實錄》卷二八六，元年十月辛酉，第45冊，第227頁。
11　《清文宗實錄》卷八，咸豐十一年十月辛巳，第226-227頁。

阻，到京遲誤，未與復試者，照例不得會試。惟念該舉人等志切觀光，遠道跋涉而來，或因經過水陸阻滯，並非有心遲誤。若照定例不准入場，未免向隅。所有各省現在到京未與複試之舉人，著加恩准其先行一體會試，俟場後再補行複試。其中如有應行罰停會試者，即由禮部知照知貢舉、將該卷扣除。並著禮部即日出示曉諭。於卷箱未經封送貢院以前，迅速辦理，俾得同沾嘉惠。此系因各省軍務未竣，道路多梗，用特格外加恩，嗣後不得援以為例。[12]

舉行該科會試時，正考官為工部尚書倭仁，副考官為兵部尚書萬青藜、署戶部左侍郎鄭敦謹，以及戶部右侍郎熙麟。考生入場後，禮部上報各省入場考生人數，奉旨合計，可以取中貢士196人。各省具體取中名額如下：

禮部以會試中額請。得旨：滿洲取中六名，蒙古取中一名，漢軍取中三名，直隸取中二十名，奉天取中二名，山東取中十六名，山西取中十一名，河南取中十七名，陝甘取中二十四名，江蘇取中十三名，安徽取中七名，浙江取中九名，江西取中十四名，湖北取中九名，湖南取中五名，福建取中三名，廣東取中八名，廣西取中十一名，四川取中七名，雲南取中六名，貴州取中四名。[13]

在是科殿試中，大學士桂良、周祖培等八人被任命為讀卷官。因四月二十五日「恭遇崇上母后皇太后、聖母皇太后徽號」[14]，禮部奏請咸

---

12 《清穆宗實錄》卷二一，同治元年三月丙戌，第567頁。
13 《清穆宗實錄》卷二三，同治元年三月丙午，第623頁。
14 《清穆宗實錄》卷二四，同治元年四月丁巳，第652頁。

豐帝，將原本在此日舉行的進士傳臚的日期，修改為五月初五日，並相應將本年的殿試日期推遲到五月初一日。殿試當日，因查出有「懷挾」（特指應試中的挾帶行為，或挾帶的文字等），貢士陳倬、程光溥和盧龍光三人被「斥革治罪」[15]。五月丙戌傳臚，「賜一甲徐郙、何金壽、溫忠翰三人進士及第，二甲陳彝等七十二人進士出身，三甲李江等一百十八人同進士出身」[16]，合計該科共取中進士 193 人。

（二）會試展緩與補科

清代武會試與文會試一樣，也是逢辰、戌、丑、未年舉行，九月初五日至十三日為外場，考試馬步與射箭技能，十六日入內場，默寫《武經》。咸豐九年（1860 年）十一月，兵部曾根據清文宗旨意，議定將武會試提前至八月初五日舉行。但是，這一規定並未在次年舉行的庚申恩科會試中得到執行。

咸豐十年（1861 年）七月，「軍機大臣面奉諭旨，本年庚申恩科武會試著仍於九月舉行」[17]。同年八月，因英法聯軍侵入北京，咸豐帝倉皇逃往熱河「舉行秋獮」。八月庚辰，內閣奉旨「本年庚申恩科武會試著展至壬戌科一併舉行，加倍取中」[18]。也就是說，計畫將該科武會試直接向後延緩二年，歸入即將到來的咸豐十二年舉行。但令清文宗始料未及的是，他的咸豐紀年只有 11 年，計畫中的咸豐十二年變成了同治元年。

咸豐十一年（1862 年）七月，清文宗駕崩之後的第四天，贊襄政務大臣載垣、端華、肅順等人便下令「展順天文鄉試於九月舉行，恩科

---

15 《清穆宗實錄》卷二七，同治元年五月壬午，第 725 頁。
16 《清穆宗實錄》卷二七，同治元年五月丙戌，第 732 頁。
17 清・奎潤等纂修，《欽定武場條例》，第 396 頁。
18 《清文宗實錄》卷三二八，咸豐十年八月庚辰，第 891 頁。

武會試於十月，順天武鄉試於十一月」[19]。1863 年十月，在清文宗駕崩 15 個月後，作為萬壽恩科的庚申科武會試終於得以舉行。「補行咸豐十年恩科武會試，派署兵部左侍郎王發桂知武舉，以刑部尚書趙光為正考官，翰林院侍講學士楊秉璋為副考官」[20]。十一月己丑，馬宏圖、劉英傑、德綬被賜一甲武進士及第，周克恭等 3 人被賜為二甲武進士出身，周杏林等 19 人被賜為三甲，同武進士出身。[21]

同治年伊始（1862 年），隨著太平天國起義逐漸被平定，加之北京地區本來就遠離戰爭中心，社會環境相對穩定，故而會試展緩情況未再發生。不過，同治七年（1868 年）曾因捻軍起義軍隊逼近京城，幾乎引發會試延期。是年，給事中福寬上奏同治帝：

> 本年會試屆期，捻逆擾至直隸，道路梗阻。現在新科到京舉人，尚屬無幾。各省士子進京，必出河間、保定兩道，傳聞警信，時有戒心。倘於試期無幾，勢必折回。本年閏在四月時尚寬。懇飭部查照科場改期例，速展緩一月，並請於議行後明降諭旨，飛飭各省督撫予沿途曉諭，俾士子咸知會試緩期，仍得踴躍赴試。[22]

「給事中」一職，秦漢為加官，晉以後為正官。明代給事中分吏、戶、禮、兵、刑、工六科，輔助皇帝處理政務，並監察六部，糾彈官吏。清初沿明制，亦設給事中一職，但無員額限制。雍正七年，給事中升為正五品。

19　《清史稿》卷二二《穆宗紀》，第 770 頁。
20　《清穆宗實錄》卷七，咸豐十一年十月戊辰，第 183 頁。
21　《清穆宗實錄》卷九，咸豐十一年十一月乙丑，第 241 頁。
22　清·奎潤等纂修，《欽定科場條例》，李兵、袁建輝點校，長沙：嶽麓書社，2020 年，第 11-12 頁。

在奏文中，福寬強調指出：因為張宗禹率領的西捻軍擾亂直隸，導致道路梗阻，新科舉人抵達至京參加會試的人並不多。因為各省士子進京必經河間與保定兩條路，而現在路途險阻，可能會使應試舉人遲滯甚至折回住所不參加本年會試，而且結合本年閏四月，時間尚為寬鬆，因此他建議皇帝下旨給禮部，要求他們將會試展緩一月舉行。

這一奏摺由同治帝轉發給禮部。後經眾人研究認為不宜採納，理由有三個方面。第一，如果清廷貿然決定展緩會試，已經達到京城等待會試的考生則會因為「資斧維艱」，難以久候；第二，即便是展緩一月再行會試，也會因為各種原因，無法使考生全部知曉會試延期的消息；第三，會試涉及人數太多，即便是謄錄、對讀等人員已有近千人之多，無法等待一月之久。因此，禮部主張可以視具體情況，臨時決定是否需要展緩試期。如屆時到京舉人數量並不少於往屆，則不必展緩試期。到了三月初，禮部收到呈奏到部，報名的舉人人數已經達到3600多人，較此前幾科的考試人數相差不大，因而奏准本年會試仍舊按期舉行。

1868年，主持會試的正考官為協辦大學士、吏部尚書朱鳳標，副考官為吏部尚書文祥、兵部尚書董恂和都察院左副都御史繼格，共取貢士272人。殿試讀卷官為大學士倭仁、吏部尚書單懋謙等八人。其中，錄取一甲進士為洪鈞、黃自元、王文在三人，二甲進士為許有麟等127人，三甲進士為鄭賢坊等140人。[23]

在咸豐、同治年間，清廷除了根據時勢變化而適時調整會試的試期之外，還曾就其它相關考試事項實施調整。如咸豐十年（1861年）三月辛卯，針對禮部所奏，新中舉人到京逾期請求准其補行複試的情況，

23　劉海峰主編，王日根等著，《中國科舉通史・清代卷》，北京：人民出版社2020年版，第357頁。

清文宗下旨，「所有江西舉人歐陽銜等及廣西舉人梁嶸椿到京已逾複試之期，實因道路梗阻，事出有因，著准其補行複試，以示體恤」，並特別強調，「嗣後不得援以為例」。[24]

二、鄉試加科、展緩與借浙闈補行

在咸豐、同治時期，鄉試恩科與會試相一致，即咸豐元年（1851年）八月、同治元年（1862年）八月均為清文宗、清穆宗的新皇登極恩科，咸豐九年八月為清文宗三十壽誕的萬壽恩科，前文均有交代。值得關注的是，咸同時期因太平軍起義及各地反清鬥爭的影響，南方各省乃至北方省分多有鄉試展緩之事，但事後都曾設法補救，不令士子有向隅之歎。根據最早奏請鄉試延期的時間次序，咸同、時期各省鄉試展緩的情形如下。

（一）廣西省

廣西省是太平天國起義最早爆發的地區，也是清朝各地最早奏請展緩鄉試的省分。太平軍揮師北上以後，大批清軍尾隨而去。天地會首領朱洪英、胡有祿等人，利用這一個有利的時機，也率眾發動了大起義，並建立「升平天國」。之後，太平軍轉戰湘、桂、黔三省，直至1864年才告平息。此外，在廣西境內，還有1855年建立於潯州府的大成國；1861年在太平府建立的「延陵國」等各種天地會農民政權，反清鬥爭歷經10餘年。在此期間，廣西省多科鄉試因戰亂原因被迫延期，並與其他年份的科次合併舉行。

咸豐元年（1851年）六月，廣西巡撫鄒鳴鶴奏報，廣西軍務未竣，各屬士子大多都在組織團練保衛鄉里，而文武官員也都無法抽身參與鄉

24　《清文宗實錄》卷三一一，咸豐十年三月辛卯，第566-567頁。

試事務，請求將廣西鄉試展期舉行。經由禮部議准後，廣西辛亥恩科文鄉試展期至本年十月舉行，武鄉試則展緩至次年四月舉行。禮部傳令已經啟程，趕往廣西的兩位鄉試正、副考官，編修劉昆和給事中汪元方「無論行抵何處，著即馳驛回京」。[25]

咸豐元年八月，廣西巡撫鄒鳴鶴、廣西學政孫鏘鳴再次上奏，因軍務未靖，本年十月依然無法舉行鄉試。禮部再次議准，將本年辛亥恩科鄉試「展至來年與壬子正科一併舉行，倍額取中」[26]。然而，到了咸豐二年三月，清朝再次降旨規定，如果咸豐二年八月依然無法舉行鄉試，那麼可以在咸豐三年，為廣西省「特開一科，仍倍額取中，並予廣額」[27]。這就意味著，因為軍情緊急，清廷願意特准廣西突破科舉制度規定，可以在並非法定的年份舉行鄉試。

到了咸豐三年四月，廣西巡撫勞崇光再次上奏，請求再順延一年。咸豐四年四月甲戌，咸豐皇帝諭令內閣，廣西巡撫勞崇光、學政吳福年共同奏請，將咸豐元年（1851年）辛亥恩科、咸豐二年壬子正科文武鄉試再展緩一年，原因是「各屬土匪尚未淨盡，士子等辦理團練保衛鄉間，勢難赴省應試」。由此說明，咸豐皇帝可以准奏，將這兩科鄉試分別歸併到咸豐五年乙卯科、咸豐八年戊午科舉行，其中的錄取名額，「乙卯科照本科定額及辛亥科定額、廣額取中，戊午科照本科及壬子科定額取中」[28]。然而，到了咸豐五年（1855年）四月丁巳，朝廷再次下旨，因廣西巡撫勞崇光奏請，准許廣西省「於來春體察情形，如果地方安靖，即行奏諸，於咸豐六年特開一科，將乙卯、辛卯兩科歸併舉行，並按照

25　《清文宗實錄》卷三六，咸豐元年六月庚寅年，第492頁。
26　清・奎潤等纂修，《欽定科場條例》，載沈雲龍編，《近代中國史料叢刊三編》第471冊，第60頁。
27　《清文宗實錄》卷五七，咸豐二年三月巳卯，第759頁。
28　《清文宗實錄》卷一二六，咸豐四年四月甲戌，第224頁。

定額、廣額取中，以昭慎重」。[29]

另據《清秘述聞續》卷六記載，咸豐六年（1856年）廣西補行辛亥、乙卯兩科鄉試，考官為侍講學士畢道遠、編修丁紹周，解元為蒼梧人李燧。[30] 侍講學士，為中國古代中央政府官職之一，明朝等為從五品，清為從四品。該官職主要配置於內閣或翰林院，轄下有典簿、侍詔等職位，主要任務為文史修撰，編修與檢討。1912年，清朝滅亡後，該官職廢除。

據咸豐七年（1857年）禮部議准，兩科舉人可歸科的原則，咸豐六年所錄取的100名廣西舉人，名義上雖然分別屬於辛亥、乙卯兩科，但為了便於吏部銓選與禮部複試，他們最終全部都被算作，咸豐五年乙卯科的舉人。而此後，所有因延期而歸併到後科錄取的舉人，他們也都只能算做，最晚科份考中的舉人。如江南、江西兩省於咸豐九年己未恩科帶補，咸豐五年乙卯科鄉試、福建省於咸豐九年己未恩科帶補，咸豐八年戊午科鄉試，經咸豐十年奏准，均「照成案歸入己未恩科，以昭畫一」[31]。

咸豐八年，廣西省本應舉行本年戊午科，以及補行咸豐二年壬子科鄉試。但這年五月壬午，巡撫勞崇光上奏，因「軍務未竣，請將本年戊午科鄉試展限辦理」[32]。朝廷下旨，廣西省可以再次打破科舉制度規定，在非鄉試年份的「來年春間，察看情形，再行援照成案奏請特開一科」[33]。

---

29 《清文宗實錄》卷一六六，咸豐五年四月丁巳，第826頁。
30 清・王家相、魏茂林、錢維福，《清秘述聞續》，第695頁。
31 清・奎潤等纂修，《欽定科場條例》卷一〈鄉會試期〉，載沈雲龍編，《近代中國史料叢刊三編》第471冊，第142頁。
32 《清文宗實錄》卷二五三，咸豐八年五月壬午，第927頁。
33 清・奎潤等纂修，《欽定科場條例》卷一〈鄉會試期〉，載沈雲龍編，《近代中國史料叢刊三編》第471冊，第73頁。

然而，咸豐九年是清文宗三十萬壽恩科鄉試之期，廣西省本應舉行己未恩科鄉試。五月丙子，巡撫勞崇光再次上奏，「請將應行文武鄉試展緩到來年秋天舉辦」，清廷也沒什麼更好的辦法，只能批復「從之」。[34] 廣西省鄉試再度展緩一年。

轉眼到了咸豐十年，廣西省再次面臨要補行三次鄉試的局面，而咸豐十一年又是正常的鄉試年份。為此，新任廣西巡撫劉長佑奏請，「本年應補行九年己未恩科鄉試，展至來年秋間舉行，仍將壬子科歸併辦理。其來年辛酉正科及戊午一科，展至十二年奏請特開一科舉辦」[35]。咸豐十一年四月丁丑，朝廷下旨：「著照所請，廣西省己未恩科並壬子正科文武鄉試，准其於本年歸併補行。所有本年辛酉科及戊午科鄉試，著於明年特開一科，歸併舉行」[36]，批准廣西巡撫劉長佑奏請補行文武鄉試的公文。

此道諭旨為咸豐十年4月發出，而7月咸豐皇帝去世，同治皇帝繼位，下旨以明年，即同治元年舉行登極恩科鄉試。故而在4月份諭旨中，確定的廣西於次年補行咸豐八年戊午科、咸豐十一年辛酉科的計畫也不得不予以變通。於是，咸豐十一年（1861年）八月，廣西省合併舉辦了兩科鄉試，即咸豐九年己未恩科及咸豐二年壬子正科鄉試，鄉試正、副考官分別為：編修洪調緯和禮部員外郎龔家俊；與咸豐六年一樣，雖然錄取的舉人數是平常的兩倍，但解元則只有一人，為灌陽縣人唐景

34　《清文宗實錄》卷二八二，咸豐九年五月丙子，第140頁。
35　清・奎潤等纂修，《欽定科場條例》卷一〈鄉會試期〉，載沈雲龍編，《近代中國史料叢刊三編》第471冊，第78頁。奏文中「十二年」，指「咸豐十二年」。當時誰都想不到，年僅30歲的咸豐皇帝僅在位十一年便突然駕崩。
36　《清文宗實錄》卷三四九，咸豐十一年四月丁丑，第1161頁。

崧。[37]

　　同治四年（1865年），唐景崧赴京參加會試、殿試，考中二甲第八名，賜進士出身。接著，他再次參加朝考，授翰林院庶起士。後來，唐景崧的兩個弟弟也相繼中進士、點翰林，遂有「同胞三翰林」的佳話。1895年，在34年之後，唐景崧被推舉為「臺灣民主國」的總統。[38]

　　同治元年（1862）壬戌九月，恩科鄉試開科，並帶補了咸豐八年戊午科，鄉試正、副考官分別為修撰章鋆和檢討趙新，解元為鎮平人鐘覺藜。[39]之所以沒有在法定時間的八月舉行，依然是因為「現在剿辦極緊，各屬士子齊團捍衛，遽難輕去其鄉」，因而只能選擇「酌量變通，將場其展限兩月。本年八月有閏，展至九月舉行，尚未過遲」[40]。同治三年（1864年），廣西各地起義軍多被鎮壓，地方漸趨穩定。巡撫張凱嵩奏請，除按期舉行本年甲子科鄉試外，並將咸豐十一年辛酉科鄉試「歸併補行辦理」[41]。五月，編修黃錫彤、吏部郎中王祺海分別被任命為廣西鄉試正、副主考官。八月，廣西省舉行了同治甲子科並帶補辛酉科鄉試，富川縣人毛色馨被錄取為解元。[42]

37　清‧王家相、魏茂林、錢維福，《清秘述聞續》，第705頁。按，《清秘述聞續》未注明補行壬子、己未鄉試。
38　唐景崧（1842-1903），字維卿（又作薇卿），號南注生，廣西灌陽縣人。清末愛國官員、將領。唐景崧於同治四年（1865年）中進士，選為庶起士，後授吏部主事。光緒十三年（1887年）正式赴任臺灣，光緒十七年（1891年）遷臺灣布政使，光緒二十年（1894年）署理臺灣巡撫。光緒二十一年（1895年），中日締結《馬關條約》，臺灣被割讓給日本，唐景崧被臺灣軍民推舉為抗日政權「臺灣民主國」的總統。
39　清‧王家相、魏茂林、錢維福，《清秘述聞續》，第710頁。
40　清‧奎潤等纂修，《欽定科場條例》卷一〈鄉會試期〉，載沈雲龍編，《近代中國史料叢刊三編》第471冊，第86頁。
41　清‧奎潤等纂修，《欽定科場條例》卷一〈鄉會試期〉，載沈雲龍編，《近代中國史料叢刊三編》第471冊，第148頁。
42　清‧王家相、魏茂林、錢維福，《清秘述聞續》，第715頁。

綜上所述，廣西省鄉試從自咸豐元年（1851年）展停，至咸豐十一年（1861年），共展停六科。從同治六年（1867年）丁卯科開始，廣西省鄉試開科期限復歸正常，而展緩與補科的情況不曾再次出現。

（二）湖南省

洪秀全、楊秀清在廣西境內轉戰十七個月，在攻打省城桂林未果後，再也難以在廣西徘徊了，他們選擇了進攻湖南的戰略。咸豐二年（1852年）五月，太平軍用地雷轟陷城牆攻佔全州後，水陸並進，直逼湖南道州。

全州貼近湖南道州，是廣西入湘之路。聽說太平軍遊弋於境裡，湖廣各界都為之震動，兩湖天地會亦響應太平軍發動起義。道州知州曹燮培臨時對外招募民團，勒令居民登城防衛，並邀請路過的都司武昌顯部四百人馬協助守城。[43]

太平軍原先是要繞過全州進入湖南境內的。可是就在全州戰鬥中，太平軍主要領導人之一，馮雲山不幸受傷。後來在附近的蓑衣渡，他因傷勢過重而身亡。馮雲山之死，是太平天國的巨大損失。

1852年五月癸酉，咸豐帝在批復湖南巡撫駱秉章的奏摺中，准其將湖南省壬子科文武鄉試改於次年舉行。十月，太平軍圍攻長沙不下，乃揮師東進，進逼湖北與江西省，次年正月中旬攻佔武昌，下旬攻佔九江。兵鋒所指，長江下游安徽、江蘇兩省，人心盡皆惶惶。

咸豐三年（1853年）四月，湖南巡撫潘鐸奏請，將壬子科鄉試「仍緩至下科一併舉行」[44]。所謂下科，即咸豐五年乙卯科，清廷批准所請。

---

43 盛巽昌，《實說太平天國》（增訂本），上海：上海書店出版社，2023年，第136頁。
44 《清文宗實錄》卷九一，咸豐三年四月庚寅，第236頁。

然而，咸豐五年五月，駱秉章再次上書，稟稱湖南「現辦防剿，體察情形，仍難舉辦」，請求展緩鄉試。清廷准其所請，命令將咸豐二年壬子科、咸豐五年乙卯科分別與咸豐八年戊午科、咸豐十一年辛酉科「次第歸併，分別額數，加倍取中，以昭慎重而廣登進」。[45] 不過，咸豐七年閏五月乙巳，根據湖南巡撫奏報，湖南全境已經肅清天平軍，可以補行此前展緩的鄉試。

為此清廷下旨，要求禮部先期具題正副考官。[46] 六月己未，翰林院編修楊泗孫、山西道御史錢桂森，兩人分別被派充湖南鄉試正、副考官。[47] 此次，湘鄉人龍汝翼考中解元。[48] 咸豐七年雖然不是法定鄉試年份，但這次開科卻使得咸豐八年戊午科鄉試可以正常開科，不必補行此前展緩的相關科次，應該說是一件好事。

咸豐九年，湖南軍務再次吃緊。五月，巡撫駱秉章上奏，「防剿未竣，請暫緩本年文武鄉試」[49]，得到清廷批准。咸豐十一年七月，清廷本已派出王溦、胡家玉為湖南本年鄉試正、副考官，因新任湖南巡撫毛鴻賓上奏「鄰氛逼近，驛路梗阻」，他請旨展緩舉行本年辛酉科及補行己未恩科鄉試。清廷無奈准其所請，並下旨命令兩位主考官「無論行抵何處，著即馳驛回京」。[50]

同治元年，為清穆宗登極恩科鄉試之期，本年四月，湖南巡撫毛鴻賓奏請，「將辛酉科鄉試歸併本科舉行，並帶補己未恩科文武鄉試」，

45　《清文宗實錄》卷一六四，咸豐五年四月辛丑，第 806 頁。
46　《清文宗實錄》卷二二八，咸豐七年閏五月乙巳，第 553 頁。
47　《清文宗實錄》卷二二九，咸豐七年六月乙未，第 574 頁。
48　清・王家相、魏茂林、錢維福，《清秘述聞續》，第 695 頁。
49　《清文宗實錄》卷二八二，咸豐九年五月甲戌，第 138-139 頁。
50　《清文宗實錄》卷三五六，咸豐十一年七月甲午，第 1250 頁。

清廷回復「從之」[51]五月，內閣學士綿宜、禮部員外郎王堃分別被任命為湖南鄉試正、副主考官。

據《清秘述聞續》記載，同治元年壬戌恩科僅帶補咸豐九年己未恩科鄉試，解元被長沙縣人周綬榮奪得；而咸豐十一年辛酉科則歸入同治三年甲子科鄉試一同辦理，正、副主考官分別為禮部侍郎龐鐘璐、編修祁世長，解元則是長沙縣人曹應祥。[52]另據查湖南地方誌所知，《清秘述聞續》的記載內容是正確的。據同治十二年成書的《衡陽縣誌》記載，[53]同治時期考中舉人者一共有四人。其中，胡鎮非、祝松雲為「元年壬戌恩科並補行己未恩科」舉人，王朝弼、彭寅為「三年甲子並補行辛酉」舉人。

綜上所述，湖南鄉試自咸豐二年（1852年）展停，至咸豐十一年（1861年），共展停四科。自同治六年（1867年）丁卯科開始，湖南省鄉試開科期限復歸正常。

（三）湖北省

湖北省是太平軍起義進展較為順利的省分。1853年1月12日清晨，太平軍於武昌文昌門下，採用挖掘地道的方式，用城下所埋火藥爆炸成功。林鳳祥率軍首先衝進缺口，李開芳、羅大綱等人相繼登上城樓。武昌是太平天國佔領的第一座省城，也是從廣西山溝裡出來後，所奪得的第一座大城市。

自金田團營吹起造反號角，太平天國軍人先後圍攻過廣西省城桂林

51　《清穆宗實錄》卷二五，同治元年四月丁卯，第676頁。
52　清‧王家相、魏茂林、錢維福，《清秘述聞續》，第708-709、712-713頁。
53　清‧彭玉麟、殷家俊，《衡陽縣誌》（同治）卷七，〈人物第十五〉，第461頁。

和湖南省城長沙。他們苦戰多日，將士死傷數千，仍都沒有攻下；相比之下，攻打武昌卻容易得多了，從圍攻動員令發佈，到登上武昌城樓只用了十六天時間。[54] 這表明太平軍的戰鬥力正在迅速強大起來。

太平軍攻佔武昌之所以順利，還有一個重要因素，就是得到了本地民眾的擁護。當太平軍兵臨城下時，城裡冷街僻巷就時常發現，有歡迎他們進城的佈告張貼；當太平軍進城時，人山人海的民眾焚香供桌、夾道相迎，家家戶戶門上張貼「順」字。太平軍是在歡呼聲中進駐武昌的。而常大淳等清朝官員為了抵禦太平軍進城，採用拆毀、焚燒民房的舉措則不得人心。

武昌是中華大城，號稱「九省通衢」、「神州中央」，長江、漢江在此交匯，十里長街，百貨充盈，千門巨室，萬家燈火。這對長年在農村轉戰、生活的太平軍將士和他們的領袖們來說，真像是到了一個洞天福地的花花世界。他們各個眼花繚亂，不知所措。

1854 年 6 月，太平軍西征湖北，第二次攻克武昌。與此同時，曾國藩在湖南組建湘軍，以湖南為基地，向東進擊，並於 1854 年 10 月迫使太平軍撤出武昌，重新控制湖北全境。曾國藩本以為可以「直搗金陵」，徹底鎮壓太平軍起義，沒想到卻在鄱陽湖大戰中被石達開迎頭痛擊。在此情形下，太平軍由秦日綱、陳玉成率領，向湖北發動大規模戰略反攻，1855 年 4 月第三次佔領武昌。直至次年年初，湘軍再次發動反擊圍攻武昌。1861 年太平軍英王陳玉成聯合捻軍，率部攻佔湖北省德安、黃州等縣城。由此可以看出，湖北全境都屬兩軍長期對壘僵持之地。

在此戰爭背景下，湖北省鄉試自然無法順利舉行。咸豐五年（1855

---

54 盛巽昌，《實說太平天國》（增訂本），上海：上海書店出版社，2023 年，第 156 頁。

年)六月丙申,湖北學政馮譽驥上疏,提出因「軍務未竣,防堵緊要,依限舉行,恐趕辦不及」,請求展緩本年乙卯科鄉試。清廷下旨,「准其展至戊午科歸併舉行,按照兩科定額取中」。[55]

咸豐六年(1856)十一月,清軍從太平軍手中奪回武昌城。然而。此時貢院已毀於戰火,蕩然無存,因經費無著,一直未予重建。咸豐八年又值鄉試正科,且需補行乙卯鄉試,湖廣總督官文命令,各府縣紳士勸諭士商捐輸,於四月開工重修貢院。但是,因湖北生監之應鄉試者向有八九千人,而貢院舊號舍數僅存7000間,不敷使用,遂於貢院附近購買民地,拓出號舍3000餘間,共興建號舍1萬餘間。[56]五月庚子,鑒於工程浩大,湖北巡撫胡林翼上奏:「湖北連年軍務,乙卯正科鄉試未能舉行,現值武漢肅清,規模粗定,所有本年戊午科及上屆乙卯科文武鄉試應即歸併舉行,以拔真才而揚士氣……八月場期緊迫,未能一律告竣,擬請展至九月舉行。即以九月初八日為正場,以次屆試。至文闈事竣,已屆初冬,武闈應請展至九年三月舉行。」[57] 5月26日,奉朱批「著照所請,禮部知道。」七月,翰林院侍講許彭壽、編修俞奎垣被分別派充湖北鄉試正、副考官。[58]八月,貢院竣工。九月,在湖北武昌舉行了戊午科並帶補乙卯科鄉試,9300餘名士子如願入闈應試。[59]黃安縣人徐宗一被錄取為該科解元。[60]

---

55 《清文宗實錄》卷一六九,咸豐五年六月丙申,第868頁。
56 王立新,〈咸同年間文闈停科問題考訂〉,載《近代史研究》2016年第5期,第144頁。
57 胡林翼,〈奏為查明試院現未修竣湖北本年鄉試請展限辦理事〉(咸豐八年五月十八日),中國第一歷史檔案館藏,錄副奏摺,03/4528/053。按:其中「九年」,應該為「次年」。
58 《清文宗實錄》卷二五八,咸豐八年七月乙酉,第1011頁。
59 官文:〈奏為湖北省城貢院捐造完竣請獎捐監工尤為出力各紳士事〉(咸豐八年十一月二十六日),中國第一歷史檔案館藏,錄副奏摺,03/4424/017。
60 清・王家相、魏茂林、錢維福,《清秘述聞續》,第696頁。

咸豐八年（1858年）戊午科鄉試，咸豐九年己未恩科鄉試都未停科，在湖北省順利舉行。[61]

咸豐十一年二月，太平軍英王陳玉成聯合捻軍，率部攻佔湖北德安、黃州等府縣，湖廣總督官文奏請將本年湖北省辛酉科鄉試，「展至明年秋間舉行」[62]。同治元年六月，翰林院侍讀學士顏宗儀、編修譚鐘麟被派遣擔任湖北鄉試正、副主考官。[63] 八月，湖北舉行了壬戌恩科帶補辛酉科鄉試，東湖縣人王賡颺被錄取為解元。而該科的湖北武闈鄉試，則展限到同治二年三月才告舉行。因為鄂皖邊境均戰事吃緊，湖北巡撫嚴樹森被派往巡察防剿，鄉試監考臨時改由湖廣總督官文代理。[64]

同治年間，湖北鄉試未曾見停科記錄。僅在同治三年（1864年）六月，湖廣總督官文上疏，稱「湖北防堵吃緊」，請求將本年鄉試展至九月舉行，清廷獲准後執行。[65] 是年，主考官為侍讀梁肇煌、編修王珊，解元為麻城縣余雅祥。

綜上所述，在咸同年間，湖北省鄉試先後展停過兩科，即咸豐五年乙卯正科、咸豐十一年辛酉正科。前者補行於咸豐八年，後者補行於同治元年。自同治六年（1867年）丁卯科以後，湖北省鄉試開科期限復歸正常。

（四）江蘇與安徽省

1853年2月9日，太平軍離開武昌，過五關斬六將，先後佔領江

61　清・昆岡、徐桐等纂，〈欽定大清會典事例〉第330卷「禮部・貢舉・鄉會試期」，載《清會典事例》第4冊，中華書局1991年版，第912-919頁。
62　清・奎潤等纂修，《欽定科場條例》卷一〈鄉會試期〉，載沈雲龍編，《近代中國史料叢刊三編》第471冊，第79頁。
63　《清穆宗實錄》卷三〇，同治元年六月丙辰，第813頁。
64　《清穆宗實錄》卷六〇，同治二年三月乙酉，第162頁。
65　《清穆宗實錄》卷一〇五，同治三年六月戊寅，第319頁。

西九江、安徽省城安慶，只用了一個月時間。真可謂是兵貴神速，勢如破竹。沿途雖關口重重，可是幾乎沒有硬仗，清軍聞風而潰，長江下游各要塞形同虛設。相傳前鋒打著雙旌繡旗：龍飛九五，重開混沌之天；虎賁三幹，直抵幽燕之地——不日便兵臨南京城下。

南京曾是明初朱元璋的都城，此前也曾是七朝古都（如東吳、東晉、南朝宋、齊、梁、陳、五代十國南唐等），虎踞龍盤，江闊山險，城高牆厚。內城由江寧將軍祥厚等人率八旗兵防守，外城由綠營兵防守。因為前線形勢吃緊，臨時又招募壯丁增設保衛局和籌防局。這些人雖多達萬人，卻從未受過訓練、打過仗。

太平軍對南京發動多次進攻，一度衝過吊橋，直抵城樓下；還在雨花臺報恩塔上駕炮轟城，炮彈如注，守軍畏縮不動。至晚，太平軍又抬出西天寺泥塑五百羅漢，排列成作戰隊形，前後左右中，插上戰旗，雄赳赳的樣子，再點燃蠟燭，煙霧騰騰，遠遠望去，在若明若暗的閃光裡，有如一群人馬。守軍以為敵人攻城，集中炮火猛轟，直到天明方才看清，可彈藥都耗費完了。

1853年3月20日，太平軍終於佔領南京全城。

9天後，洪秀全下令建都南京，並改為天京。建都天京，是太平天國自金田起義後勝利的頂峰。自此直至1864年天京陷落，南京一直是太平天國起義軍的中心所在，但也是太平天國開始走下坡路的起點。清朝在江南貢院舉行的科舉考試也被太平天國科舉考試所取代，清朝江南鄉試不得不一再改期，甚至借闈浙江補行鄉試。[66]

咸豐五年（1855年）五月壬午，兩江總督怡良奏請清廷，展緩江

66　彭靖，〈江南貢院與太平天國時期的變遷〉，載《科舉文化》2024年第1期。

南省乙卯科文武鄉試，因「軍務未竣，現在試期已近，體察情形，不能依限舉行」。清廷下旨，「准其展至戊午科歸併舉行，按照兩科定額取中，以昭慎重」[67]。當年的乙卯科鄉試最終不得不停科。咸豐八年四月，兩江總督何桂清奏請，「江寧省城未復，本科文武鄉試請展緩舉行」[68]，清廷下旨「奉旨准行」。不久，由於清軍江南、江北大營再次形成對天京的合圍之勢，何桂清再次奏請清廷，認為「現在官兵已將金陵合圍，指日克復」，等到八月時節，應該可以按期舉行本年的戊午科鄉試並帶補咸豐五年的乙卯科鄉試，不過因為「貢院殘甚，非兩三月所能修葺完竣」，所以依然請求將這兩科鄉試暫行展緩，等攻克南京後，再奏請開科，「按照定額歸併取中」[69]。言外之意，自然是對當年開科沒有信心。

有研究學者發表論文指出：在太平軍佔據江寧之前，在江南貢院中，號舍最大規模為17200餘間；太平軍佔據江寧期間，江南貢院其它建築幾乎被毀殆盡，但因其號舍用作考場和監獄，倖存約15000間。[70]但是，經過作者查詢史料，仔細研究後，認為此結論有誤。可以確認，太平天國倖存號舍為16000多間。[71]

作為貢院主體的號舍大多得以倖存，與太平天國亦實行科舉制度有

---

67 《清文宗實錄》卷一六八，咸豐五年五月壬午，第857頁。
68 《清文宗實錄》卷二五一，咸豐八年四月丁巳，第883頁。按：此處「江寧省」應該為「江蘇省」。清朝康熙六年（1667年），康熙做出決定，將原來的江南省拆為兩個省：即將「江寧」和「蘇州」二府首字的合成，改「江南右布政使司」為「江蘇布政使司」，建立「江蘇省」；取「安慶」和「徽州」二府首字的合成，改「江南左布政使司」為「安徽布政使司」，建立「安徽省」。
69 清・奎潤等纂修，《欽定科場條例》卷一〈鄉會試期〉，載沈雲龍編，《近代中國史料叢刊三編》第471冊，第70頁。
70 顧建娣，〈咸同年間的江南貢院〉，載《近代史研究》，2022年第3期，第154頁。
71 詳見彭靖，〈江南貢院與太平天國時期的變遷〉，載《科舉文化》2024年第1期。

關。1853 年 3 月太平天國定都天京後，8 月即開科取士：「八月十二日，楊逆傳令，凡各館書手，均於貢院考試，不從者加以鞭撲。是日即以偽書命題，不拘各體，於是皆寫百餘字以塞責。次日又令再試，仍以偽書命題，限五百字，六韻詩五首。偽官亦有應試者，約三百人。數日放榜，有一、二、三甲名目，狀元、榜眼、探花俱金陵人。十月又試三日，規模與前相類。」[72] 有關洪秀全在太平天國時期，舉行科舉考試的詳細內容，詳見本書的專門章節論述。

同治三年（1864 年）六月十六日，湘軍攻克江寧（南京）。清廷詢問曾國藩：「貢院是否損壞，應如何修葺？」七月十七日，曾國藩專程視察貢院。八月十三日復奏，稱貢院「至公堂、衡鑒堂、明遠樓未經毀壞，號舍一萬六千餘間，亦多完好，惟號板全數毀失；監臨、主考、房官、提調、監試各屋，謄錄、對讀、彌封、供給各所，片瓦無存，均須蓋造。」[73] 因此，根據曾國藩所述，按照江南貢院當時的情況，「非兩三月所能修葺完竣」是有道理的。

1853 年 3 月，太平天國佔領南京後僅十天，尾追的欽差大臣向榮率領清軍 1.7 萬人趕到了，在城東南孝陵關、淳化鎮一帶連紮十八座大營，它就是長年圍困天京的「江南大營」；幾天後，又一欽差大臣琦善，也就是過去鴉片戰爭時期的那個兩廣總督，率北路清軍趕到揚州附近紮營，威脅揚州和天京，它就是所謂的「江北大營」。向榮奉命尾追，但所率領的軍隊極不爭氣，沒有一路是他的嫡系，都是來自各省的兵員。主要兵員有四川、湖北、湖南、雲南和廣西等處的地方軍，他們各有統

---

72 佚名，〈粵逆紀略〉，太平天國歷史博物館編，《太平天國史料彙編》第 14 冊，南京：鳳凰出版社 2018 年版，第 6268 頁。

73 〈復奏諭旨垂詢諸事折〉（同治三年八月十三日），載《曾國藩全集》第 7 冊，長沙：嶽麓書社 2011 年版，第 397 頁。

領，各有體系，真可謂是七拼八湊。在行軍作戰上，各路軍人蕪湖時，南京已失陷了。為此，他首次挨了年輕氣盛的咸豐皇帝一頓臭罵。[74]

清廷對「江南大營」，還是寄以消滅太平軍的希望。向榮也曾不遺餘力，指揮各路人馬猛撲天京。但是，他所部實在是不爭氣，往往是雷聲大，雨點小。在包圍天京前期，能算得是主動進攻的只有兩仗：一次是奪紫金山之戰，一次是雨花臺之戰；其中雨花臺之戰，乃是時為都司的張國梁乘著重霧迷漫，殺進雨花臺的人，因為兵力少，打了一陣子就退回了。

江南大營任務重大，不僅負責專任圍攻、奪取天京的大任，還須分攻鎮江，呼應江北大營，並從鎮江東和東壩等地預防太平軍進攻蘇常。太平軍如從上游贛東、皖南等地東進，威脅蘇南、浙西，江南大營又須抽調軍隊馳往防堵。可是向榮所轄的兵力有限，咸豐帝並沒有授權向榮兼任地方督撫大權，對本地行政無管轄權，因此軍隊人員不能就地招募，也不能調令地方部隊包括民團武裝。

在軍餉發放方面，主要由朝廷指定與劃撥。因為即使指定向地方督撫索取，也得看他們臉色，如果地方困難，軍餉就會中斷。在清軍與太平天國軍作戰期間，清廷專門組建了江南和江北兩個糧台，以管理軍隊行軍期間的軍糧分配，支撐著江南和江北兩個陣營。他們的主要任務是滿足前線軍隊的補給需求。

1853 年 9 月 27 日，在李秀成、陳玉成兩位青年將領的率領下，太平軍二破江北大營，江南大營亦大為鬆動。

三年之後，1856 年 6 月 18 日，楊秀清從江西前線調來的石達開部

---

[74] 盛巽昌，《實說太平天國》（增訂本），上海：上海書店出版社，2023 年，第 275 頁。

二萬人，經安徽蕪湖、金柱關到達天京北郊、與秦日綱等連營姚坊門、仙鶴門。6月19日，石達開、秦日綱兩路大軍，分攻紫金山江南大營。在這一天，圍困天京三年有餘的江南大營首次被擊破了。[75] 在這種的歷時數年的戰爭條件下，清廷按期舉行本年江南鄉試的計畫也便無法實現。

咸豐九年（1859年），清廷在萬不得已的情況下，經江蘇、安徽兩省督撫往返商議，江蘇、安徽兩省鄉試採取了借闈浙闈考試的辦法。借闈考試，首先由兩江總督何桂清會同江蘇學政向朝廷請旨提出。四月，浙江巡撫胡興仁會奏，聲稱「浙闈號舍不敷，且慮皖省應試人多，奸宄未易稽查；並商之浙省紳士，所見略同，僉稱窒礙」。為此，咸豐皇帝建議：「將江蘇、安徽兩省士子，分作兩次考試，十月內江蘇士子入場，安徽於十一月另為一次」。[76]

何桂清、徐有壬、胡興仁等人面對皇帝詔諭，他們自然督撫不敢怠慢，只得按照皇上旨意，於五月上奏，請求於本年十月借闈浙江，舉行江蘇省咸豐九年己未恩科並補行乙卯正科鄉試。同時，他們也提出，安徽「距浙較遠，賊氛未靖，且歲科兩試久停，士子等未能一律應試，擬分別辦理，以昭慎重」[77]。然而，安徽官紳卻不以為然。安徽學政張芾奏稱，「浙江貢院號舍甚多，即江蘇、安徽兩省同場合考，無慮號舍不敷」，請求將江蘇、安徽兩省合併借闈考試。不過，緊接著安徽巡撫翁同書又上奏，認為安徽北部戰事吃緊，本年如果借浙闈鄉試，則大約只有南部的徽州府、寧國府和廣德直隸州的士子能夠入場應試，其他各府

75　盛巽昌，《實說太平天國》（增訂本），上海：上海書店出版社，2023年，第287頁。
76　《清文宗實錄》卷二八〇，咸豐九年四月辛丑，第104頁。
77　《清文宗實錄》卷二八四，咸豐九年五月庚寅，第152頁。

考生依然無法「普沾慶典」，因此請求「展至來年秋特開一榜」。

最終，朝廷下旨定奪，由於安徽只有徽州、寧國和廣德三地士子入試，故本年借闈浙江舉行的安徽己未恩科鄉試，以及咸豐五年乙卯科鄉試，錄取人數只能占應取舉人數的 40%，加上定額、廣額等，合計可錄取人數為 38 名。其餘錄取名額歸入下屆補行取中。[78]

這年七月，朝廷下旨，本次江蘇省借闈浙江，其相關考試官員均由江蘇選調充任。其中，江蘇省學政孫葆元代替江蘇省巡撫入闈監臨，江蘇省按察使蔡映鬥等派充外簾提調。其餘內外簾官員亦一併由江蘇省調派，而巡查、彈壓、搜檢等考務人員則由浙江巡撫就近派充。因系兩科合併錄取，考生人數較多，同考考官的人數亦增加為十房。[79]

朝廷派出的是科正、副主考官分別為：禮部侍郎楊式谷、國子監祭酒阜保。[80] 十月鄉試期間，安徽學政邵亨豫上奏，本年參加借闈鄉試的安徽考生並不僅止徽州、寧國二府及廣德一州，請求增加該省錄取名額。禮部奏定，按原定名額的六成即 54 名錄取，加上捐輸加廣名額 4 名，共為 58 名；其餘四成即 36 名，歸入下屆錄取。[81] 兩省共錄取舉人 202 名，副榜 37 名。解元獲得者為安徽徽州府婺源縣人余鑒。[82]

咸豐十一年、同治元年（1861 年到 1862 年），太平天國進入了一個相對穩定發展的時期。因此，清廷在南京的科舉鄉試依然無法恢復。咸豐十一年禮部議准，「江、安各屬軍務未竣，應將江南辛酉科並補行戊午科鄉試展緩舉行」；同治元年，兩江總督曾國藩奏請展緩本年壬戌

---

[78] 清・奎潤等纂修，《欽定科場條例》卷一〈鄉會試期〉，載沈雲龍編，《近代中國史料叢刊三冊》，第 138-140 頁。
[79] 《清文宗實錄》卷二八八，咸豐九年七月壬午，第 229-230 頁。
[80] 清・王家相、魏茂林、錢維福，《清秘述聞續》，第 699 頁。
[81] 《清文宗實錄》卷二九六，咸豐九年十月癸卯，第 332 頁。
[82] 清・李銘皖、馮桂芬，《光緒蘇州府志》卷六五〈選舉七〉，第 1661 頁。

恩科鄉試。[83]

同治三年（1864年）五月，兩江總督曾國藩以「江南軍務尚未肅清」請求「展緩本科及應補戊午、辛酉、壬戌各科鄉試」[84]。不過，同治三年六月，天京陷落後，清廷認為江南地區「亟宜振興文教」，便諭令兩江總督曾國藩親至南京貢院勘察。七月十七日，曾國藩經過勘察後，最終確定「至公堂等處號舍均尚完好，惟號板毀失；監臨、主考、房考官等屋片瓦無存」，[85] 只需抓緊興修，便可於十一月份舉行鄉試，不必等到次年特開一科。於是，曾國藩派遣專人「採辦木料，趕緊興修」。是年八月，曾國藩上奏，請求朝廷於九月選派考官，准許江南省於十一月舉行本年甲子科鄉試，同時帶補咸豐八年戊午科，獲准執行。[86] 同時禮部議准，將咸豐九年借闈浙江時，安徽所留的「四成中額三十六名」分成兩半，分別歸入本年及下科同治六年丁卯科鄉試錄取。[87] 九月，太僕寺卿劉琨、編修平步青被任命為正、副主考官。[88] 十一月闈後放榜，合計錄取舉人 273 名，副榜 48 名，解元為江璧，係江蘇揚州府甘泉縣人。[89]

綜上所述，因太平天國佔領江寧，咸豐五年（1855年）乙卯科江南鄉試展緩，但允許有能力者到北場應試，附廩生一起考試。[90] 太平天國時期，咸豐五年（1855年）乙卯科、咸豐八年（1858年）戊午科、

83　清・奎潤等纂修，《欽定科場條例》卷一〈鄉會試期〉，載沈雲龍編，《近代中國史料叢刊三編》第 471 冊，第 81、88 頁。
84　《清穆宗實錄》卷一〇二，同治三年五月甲辰，第 246 頁。
85　〈復奏諭旨垂詢諸事折〉（同治三年八月十三日），載《曾國藩全集》第 7 冊，長沙：嶽麓書社 2011 年版，第 397 頁。
86　《清穆宗實錄》卷一一三，同治三年八月乙丑，第 503 頁。
87　清・奎潤等纂修，《欽定科場條例》卷一〈鄉會試期〉，載沈雲龍編，《近代中國史料叢刊三編》第 471 冊，第 150-152 頁。
88　清・王家相、魏茂林、錢維福，《清秘述聞續》，第 711 頁。
89　清・李銘皖、馮桂芬，《光緒蘇州府志》卷六十五〈選舉七〉，第 1662 頁。
90　柯悟遲，《漏網喁魚集》，北京：中華書局 1997 年版，第 24 頁。

咸豐十一年（1861年）辛酉科、同治元年（1862年）壬戌恩科、同治三年（1864年）甲子科江南貢院的鄉試均未能如期舉行，只有咸豐九年（1859年）己未恩科借助浙江貢院舉行。

接下來，同治六年（1867年）丁卯科帶補了咸豐十一年辛酉科鄉試，正、副主考官分別為通政司副使劉有銘、編修王榮管，合計錄取舉人285名，解元為顏馴，係揚州府人；同治九年，庚午科帶補同治元年壬戌恩科鄉試，正、副主考官分別為內閣學士士銘安、贊善林天齡，合計錄取舉人305名，副榜44名。解元為許時中，係荊溪縣人。

綜上所述，江蘇省鄉試自咸豐五年（1855年）展停，至同治元年（1862年），中間借浙闈補行一科，實則江蘇省展停過五科。自同治十二年（1873年）癸酉科開始，江蘇省鄉試開科期限復歸正常。[91] 為何江蘇省鄉試在十一年後才復歸正常，有待進一步考證。

（五）江西省

為了進一步打擊清朝勢力，鞏固天京安全，並補充軍用給養，1853年6月，太平軍發動了西征戰役。西征軍先後分兩批離開天京。

第一批西征軍，由春官正丞相胡以晃、夏官副丞相賴漢英和檢點曾天養、林啟容、陳宗勝等人率領，乘船千艘，溯江而上，先後佔領安徽和州、蕪湖、安慶等地。清軍城守薄弱，且多座城未見有嚴密防務，守軍一哄而散；長江江面上太平軍水師更有絕對優勢，所謂往來如飛，飄忽莫測，幾乎看不到清軍一舟一筏。

6月，第二批西征軍由胡以晃、陳宗勝等一萬餘人守安慶。賴漢英、

91　王日根等人，《中國科舉通史・清代卷》，北京：人民出版社2020年版，第368頁。

曾天養等則率一萬餘人繼續乘船，向江西省會南昌挺進，先後攻佔江西彭澤、湖口，橫渡鄱陽湖。所到之處，當地民眾簞食壺漿，攜錢背米前來犒師，使西征軍給養輜重，不須後方供應、運輸，亦不須野掠，就地採辦，足可保證前進。西征軍紀律嚴明，受到沿途民眾擁護；南康府民眾還將知府恭安、知縣羅雲錦捆綁了，押送到太平軍前。[92]

　　江西省是太平軍西征的主戰場之一。從 1853 年 6 月 24 日開始，西征軍圍困江西省城南昌達 93 天，且久攻不下。8 月 4 日，韋志俊、石祥楨等二萬餘人來到南昌城下，與賴漢英合力攻城，他們仍採用地道、地雷和雲梯攻城法，但是卻沒有得逞。兩路西征大軍屯紮南昌城下，而偏師曾天養在南昌周邊地區攻城掠地，堵截敵援，希望大展鴻圖。南昌久攻不下，太平軍西征主力被牽制，而清方各路援軍仍繼續開拔前來，圍軍被夾在其中，再要取城更是倍加困難了。於是，楊秀清下令撤圍。

　　1853 年 9 月下旬，當西征軍由南昌回撤後，至九江即轉向湖北，這時原在安慶周邊活動的太平軍首領，胡以晃指揮東路人馬北上，向廬州（合肥）進攻。廬州是清王朝在安慶失陷後所設的安徽臨時省會。經過三十四天圍城之戰，1854 年 1 月 14 日，太平軍終於奪取了廬州城。

　　武昌扼守江漢樞紐和南北要衝，自古即為兵家必爭之地。新任湖北巡撫胡林翼、湖北提督楊載福和道員羅澤南等湘軍主力，都分路趕來爭奪。

　　1855 年 2 月 11 日，太平軍取得湖口－九江大捷，湘軍統帥曾國藩羞憤之極，幾欲自殺。2 月 16 日，秦日綱、陳玉成等卻乘楊霈軍歡慶除夕之時，襲擊廣濟大營，把湖北地方軍打得落花流水，潰走蘄州。秦

92　盛巽昌，《實說太平天國》（增訂本），上海：上海書店出版社，2023 年，第 210 頁。

日綱等循楊霈逃跑路線尾追，連占蘄州、黃梅和漢陽；他們與另外一支由田家鎮、興國、通山而來的韋志俊部在武昌城郊會師。4月，秦日綱、韋志俊聯軍又攻佔武昌。三克武昌，標誌著太平軍西征戰場的凱歌高奏，湖北巡撫陶恩培自殺。

在1855年12月至1856年4月期間，石達開自湖北進入江西境後，由於在新昌，經上高人嚴守和介紹，接納了來自廣東北上的紅巾軍（天地會）周春、陳壽、葛耀明等十餘萬眾，其隊伍聲勢浩大。[93] 在前後不到半年時間裡，便攻佔了江西13府1直隸州，所轄81州縣中的8府50個縣。直至咸豐九年（1859年）六月湘軍大舉反撲，江西戰場都是太平軍與湘軍鏖戰的主戰場之一。[94]

石達開大軍入江西初時，兵力僅一萬餘人，為何他能以暴風吹黃葉之勢，席捲全省，佔領府縣五十餘處？其中有一個重要原因，就是他建立了嚴格的軍事紀律。石達開懂得些政治，他在太平天國其中，但並非死守太平天國固有的政策，在新佔領區，他於設置鄉官、建立基層政權、編查戶口等基礎上，實行按畝輸錢糧、減輕稅額等政策，同時又特別制定了，關於軍民關係的十條章程，要求全軍奉行。這是非常值得太平軍其他將領學習的事。

在此戰爭期間，江西鄉試也不得不為之展緩、補行。咸豐五年（1855年）四月癸丑，江西巡撫陳啟邁、學政廉兆綸上疏，以江西省「現辦防剿，體察情形，實難依限舉行」，請求展緩本年乙卯科鄉試。咸豐皇帝下旨稱，可「著照所請，准其展至戊午科歸併舉行，仍按照兩科定額取

---

[93] 盛巽昌，《實說太平天國》（增訂本），上海：上海書店出版社，2023年，第244頁。

[94] 馮鳳珠，〈評太平軍、湘軍在江西戰場上的對峙〉，《江西大學學報》（哲學社會科學版），1987年第2期。

中」[95]。然而，到咸豐八年五月乙未，江西巡撫覺羅耆齡上奏，「軍務紛繁，省城防守緊要，本年文武鄉試未能舉行」[96]。他奏請將咸豐五年乙卯科、本年戊午科鄉試，兩科向後順延兩三年，「察看情形，臨時奏請歸併舉行，按照兩科定額取中」[97]。

咸豐九年，覺羅耆齡再次上奏，請求將咸豐五年乙卯科、咸豐八年戊午科，都合併到本年的己未恩科舉行，按照三科定額，一併取中。但是，清廷認為，「一科而取三科之額，為數太多，不足以昭慎重」[98]，因此只允許每次合併二科錄取。覺羅耆齡不得不第三再次上奏，他表示「貢院修造總須九月底方能告竣，懇於十月間，舉行本科己未恩科並補行乙卯正科鄉試」，[99] 這次獲得清廷批准。

至咸豐九年十月十八日，江西舉行了己未恩科並補行乙卯正科文鄉試，大理寺卿晏端書、檢討趙新被派充正、副主考官。金溪人許廷桂考中解元，次年連捷成進士。[100] 然而，當年的武科鄉試依然無法舉行，是年十二月丙申，江西巡撫惲光宸「奏請己未恩科並補行乙卯正科武闈鄉試展緩舉行」[101]，獲得清廷批准。

咸豐十一年（1861年）三月，李秀成率領太平軍攻克廣信府城，

---

95 《清文宗實錄》卷一六六，咸豐五年四月癸丑，第 823 頁。
96 《清文宗實錄》卷二五五，咸豐八年五月乙未，第 954 頁。
97 清・奎潤等纂修，《欽定科場條例》卷一〈鄉會試期〉，載沈雲龍編，《近代中國史料叢刊三編》第 471 冊，第 73 頁。
98 清・奎潤等纂修，《欽定科場條例》卷一〈鄉會試期〉，載沈雲龍編，《近代中國史料叢刊三編》第 471 冊，第 135 頁。
99 清・奎潤等纂修，《欽定科場條例》卷一〈鄉會試期〉，載沈雲龍編，《近代中國史料叢刊三編》第 471 冊，第 77 頁。
100 清・王家相、魏茂林、錢維福，《清秘述聞續》，第 700 頁。
101 《清文宗實錄》（五），第 407 頁。值得補充的內容：據《光緒撫州府志》卷四四《選舉・武科附》記載，該府武科舉人中，依然有咸豐九年己未恩科，並補行乙卯正科鄉試所取的鄧聯升等 8 名舉人。（第 744 頁）

進而圍攻建昌、撫州兩府，江西省城為之震動。為此在六月份，本來計畫於本年舉行的辛酉科並帶補咸豐八年戊午科鄉試未能按期舉行。同治元年八月，江西舉行了壬戌恩科帶補戊午科鄉試，贊善羅家福、編修薛春黎被派充正、副主考官。義寧州人盧炳炎考中解元。在闈中期間，副主考官薛春黎病逝。[102]

咸豐十一年十二月，沈葆楨被超擢為江西巡撫後，與曾國藩協同作戰，使得太平軍在江西的軍事進展日趨艱難。同治三年四月，沈葆楨上奏清廷，以「防剿吃緊」，請求將本年鄉試展緩舉行。同年八月，沈葆楨再次上奏，稱「江省軍務稍松，擬將本年甲子科並補行辛酉科鄉試於十月間舉行」[103]，均獲清廷議准後執行。數日後，內閣學士許彭壽、翰林院編修林蔚，兩人被派充江西鄉試正、副主考官。十月鄉試過後，贛縣人許崇鼎奪得解元。

綜上所述，江西省鄉試自咸豐五年展停，至咸豐十一年，中間借浙闈補行一科，實則江西省展停過四科。自同治六年（1867年）丁卯科後，江西省鄉試開科期限復歸正常。

（六）河南省

1853年5月，太平軍由林鳳祥、李開芳等率領，揮師北伐，直指北京。在進至安徽省宿州時，因清軍重兵固守，乃轉而向西北進攻河南。與此同時，因河南省南漕改為海運，導致大批失業的漕運工人也舉行起義，加入捻軍，與太平軍一道向清朝發動猛烈進攻。

「捻」是淮北方言，意思是「一股一夥」。捻軍起源於「捻子」，最初安徽、河南一帶有遊民捏紙，將油脂點燃，燒油捻紙用來作法，於

102　清・王家相、魏茂林、錢維福，《清秘述聞續》，第708頁。
103　《清穆宗實錄》卷一一一，同治三年八月辛未，第456頁。

節日時聚眾表演，為人驅除疾病、災難以牟利。早期捻子是向鄉民募捐香油錢，購買油捻紙。後來，也有通過恐嚇取財的方式，向鄉民勒索錢財，實則與盜賊無異的現象。而且，越是到了災荒歉收之年，入捻的人數越多。所謂「居者為民，出者為捻」，清朝官方稱之為捻匪。

1852 年，皖北大旱，入捻的農民增多。安徽亳州人張洛行、龔得樹等人結捻聚眾萬人，攻佔河南省永城縣。當年 11 月，眾捻人在安徽亳州雉河集（今安徽渦陽）歃血為盟，推張洛行為盟主，形成捻軍起義抗清，號稱「十八鋪聚義」。

1853 年 1 月至 3 月，太平軍連克武漢、安慶、南京，安徽、河南，在經過安徽、河南時，皖北捻軍紛起回應，饑民到處揭竿而起。每年春秋二季，集合外出奪取糧食。及至太平天國北伐軍經過時，已開始從分散鬥爭趨向聯合作戰。

6 月，太平軍攻下安徽亳州後，浩浩蕩蕩長驅入豫。9 月初，太平軍便已繞道山西，進擊河北，但其對河南全省局勢依然形成了重大影響，而捻軍在河南的活動更令河南地方督撫焦頭爛額。再加上黃河在河南省決口，綜合因素造成河南鄉試也不得不多次延期。

咸豐五年（1855 年）六月二十日，黃河在河南省蘭考縣銅瓦廂地區決口，並告別經淮河入海的河道，時隔七百年後再次流經山東利津縣入海。七月甲子，河南巡撫英桂上疏，稱「河南南路尚未撤防，河工漫口，又須籌辦賑撫，本年鄉試勢難兼顧」，請求展期舉行本年鄉試。清廷准其所奏：「著其緩至本年十月，再行察看情形，奏明辦理」[104]。到了是年九月丁卯，英桂再次上奏，指出河南「東南各路，尚未撤防；河工被淹各處，籌辦賑撫。體察情形，仍難舉行鄉試」。因此，他請求展

---

104 《清文宗實錄》卷一七一，咸豐五年七月甲子，第 900 頁。

期舉行本年鄉試。咸豐皇帝下旨：「著展至咸豐八年戊午科歸併舉行，按照兩科定額取中，以昭慎重」[105]。

咸豐八年七月辛巳，右春坊右贊善邵亨豫、翰林院編修洪昌燕，兩人分別被任命為河南鄉試正、副考官。[106] 八月，河南舉行了戊午科並帶補乙卯科鄉試，該科錄取的解元，為尉氏縣人石連城。[107]

咸豐九年己未恩科鄉試，河南省按期舉行。

咸豐十一年為辛酉科鄉試之期。是年六月，翰林院侍講學士楊秉璋、江南道御史徐啟文被任命為河南鄉試正、副主考官。不過，七月，因河南巡撫嚴樹森奏稱「防剿緊要，請將本年鄉試展於十月舉行」[108]，清廷乃下令，兩位主考官即刻回京。一個多月以後，嚴樹森再次上奏，請求將本年鄉試「展至壬戌年舉行」。[109]

同治元年（1862年）四月，廬州失守，太平天國起義軍在安徽、河南遭受重創。陳玉成突圍後受苗沛霖之矇騙，北上壽州（今安徽壽縣）與苗沛霖會合，反被苗沛霖擒獲交給清軍。苗沛霖是介於清廷和太平天國之間的一個另類人物。他是滋生在清廷和太平天國生死搏鬥的中間，朝秦暮楚、朝楚暮秦，得以左右逢源而成長的一個傢伙。

六月四日，陳玉成囚車行至河南省延津縣，河南巡撫鄭元善上奏後，北京使者傳旨：「將該逆就地凌遲處死，仍傳首楚皖各營」。[110] 陳

---

105 《清文宗實錄》卷一七六，咸豐五年九月丁卯，第970頁。
106 《清文宗實錄》卷二五八，咸豐八年七月辛巳，第1007頁。按，主考官邵亨豫的官職，《清秘述聞續》中載為「編修」。
107 清・王家相、魏茂林、錢維福，《清秘述聞續》，第697頁。
108 《清穆宗實錄》卷一，咸豐十一年七月壬子，第84頁。
109 《清穆宗實錄》卷三，咸豐十一年八月甲申，第121頁。
110 《清穆宗實錄》卷二九，同治元年五月乙巳，第784頁。

第二章：咸豐與同治時期的科舉歷程　49

玉成遂被害於延津縣西教場。英王陳玉成之死是太平天國的巨大損失，標誌著太平軍天京上游屏藩盡失。洪仁玕頗有感歎地說：「如英王不死，天京之圍必大不同。因為若彼能在江北活動，令我等常得交通之利便，可獲得仙女廟及其附近之源源接濟也。英王一去，軍勢軍威同時墜落，全部瓦解，因此清軍便容易戰勝。」[111] 解放後，河南省人民政府在陳玉成被殺害處，建造了墳墓與紀念碑，以資紀念。

同治元年六月，鄭元善奏請「將咸豐辛酉科文武鄉試歸併本科舉行」。七月，編修呂朝瑞、洪調被任命為河南鄉試正、副主考官。八月考試後，光山縣人黃絹被錄取為解元。

綜上所述，河南省科舉在咸豐五年、咸豐十一年，共展停有二科。其中，咸豐五年乙卯正科，延續到咸豐八年舉行；咸豐十一年辛酉正科，延續到同治六年舉行。自同治三年（1864 年）甲子科開始，河南省鄉試開科期限復歸正常。

（七）浙江省

在 1858 年、1860 年和 1861 年，太平天軍曾三次向浙江省大規模用兵，尤其是在 1861 年秋冬季，太平軍攻佔了除衢州府城和溫州府城之外的浙江省全境，並在攻克金華後，建立「浙江天省」，[112] 直至 1864 年。

1861 年 5 月，太平軍忠王李秀成聯合其弟，侍王李世賢分路進軍浙江省，傾全力「下取浙江」。事先，李秀成曾與李秀成商定，希望避實擊虛，共同向清軍佈防薄弱的浙江進軍，並且在 1 月份發佈了一份

111　盛巽昌，《實說太平天國》（增訂本），上海：上海書店出版社，2023 年，第 435 頁。
112　劉晨，《太平天國社會史》，北京：中國社會科學出版社，2019 年，第 126 頁。

「勸浙江太平子民各知效順諄諭」。他的人馬擁有十餘萬餘眾。其中，人數頗多又有戰鬥力的一支軍隊，就是脫離石達開前來回歸的，廣東紅巾花旗起義軍，分別由周春、陳榮、譚星、陳壽、林彩新部，以及譚體元等率領的部隊。他們由江西省玉山進入浙江省，先期佔領西部的常山縣。[113]

李世賢率領的太平軍勢如破竹，很快就佔領浙江中部江山、開化、龍游、湯溪和壽昌等縣城，直指金華城下。金華位居浙江腹地，上通衢州、處州（麗水），下接紹興、諸暨，西與嚴州接址，東臨仙居，為扼守浙江全省之要塞，有著極其重要的戰略地位。

5月28日，李世賢部所屬鼎厭福、劉政宏偏師二千人馬，攻佔了金華。在攻佔金華後，他們隨即分兵攻取周邊蘭溪、武義、龍游、浦江、東陽、遂昌、康等地。李世賢把浙東劃定為自己領地，在金華建造了侍王府。

直到1864年，在左宗棠的統一指揮下，清軍才逐漸收復了太平軍佔領的浙江各府州縣。在此期間，清朝在浙江省的多科鄉試均遭遇延期。

咸豐八年（1858年）五月己亥，浙江巡撫晏端書上奏，因太平軍攻佔衢州府等處地方，不能依限期舉行本年戊午科鄉試，請求展至咸豐九年，特開一科，予以補行。[114] 但是，到了八月乙丑，新任浙江巡撫胡興仁上疏，稱浙江「全境肅清，多士志切觀光」，請求即於本年擇期舉行鄉試，不必等到次年特開一科。清廷下旨同意，「著准其於十月舉

113　盛巽昌，《實說太平天國》（增訂本），上海：上海書店出版社，2023年，第393頁。
114　《清文宗實錄》卷二五五，咸豐八年五月乙亥，第956頁。

行」[115]。五天後，八月庚午，戶部右侍郎寶鋆、翰林院檢討馬佩瑤被分別派充浙江鄉試正、副考官。[116] 不過，僅過了一個多月，九月甲戌胡興仁再次上奏，請求將「浙省武闈鄉試展至明年二月舉行」[117]。是年十月，浙江舉行了戊午科文鄉試，嘉興縣人徐錦考中解元。戊午科武鄉試則被推遲，在次年二月方告舉行。

咸豐九年己未恩科鄉試，浙江不僅按照試期在八月舉行了本省鄉試，而且在十月將貢院借與江蘇省舉行考試。

咸豐十一年四月，浙江巡撫王有齡奏請將本年辛酉科鄉試「展至來歲舉行」[118]，奉旨准行。然而，次年同治元年壬戌恩科，浙江省亦未能按期舉行。同治三年五月，閩浙總督左宗棠上疏，稱「浙省軍務未平」，請求將本年鄉試展緩舉行，奉旨准行。[119] 然而，本年六月之後，由於左宗棠的通盤調度，清軍已將浙江省內除湖州府城之外的所有郡縣「次第克復」[120]。

同治四年（1861 年）初，因浙江軍情漸趨穩定，浙江布政使蔣益澧捐廉倡議，各屬官紳踴躍捐助，浙江貢院「工程已完者十之七八，至五六月中可以告成」。清廷為此於五月下旨，要求浙江巡撫馬新貽調查浙江省是否有條件舉行鄉試。馬新貽立即上奏，稱浙江「邊防安堵」，可以在本年八月補行咸豐十一年辛酉科及同治元年壬戌恩科鄉試。[121] 六月，國子監祭酒瑞聯、翰林院編修董兆奎被派任浙江鄉試正、副主考官。

---

115 《清文宗實錄》卷二六二，咸豐八年八月乙丑，第 1059 頁。
116 《清文宗實錄》卷二六二，咸豐八年八月庚午，第 1070 頁。
117 《清文宗實錄》卷二六三，咸豐八年九月甲戌，第 1077 頁。
118 《清文宗實錄》卷三五〇，咸豐十一年四月癸未，第 1174 頁。
119 《清文宗實錄》卷一〇四，同治三年五月壬戌，第 288 頁。
120 《清文宗實錄》卷一〇七，同治三年六月戊戌，第 362 頁。
121 《清文宗實錄》卷一三九，同治四年五月庚戌，第 292 頁。

八月鄉試，鄞縣人張祥椿被錄取為解元。[122]

同治六年（1867年），浙江巡撫馬新貽上奏，稱「浙省全境肅清，多士觀光志切」[123]，可以按期舉行本年丁卯科鄉試，同時請求將同治三年甲子正科歸併辦理。在清廷批准後奉旨准行。六月甲午，光祿寺少卿張沄卿、翰林院編修張之洞被派任為正、副主考官。八月鄉試過後，富陽縣人朱彭年考中解元。

綜上所述，自咸豐十一年至同治三年，浙江省鄉試共展停過三科。其中，咸豐十一年辛酉正科、同治元年壬戌恩科，補行到同治四年舉行；同治三年甲子正科補行到同治六年舉行。自同治九年（1870年）庚午科開始，浙江省鄉試時間復歸正常。

（八）雲南省

1856年，在太平天國起義的影響下，在祖國西南邊陲的雲南，也爆發了聲勢浩大的各族人民反清大起義，它與太平天國遙相呼應，猛烈衝擊著清王朝在雲南的封建專制主義統治。其中，尤其以杜文秀領導的大理回民政權和李文學領導的蜜滴政權為重要力量。[124]

作為這次反清大起義中規模最大、影響最深遠的兩支隊伍——杜文秀起義軍和李文學起義軍，在反清這個鬥爭大方向上同太平天國是一致的，客觀上它們之間已經形成互相配合、互相聲援的盟友關係。而處於全國人民反清革命運動中心的太平天國，給予杜文秀起義和李文學起義的影響，是通過參加這兩支雲南人民反清起義軍的原太平軍戰士來體現

122　清・王家相、魏茂林、錢維福，《清秘述聞續》，第716頁。
123　清・奎潤等纂修，《欽定科場條例》卷一〈鄉會試期〉，載沈雲龍編，《近代中國史料叢刊三編》第471冊，第153頁。
124　蔣中禮，〈太平天國革命與雲南反清起義〉，《雲南社會科學》1992年第5期。

的。他們與清朝地方軍隊展開殊死搏殺，均堅持到同治末年（1874年）才告失敗，同時也都與太平天國起義有著不同程度的關聯。在此期間，清朝在雲南的科舉考試也多次遭遇延期。

首先展緩的是咸豐八年戊午科鄉試。是年四月庚戌，雲貴總督吳振棫上奏清廷，「雲南軍務未靖，請停本年鄉試，併入下科舉行」[125]，清廷同意後奉旨准行。咸豐九年為清文宗三十萬壽恩科，是年四月壬子，雲南巡撫徐之銘上奏，稱雲南「軍務未竣，各屬士子多有辦理團練防守事宜，未能赴試，本年鄉試難以如期舉行」[126]，請求展緩舉行恩科鄉試，清廷准其所奏，命其於咸豐十一年辛酉科之後再為舉行。然而，到了咸豐十一年，徐之銘再次上奏，稱本年依然無法舉行鄉試，請求將所展緩的三科鄉試即咸豐八年戊午科、九年己未恩科、十一年辛酉科全部歸入下屆甲子科鄉試帶補舉行。禮部討論後認為，「一科而取四科之額，為數太多，殊不足以昭慎重」，肯定不行；但如果按期逐科帶補，則需時過長。最好的辦法，就是不拘年份，只需「軍務稍靖，道路疏通」，即可援照成案，奏請特開一科，先補行戊午、己未兩科，再將辛酉科歸入甲子科帶補，從而使「人材無虞濫取」[127]。

然而，令清朝君臣始料未及的是，1860年清文宗突然駕崩，辛酉科之後的鄉試不是甲子科，而變成了清穆宗的登極恩科，即同治壬戌恩科。同治元年四月，雲南巡撫徐之銘上奏，「雲南撫局初定，各屬尚未一律肅清」，加以「貢院尚須修理，試期已近，不及趕辦」，請求「將本年恩科鄉試暫行展緩，等到同治二年初春再行奏請補行」，[128] 經清廷

---

125 《清文宗實錄》卷二五〇，咸豐八年四月庚戌，第869頁。
126 《清文宗實錄》卷二八〇，咸豐九年四月壬子，第115頁。
127 清・奎潤等纂修，《欽定科場條例》卷一〈鄉會試期〉，載沈雲龍編，《近代中國史料叢刊三編》第471冊，第144-145頁。
128 清・奎潤等纂修，《欽定科場條例》卷一〈鄉會試期〉，載沈雲龍編，《近

獲准後執行。不過,同治二年,雲南並未能補行此前任何一科鄉試。至同治三年,按例又需舉行甲子科鄉試。是年四月,雲南巡撫賈洪詔又以「軍務未平」,奏請展緩本年鄉試,清廷准其所奏。[129] 同治六年丁卯科鄉試,雲南省同樣未能舉行。

同治九年(1870年),雲貴總督劉岳昭上奏,稱雲南軍務漸次肅清,此前因戰亂展緩的六科鄉試終於可以設法補行。請求本年三科並舉,在舉行本年庚午科鄉試時,「援照貴州等省成案,帶補戊午、己未兩科,歸併取中」。禮部討論後認為,貴州雖曾在同治六年、八年接連三科並舉,但屬於特事特辦,當時已經特別說明「嗣後不得援以為例」;雖然,雲南停科的情形與貴州大致相同,但能否也三科並舉,全憑「聖裁」。為此,清穆宗下旨,准其三科並舉,於本年庚午科帶補咸豐八年戊午科、九年己未恩科鄉試。[130] 是年八月,翰林院編修汪敘疇、王先謙被派任雲南鄉試正、副主考官。太和縣人楊德高被取為解元。

同治十二年癸酉科雲南省鄉試,奉旨帶補咸豐十一年辛酉科。右春坊右庶子昆岡、編修王文在擔任正、副主考官。解元為鄧川縣人湯炳堃;光緒元年(1875年)乙亥恩科雲南省鄉試,奉旨帶補同治元年壬戌恩科。翰林院編修張楷、王榮管擔任正、副主考官,解元為建水州人王家軾;光緒二年丙子科雲南省鄉試,奉旨帶補同治三年甲子科,翰林院編修龍湛霖、胡喬年擔任正、副主考官,解元為永福縣人李鴨年;[131] 光緒五年己卯科雲南省鄉試,奉旨帶補同治六年丁卯科[132],翰林院編修李郁

代中國史料叢刊三編》第471冊,第86-87頁。
129 《清穆宗實錄》卷九九,同治三年四月戊寅,第189頁。
130 清·奎潤等纂修,《欽定科場條例》卷一〈鄉會試期〉,載沈雲龍編,《近代中國史料叢刊三編》第471冊,第156-158頁。
131 王家相、魏茂林、錢維福,《清秘述聞續》,第733、740、746-747頁。
132 清·朱占科、周宗洛,《光緒順寧府志》,第653頁。按,《清秘述聞續》

華、黃卓元擔任正、副主考官，解元為元江縣人劉永祚。

綜上所述，從咸豐八年（1858年），至同治六年（1867年）期間，雲南省鄉試共展停過六科。自光緒八年（1882年）壬午科鄉試開始，雲南省鄉試復歸正常開科期限。

（九）廣東省

1853年5月，在太平軍席捲中國東南半壁江山之際，鄰近廣西的廣東省也爆發了大規模的天地會起義。咸豐三年六月間，廣東東莞、歸善、博羅等縣發生重大水災，雖經政府賑濟發給房屋修理費用，但當地農民、會眾起義仍然開始爆發。其中，尤其以咸豐四年五月，東莞縣「紅巾賊起」、「還逼省城」事件為最。[133] 咸豐四年（1854年）八月，廣東省高明、順德、惠來等縣及肇慶府城相繼失守，天地會眾人甚至包圍省城廣州，「廣東情形，萬分吃緊」，咸豐皇帝不斷通過「六百里加急」諭令，指示各省督撫儘早鎮壓起義，並就近「調湖南、福建兵各一千名赴廣東剿賊」[134]一直至次年正月，天地會因未能攻佔廣州，主力乃轉戰廣西，而餘部則依然堅持戰鬥。

在這種戰亂背景下，廣東省的鄉試也自然不能按期舉行。咸豐五年（1855年）五月壬戌，廣東巡撫葉名琛上疏，因廣東全省「軍務未竣」，不能按期舉行本年乙卯科鄉試，請求准予展緩。清廷下旨，「准其展至咸豐六年，特開一科，補行乙卯科文武鄉試」[135]。咸豐六年（1856年）四月庚寅，葉名琛上奏，廣東「地方業已肅清」[136]，請求循例補行咸豐

光緒五年己卯科雲南省條下未注明帶補同治六年丁卯科。
133　清・葉覺邁、陳伯陶，《宣統東莞縣誌》，第1170頁。
134　《清文宗實錄》卷一四二，咸豐四年八月癸丑，第501頁。
135　《清文宗實錄》卷一六七，咸豐五年五月壬戌，第837頁。
136　《清文宗實錄》卷一九五，咸豐六年四月庚寅，第108頁。

五年乙卯科鄉試，得到清廷批准。咸豐六年八月，在廣東省丙辰補行五年乙卯科鄉試中，太僕寺卿王發桂、翰林院編修張興仁分別被任命為正、副主考官。因捐輸軍餉廣額 8 名，合計錄取 79 名舉人。[137]

咸豐八年（1858 年）三月，第二次鴉片戰爭期間（1856-1860），英法聯軍攻佔廣州，並挾持兩廣總督葉名琛，向清廷提出「派員駐京、內江通商及內地遊行、賠償兵費、始還廣東省城」[138]等四項條件，而清廷也長期不予退讓。是年四月癸亥，廣東巡撫柏貴上奏，「軍務未平，貢院號舍尚須修造，本年文武鄉試，俟善後完竣，奏請開科」[139]，清廷獲准允行。咸豐九年四月，即將調任四川總督的兩廣總督黃宗翰以「廣東軍務未竣」，奏請將本年恩科鄉試展期舉行。

咸豐十一年四月，兩廣總督勞崇光上奏，又稱「貢院僅存基址，必須趕緊興修，約在九月內方可竣工，斷難趕及八月試期」[140]，請求將本年鄉試展至十月舉行，並將咸豐八年戊午科歸入本年一併辦理，獲得清廷批准。此年十月，廣東省咸豐十一年辛酉並補行戊午科鄉試，內閣學士沈桂芬、編修周恒祺被派充為的正、副主考官。戊午科共錄取 75 名舉人（含永額 4 名），辛酉科共錄取 81 名（含永額 6 名，廣額 4 名），兩科合計共錄取舉人 156 名；次年六月，兩廣總督勞崇光奏請，將咸豐九年己未恩科，歸併到本年即同治元年壬戌恩科補行，獲得清廷批准。是年八月，廣東省同治壬戌恩科，並補行咸豐己未恩科鄉試，太僕寺少卿賀壽慈、戶科給事中郭祥瑞擔任正、副主考官，合計取中舉人 179

137　清·瑞麟、史澄，《光緒廣州府志》卷四六〈選舉表〉，第 744 頁。
138　《清文宗實錄》卷二六四，咸豐八年九月丁亥，第 1098 頁。
139　《清文宗實錄》卷二五一，咸豐八年四月癸亥，第 893 頁。
140　清·奎潤等纂修，《欽定科場條例》卷一〈鄉會試期〉，載沈雲龍編，《近代中國史料叢刊三編》第 471 冊，第 80 頁。

名。[141] 兩科的解元分別為鶴山縣人馮秩清、鎮平縣人鐘覺黎。

綜上所述，自咸豐五年（1855年）至咸豐九年（1859年），廣東省共展停三科。自同治三年（1864年）甲子科開始，廣東省鄉試開科期限復歸正常。

（十）貴州省

1854年3月，在太平天國起義軍的影響下，楊元保在貴州省獨山縣率眾起義，揭開了咸同年間貴州各族農民大起義的序幕。這支義軍人數一度發展到數千人，曾聚眾攻打獨山縣城。此後，貴州省的漢族和少數民族，包括苗、布依、侗、水、回、彝、瑤和仡佬等各族農民紛紛相應，先後組成了30多支起義隊伍。其起義規模遍及貴州高原各地，攻克全省93%以上的城池，起義的時間延續23年之久。[142] 出現了統治者所大為驚歎的「府無完縣，縣無完堡」的局面。平時作威作福的清朝各級文武官員，有六百餘名成了這次起義軍的刀下鬼。雲貴總督羅饒典被活活嚇死，貴州提督孝順被迫自殺，按察使黃潤昌、提督趙德光、黃維善及總兵、副將、參將等四十餘名高級官員被起義軍擊斃。[143]

貴州省的起義軍曾四次大舉圍攻省會貴陽，使「貴陽孤立城中，巡撫號令不能出城外」，「附郭一帶，烽火相望，合城皆驚」。這幾次大起義，基本上摧毀了清王朝在貴州省的管理與統治體系，在一定程度上打亂了清王朝鎮壓太平天國革命的戰略部署。

此外，在川黔地區，由白蓮教發動的「號軍」起義也是重要的反清

141　清・瑞麟、史澄，《光緒廣州府志》卷四六〈選舉表〉，第745-747頁。
142　侯哲安、翁家烈、楊有耕，〈太平天國革命時期的貴州各族農民大起義〉，載《民族研究》1980年第1期。
143　楊德芳、翁家烈，〈關於太平天國革命時期貴州各族人民起義的幾個問題〉，載《貴州文史叢刊》1981年第1期。

力量。[144] 以漢族為主體的號軍，又稱為教軍，是白蓮教支派燈花教傳入貴州，後來組織起來的隊伍，因成員以頭巾為號，故被稱為號軍。咸同時期，「號軍」是貴州各族農民起義中聲勢最大的一支，按頭巾顏色不同，又有紅、白、黃、青色等序列之別。1855年3月，「紅號軍」首領徐廷傑、梅繼鼎率眾起義，活動區域主要在黔東北一帶，曾先後佔領銅仁等多座縣城，一度攻入湘西，並聯合苗族起義軍共同作戰。隊伍幾起幾伏，一直堅持鬥爭到1864年。

1857年，以何冠一領導的「白號軍」舉事，長期轉戰於黔東、黔東南地區。這支隊伍推舉燈花教主劉義順為首領，曾建立起政教合一的政權，以朱明月為秦王，之下設王、公、侯、鄉正、元帥、將軍等職官，刻印鑄錢。「白號軍」一度攻佔多個府、縣城。同時，「白號軍」曾與紅、黃號軍聯合作戰，聲勢最大時，起義隊伍人數發展到數十萬，直到1868年才遭到失敗。

黔東北地區的各路「號軍」起義，從咸豐五年（1855年）興起至同治七年（1868年），經歷了十四年，雖然最後被清王朝消滅，但是沉重打擊了清王朝在貴州地區的腐朽統治，有利的配合了全國農民起義的大潮，有力地打擊了清王朝在黔東仍至貴州的統治，動搖了清政府在黔東的國家控制力量。在此戰爭背景下，貴州省鄉試也多次採取停科與展緩的措施。

咸豐五年（1855年）七月甲戌，貴州巡撫蔣霨遠上疏，稱貴州省「夷苗滋事，辦理堵剿」，勢難兼顧本年鄉試。清廷准其所請，下旨「所有本年貴州省乙卯科文武鄉試，著准其展至戊午科歸併舉行，按照兩科定

144　王日根等著，《中國科舉通史‧清代卷》，北京：人民出版社，2020年，第371頁。

額取中」；並命令本年已從京城派出的貴州鄉試正、副考官編修王祖培、錢桂森，「無論行抵何處，著即馳驛回京」[145]。

咸豐八年四月丙午，雲貴總督吳振棫上奏，「貴州軍務未靖，請將本年鄉試停止，展限舉行」[146]，清廷獲准後執行。不久，貴州巡撫蔣霨遠亦上奏，稱貴州都勻等府「苗匪肆擾，察看情形，本年鄉試仍難舉行」[147]，請求將咸豐八年戊午科貴州鄉試停止，等到軍務完竣之後，再將乙卯、戊午兩科歸併補行，兩科按原額數取中。

咸豐九年，石達開率領太平軍轉戰貴州，各族起義軍備受鼓舞，清朝在貴州的統治也受到了更嚴峻的挑戰。為此，貴州巡撫蔣霨遠再次上奏清廷，請求「將本年恩科鄉試暫行展緩，如來年軍務稍鬆，先期奏請特開一科，歸併補行。」[148]

咸豐十一年，石達開率領的太平軍再次轉戰貴州境內。貴州巡撫何冠英為此上奏，稱貴州已經連續三屆鄉試未能舉行，本年即咸豐十一年辛酉科鄉試，因「苗教、回夷各匪未盡殲除，籌剿設防，均關緊要」，亦難以按期舉行；請求朝廷准許「俟地方肅清，不拘年分，先期奏請，特開一科，歸併補行」。但是，禮部在討論後奏稱，各省在歸併補行此前展緩的各科鄉試時，「止准兩科歸併取中，以慎選舉」，貴州雖然已經有四科鄉試延期，但如果四科合而為一，「以一科而取四科之額，殊不足以昭慎重」；因此，禮部建議「分為兩次，每次兩科，咸豐五年乙卯、八年戊午為一次，咸豐九年己未恩科、十一年辛酉為一次，分別由

---

145 《清文宗實錄》卷一七二，咸豐五年七月甲戌，第 913 頁。
146 《清文宗實錄》卷二五〇，咸豐八年四月丙午，第 861 頁。
147 清・奎潤等纂修，《欽定科場條例》卷一〈鄉會試期〉，載沈雲龍編，《近代中國史料叢刊三編》第 471 冊，第 70 頁。
148 清・奎潤等纂修，《欽定科場條例》卷一〈鄉會試期〉，載沈雲龍編，《近代中國史料叢刊三編》第 471 冊，第 75 頁。

貴州巡撫奏請不拘年分開科。」[149]

　　同治元年（1862年）正月，貴州代理巡撫田興恕奏請，本年五月補行貴州乙卯、戊午兩科文鄉試，七月補行武鄉試。經禮部回復後予以批准。數日後，督察院左副都御史王發桂、通政使司參議倪傑被任命為貴州鄉試正、副主考官。然而到了二月，貴州巡撫韓超奏請，將本年鄉試依然為八月舉行。為此清廷下旨，本年貴州壬戌恩科及補行乙卯科鄉試將仍於八月舉行，此前已經派出的鄉試正、副主考官王發桂、倪傑，「無論行抵何處，均著即馳驛回京」。並按著禮部「照例題奏」，本年貴州鄉試應行派出的正副考官。[150]

　　本年四月，貴州省鄉試正、副主考官分別為翰林院編修歐陽保極、禮部員外郎孫恩壽。[151] 但是，同年五月，貴州鄉試再次展期，已經派出的主考官歐陽保極、孫恩壽不得不再次馳驛回京。[152] 同治三年四月，雲貴總督勞崇光上奏，稱「貴州軍務未平」，請求將本年甲子科鄉試展緩舉行。[153] 至此，從咸豐五年乙卯科，至同治三年甲子科，貴州已經連續有六科鄉試延期。

　　同治六年二月，代理貴州巡撫張亮基上奏，稱貴州省鄉試停科時間過久，請求特准於本年丁卯科帶補咸豐五年乙卯、八年戊午兩科鄉試，三科並舉。這一請求顯然不符合，各省止准帶補一科鄉試的定例。但是，清廷考慮到三個方面的因素：一來「貴州自軍興以來，已逾十載，停科最久」；二來貴州「山川險阻，籌費艱難」；三來貴州「士子等志

149　清・奎潤等纂修，《欽定科場條例》卷一〈鄉會試期〉，載沈雲龍編，《近代中國史料叢刊三編》第471冊，第142-144頁。
150　《清穆宗實錄》卷二〇，同治元年二月丁丑，第544頁。
151　《清穆宗實錄》卷二七，同治元年四月辛巳，第721-722頁。
152　《清穆宗實錄》卷二八，同治元年五月戊戌，第771頁。
153　《清穆宗實錄》卷一〇〇，同治元年四月辛巳，第196頁。

切觀光」。故特准其所請，本年鄉試「按照定、廣各額並數取中，以作士氣」[154]。五月，翰林院編修廖坤培、於建章分別派充貴州鄉試正、副主考官。因社會戰亂道路險阻，兩位主考官在八月十七日方才抵達貴州省城。為此，巡撫張亮基呈報朝廷，「諏吉於二十四日入闈」[155]。闈後放榜，貴陽縣人李嗣槐考中解元。

同治八年（1869年）三月，貴州巡撫曾璧光上奏朝廷，請求特開鄉試，三科並舉，補行咸豐九年己未恩科、十一年辛酉科和同治元年壬戌科鄉試。禮部議定，如按各省定例，於非鄉試年分特開鄉試，只准帶補兩科；貴州應試人數不多，兩年之中錄取六科舉人，「實不足以昭慎重」；但如果皇帝能夠特恩准奏，則依然可以突破限制。為此清穆宗下旨，貴州本年補行己未鄉試，同時帶補辛酉、壬戌兩科，但「嗣後不得援以為例」[156]。四月丁巳，翰林院編修郭懷仁、許振禕被派充正、副主考官。八月鄉試過後，貴築縣人陳琅考中解元。

同治九年，貴州巡撫曾璧光再次上奏，請求於本年庚午科鄉試時帶補同治三年甲子科。禮部討論後認為，貴州此前已經在同治六年、八年連續開科，錄取了六科名額的舉人；而根據當地官員的奏摺，貴州各地戰亂並未肅清，也就是有不少地方的考生因為戰亂而無法參加鄉試，已經未免有向隅之歎；如果本年再次兩科並舉，則不僅處於戰亂的州縣考生仍然無法參加考試，而方便參加鄉試的地區則不免濫竽充數。為此，清穆宗批准了禮部關於貴州本年將只舉行庚午科鄉試，此前展緩的同治

154　《清穆宗實錄》卷一九七，同治六年二月壬子。第 537 頁。
155　清·奎潤等纂修，《欽定科場條例》卷一〈鄉會試期〉，載沈雲龍編，《近代中國史料叢刊三編》第 471 冊，第 94 頁。
156　清·奎潤等纂修，《欽定科場條例》卷一〈鄉會試期〉，載沈雲龍編，《近代中國史料叢刊三編》第 471 冊，第 154-156 頁。

三年甲子科鄉試，則「俟全省肅清時再行帶補」[157]的建議。五月，翰林院編修張端卿、檢討劉青照，分別派充本年貴州省庚午科鄉試正、副主考官。八月鄉試過後，貴築縣人顏嗣徽考中解元。

顏嗣徽（1836-1902），字義宣，別號望眉，貴州省貴築縣（今貴陽市）人，祖籍山東臨沂，係孔門高足顏淵七十五世孫，《顏氏家訓》作者顏之推後代。同治九年（1870年）34歲時，以鄉試第一解元奪魁中舉，旋即北上進京會試不第。後以舉人分發廣西，歷任遷江、佳容、凌雲、蒼梧、陽朔等地知縣，鎮安知府，曾多次出任鄉試同考官。他一生勤奮好學，窮於披覽經史子集，通達博貫。他筆耕不輟，著述宏富，且精於詩賦，更通於史志。

顏嗣徽仕粵後，陸續將其詩文等撰述，自行編纂成集，並於光緒十九年（1893年）在貴陽由文蔚堂刻版刊行，是為「黔版」《望眉草堂全集》（8卷）。另有「粵版」刊行，共12卷，係將「黔版」之不足部分作了補充，附有年譜、詩餘、聯語各一卷。另有詩集《望眉草堂僑梓聯吟草》存世。

同治十二年三月，貴州巡撫曾壁光奏請「將辛酉、甲子兩科鄉試歸併本科舉行」[158]，清廷獲准後執行。八月，貴州舉行了癸酉科並帶補甲子科鄉試，主考官為光祿寺卿許庚身、侍讀黃體芳，解元為貴陽縣人趙福均。[159]

綜上所述，貴州省鄉試，自咸豐五年（1855年）展停，至同治三年（1864年），共展停過六科。六科補行至同治十二年（1873年）才

---

157 清・奎潤等纂修，《欽定科場條例》卷一〈鄉會試期〉，載沈雲龍編，《近代中國史料叢刊三編》第471冊，第161-162頁。
158 《清穆宗實錄》卷二七，同治元年四月辛巳，第721頁。
159 清・王家相、魏茂林、錢維福，《清秘述聞續》，第733頁。

最後完成。從光緒元年（1875年）乙亥恩科開始，貴州鄉試開科期限復歸正常。

（十一）福建省

1852年，福建省閩江、九龍江地區發生大水災。1853年，福建沿海遭受風災，永春發生大饑荒。在這樣的背景下，1853年，福建省永春州便爆發了，以林萬青領導的紅錢會農民起義，並前後堅持了5年之久，[160] 沉重地打擊了清王朝在福建的統治。1853年5月，以黃威為首的福建小刀會起義軍也佔領了漳州和廈門等地；臺灣省爆發了李石、林恭率領的回應太平天國的反清起義；1862年4月至1865年1月，臺灣又爆發了以戴潮春領導的八卦會起義。臺灣人民的反清起義也是一支重要力量，在中國近代人民革命鬥爭史冊上，寫下了不朽的篇章。[161]

太平天國天京內亂之後，咸豐七年（1857年）初，江西境內太平軍在楊秀清族弟楊輔清、楊宜清的率領下進入閩北，攻陷多座府、縣城池。1858年8月，在率領太平軍圍攻浙江衢州府城不克，受到排擠的翼王石達開在清軍多路夾擊之下，乃轉向西南進軍，經由仙霞嶺進入福建。儘管由於清軍的圍追堵截和入閩太平軍的內部分裂，石達開最後未能直撲福建省城福州，但依然在閩北建寧、延平、邵武、汀州等府攻克了多座府、縣城池，並成功突破清軍包圍進入贛南。[162] 在這種多方戰亂的背景下，福建省鄉試也曾遭遇了多次延期。

咸豐八年五月丙戌，兵部右侍郎徐樹銘、翰林院編修浦安被派任福

160　鄧華祥，〈太平天國時期福建林萬青起義的有關文物和遺址〉，《文物》1977年第6期。
161　殷常符，〈太平天國時期臺灣人民的反清起義〉，《首都師範大學學報》（社會科學版）1988年第2期。
162　茅家琦，《太平天國通史》，南京：南京大學出版社，1991年，第76-80頁。

建省鄉試正、副主考官。然而，僅過了 10 天，五月丙申閩浙總督王懿德上奏，因「軍務吃緊，本年戊午科文武鄉試，請展限兩月舉行」[163]，並表示將根據地方情形，倘若到時候戰亂依然沒有結束，再將專折馳奏，請求展緩。七月乙酉，代理閩浙總督慶端上奏，本年鄉試因「軍務未竣，恐屆時仍難舉行」，清廷下旨「福建省鄉試著准，其展至咸豐九年秋間特開一科，補行戊午科文武鄉試」[164]。

咸豐九年三月，王懿德、慶端、徐樹銘聯銜上奏，請求於本年己未恩科補行戊午正科文武鄉試。清廷下旨「准其歸併舉行，其應中名數，即照兩科定額取中」。[165] 本年十月，福建省己未恩科並補行乙卯科鄉試舉行，內閣學士袁希祖、編修楊泗孫擔任正、副主考官，漳州府龍溪縣周慶豐被取為解元。[166] 前翰林院編修林春溥因係嘉慶三年戊午科舉人，本屆恰逢甲子重周，獲准重宴鹿鳴。[167]

咸豐十年至同治元年間，福建境內並未有大批太平軍活動，其餘大規模會眾起義亦未出現，福建地方官的主要任務是防堵浙江、江西太平軍入閩。咸豐十一年福建巡撫瑞璸上奏，以「閩省軍務未竣，鄰省道途梗阻」[168] 為由，請求將本年福建辛酉科鄉試展緩舉行。同治元年五月，新任福建巡撫徐宗幹上奏亦稱，福建軍務未平，請求「將本年恩科鄉試展至十月舉行」。[169] 八月，國子監祭酒衍秀、司業馬壽金被委任福建鄉試正、副主考官。但因其沿途阻滯，兩位主考官在十月十二日才到達福

163　《清文宗實錄》卷二五五，咸豐八年五月丙申，第 954-955 頁。
164　《清文宗實錄》卷二五八，咸豐八年七月乙酉，第 1010 頁。
165　《清文宗實錄》卷二七九，咸豐九年三月庚寅，第 92 頁。
166　清・王家相、魏茂林、錢維福，《清秘述聞續》，第 700-701 頁。
167　《清文宗實錄》卷三〇三，咸豐九年十二月甲寅，第 438 頁。
168　清・奎潤等纂修，《欽定科場條例》卷一〈鄉會試期〉，載沈雲龍編，《近代中國史料叢刊三編》第 471 冊，第 80 頁。
169　《清穆宗實錄》卷二八，同治元年五月壬辰，第 748-749 頁。

州；四日後，福建省舉行了同治元年壬戌恩科並帶補辛酉科鄉試考官入闈儀式；十月十八日，士子入闈開考頭場。[170] 闈後放榜，閩縣人王彬中得解元。[171]

同治三年七月，根據福建地方官擬將本年鄉試展緩至十月舉行的請求，清廷派遣內閣學士殷兆鏞、宗人府理事官阿克丹擔任福建鄉試正、副主考官。十月，福建巡撫徐宗幹上奏，稱福建「現辦軍務，仍難如期考試」，請求再行展緩。為此，清廷下旨，命令兩位福建主考官「無論行抵何處，即著馳驛回京。」[172]。

同治四年（1865 年），福建巡撫徐宗幹奏准，福建「軍務漸竣，人心安定，各屬士子觀光志切，僉望補試鄉闈」，請求在本年補行同治三年甲子科鄉試，清廷獲准後執行。[173] 本年六月，太僕寺少卿丁紹周、國子監祭酒丁培鑱被派任福建鄉試正、副主考官。德化縣人郭尚品考中解元。

綜上所述，福建省在咸豐八年、咸豐十一年、同治三年，共有三科鄉試展停。自同治六年（1867 年）丁卯科以後，福建省鄉試舉行時間復歸正常。

（十二）四川省

咸豐年間，中國西南多地曾經爆發少數民族起義。太平天國的制

---

170 清・奎潤等纂修，《欽定科場條例》卷一〈鄉會試期〉，載沈雲龍編，《近代中國史料叢刊三編》第 471 冊，第 89 頁。
171 清・王家相、魏茂林、錢維福，《清秘述聞續》，第 708 頁。
172 清・奎潤等纂修，《欽定科場條例》卷一〈鄉會試期〉，載沈雲龍編，《近代中國史料叢刊三編》第 471 冊，第 93 頁。
173 清・奎潤等纂修，《欽定科場條例》卷一〈鄉會試期〉，載沈雲龍編，《近代中國史料叢刊三編》第 471 冊，第 152 頁。

度、政策在少數民族起義中影響深遠，不僅為一些少數民族起義創造了有利條件，而且鼓舞了周邊省分進行反清起義。石達開回師西南以後，推動少數民族起義進入新的高潮。起義軍之間建立了密切的聯繫，沉重地打擊了清王朝的統治基礎。西南數省少數民族反清起義已經令清朝地方督撫格外心驚。[174]

同治元年初，石達開率領的太平軍歷經浙江、福建、江西、湖南、廣西、湖北等省，轉戰千里之後，第四次來到四川邊境，試圖創建西南後方根據地。1863年4月，石達開大軍順利地從米糧壩渡過了金沙江。北岸佈防的清軍已被後軍李福猷所吸引，往東去了。但自此以後，由於戰線拉長，石達開和李福猷、賴裕新兩軍都失去了聯絡，他們只能是各自為戰的孤軍了。

當時四川境內形勢對石達開不利。原與石達開有聯繫、呼應的李永和、藍大順起義已陷低潮，李永和被俘死難，藍大順潰走陝西。四川總督駱秉章得以全力對付石達開。5月14日，石達開全軍到達大渡河南岸的紫打地。紫打地是越雋西北境地的一個小市鎮，東南俱是層巒疊嶂的山群，其形勢險仄，成為兵家難以迴旋之地，就此開始長達二十九天的大渡河危難歷程。然而，因為慶祝又一個兒子誕生和暴雨河水驟增，石達開耽誤了三天黃金時機。[175] 6月10日，石達開多次強渡大渡河失敗。在湘軍將領駱秉章率隊圍追堵截之下，他被俘身死，所率領太平軍全軍覆沒。6月27日，石達開就義於成都，去世時年僅32周歲。

石達開是太平天國叱吒風雲、威震清軍敵膽的英雄人物，也是太平

---

174 王博、郭惠，〈太平天國時期少數民族起義地位探析——以雲桂黔為例〉，載《文物鑒定與鑒賞》，2016年第8期。

175 盛巽昌，《實說太平天國》（增訂本），上海：上海書店出版社，2023年版，第549-555頁。

天國上下齊頌的傑出軍事統帥。他曾經馳騁萬里河山，稱霸大江南北十多年，卻如此輕易地自投羅網、被清軍俘殺，這簡直有點令人不可思議。在此戰爭往復期間，清朝在四川省的鄉試也不得不延期舉行。

　　咸豐十一年（1861年）五月，代理四川總督崇實上奏，稱「川省軍務未竣，本年鄉試請緩至來年辦理」[176]。同治元年（1862年）五月，四川總督駱秉章上奏，稱「川省軍務吃緊，各屬赴省道路通塞靡常，且省垣為根本重地，多士畢集，防範難周」[177] 請求將本年壬戌恩科，暨補行辛酉科鄉試展緩至來年辦理。同治二年六月，禮部奏稱，四川展緩的兩科鄉試，此前本擬於本年舉行，但目前已經超過了五月二十三日從京城派出主考官的期限，請旨飭下四川總督上奏是否依然在本年補行鄉試。為此，駱秉章上奏，因「川省軍務吃緊，各屬士子皆籌辦團練以衛身家」，本年補行鄉試的條件並不成熟，請求再行展緩到來年一併舉行，而將來年同治三年甲子科鄉試，順延至同治六年丁卯科。[178]

　　同治三年（1864年），四川省境內太平軍基本都被鎮壓下去，四川鄉試條件再次成熟。本年五月初旬，駱秉章上奏，稱按照各省補行鄉試的慣例，不管此前展緩了多少科鄉試，補行之年逢有正科，本年下科鄉試一律不順延。故本年應該舉行甲子科帶補辛酉科鄉試，同治元年壬戌科則歸入同治六年丁卯科鄉試帶補，奉旨准行。[179] 五月，四川鄉試正、副主考官為光祿寺卿胡家玉、山西道御史張晉祺[180]。南充縣人馮明玉被

176　《清文宗實錄》卷三五一，咸豐十一年五月戊子，第 1181 頁。
177　清・奎潤等纂修，《欽定科場條例》卷一〈鄉會試期〉，載沈雲龍編，《近代中國史料叢刊三編》第 471 冊，第 88-89 頁。
178　清・奎潤等纂修，《欽定科場條例》卷一〈鄉會試期〉，載沈雲龍編，《近代中國史料叢刊三編》第 471 冊，第 89-91 頁。
179　清・奎潤等纂修，《欽定科場條例》卷一〈鄉會試期〉，載沈雲龍編，《近代中國史料叢刊三編》第 471 冊，第 148-150 頁。
180　《清穆宗》卷一〇三，同治三年五月乙卯，第 271 頁。

錄取為解元。同治六年八月，侍讀學士孫毓汶、編修李文田來到四川省，擔任鄉試正、副主考官。萬縣人劉家謨被取為解元。[181]

綜上所述，四川省鄉試在咸豐十一年、同治元年展停，共展停過二科。從同治九年庚午科開始，四川省鄉試的試期復歸正常。

（十三）山東省

在太平天國發動北伐前夕，山東省的民眾已經不堪清朝反動統治階級虐政壓迫，紛紛舉行起義，進行各種形式的反抗。其中，活躍於山東省魯南地區的幅軍，是形成時間最久、影響力深遠的農民武裝。[182]

康熙年間，運河沿岸的漕運船夫，因用「匹布分幅帕頭」，組成秘密團體，被稱為幅黨。同治初年黃河改道，漕糧改為海運，許多失業船夫和貧苦農民紛紛參加幅黨。咸豐十一年（1861年）春，捻軍進入山東，幅黨首領劉雙印、劉平等人於嶧縣雲穀山寨起義。他們經常與捻軍、長槍會配合作戰，後被稱為幅軍。自咸豐三年（1853年）公開武裝起義，至同治二年（1863年）最後失敗，幅軍在山東省堅持武裝鬥爭十年，逐漸形成四個根據地。

自1853年太平天國發動北伐以來，活躍在安徽、河南、江蘇、山東省一帶的捻軍便成為太平軍的重要盟友。1864年6月太平天國失敗後，以太平天國遵王賴文光為首的太平軍餘部，便與以梁王張宗禹為首的捻軍合併，並在1865年5月全殲清軍勁旅僧格林沁所部騎兵。1866年10月，捻軍分為東捻、西捻兩支軍隊。東捻軍由賴文光率領在中原地區活動，而西捻軍則由張宗禹率領進入陝西活動。直到1868年8月，

181　清・王家相、魏茂林、錢維福，《清秘述聞續》，第714、719頁。
182　江地，〈論太平天國時期的北方農民起義〉，載《山西大學學報（哲學社會科學版）》，1978年第2期。

東、西捻軍分別被清軍鎮壓。另外，1860年以來，白蓮教起義也都對清朝山東地方政權形成了一定的衝擊。[183] 在此期間，山東以及河南、陝西省，乃至順天數省的鄉試亦不得不延期舉行。

咸豐十一年（1861年）六月，山東巡撫譚廷襄上奏，稱山東省東昌府「剿匪吃緊」，江蘇徐州一帶「南捻復分股竄入東境」，[184] 因此，「體察情形，本年辛酉科鄉試似難依期舉行」，請求「展至來歲奏明辦理，以昭慎重」。[185] 同治元年（1862年）五月，山東巡撫譚廷襄上奏，稱山東軍務稍定，請求歸併舉行本年壬戌恩科，並帶補咸豐十一年辛酉科鄉試。[186] 本年八月，光祿寺卿潘祖蔭、編修楊泗孫被派往山東，任鄉試正、副主考官，寧陽縣人魏培楠考中解元。[187]

同治三年，山東省甲子科鄉試正常開科。

同治六年（1867年）六月，山東巡撫丁寶楨上奏，稱山東「軍務未竣」，請求將本年鄉試展緩舉行。[188] 同年十月，丁寶楨再次上奏，稱山東「軍務未竣，請將本年文武鄉試展至下科一併舉行」，[189] 清廷獲准。同治九年七月，山東庚午科帶補丁卯科鄉試舉行，翰林院編修裘蒂然，右春坊右中允徐致祥被任命為正、副主考官，八月考試。闈後放榜，解元為萊陽縣人王蘭升。[190]

183　王日根，《中國科舉通史・清代卷》，北京：人民出版社，2020年版，第380頁。
184　《清文宗實錄》卷三五四，咸豐十一年六月辛酉，第1226頁。
185　清・奎潤等纂修，《欽定科場條例》卷一〈鄉會試期〉，載沈雲龍編，《近代中國史料叢刊三編》第471冊，第82頁。
186　《清穆宗實錄》卷二九，同治元年五月乙酉，第792頁。
187　清・王家相、魏茂林、錢維福，《清秘述聞續》，第7099頁。
188　《清穆宗實錄》卷二〇六，同治六年六月甲辰。第665頁。
189　《清穆宗實錄》卷二一三，同治六年十月甲午，第781頁。
190　清・王家相、魏茂林、錢維福，《清秘述聞續》，第725頁。按：《清秘述聞續》誤載為「帶補乙卯科」。

綜上所述，山東咸豐十一年、同治六年展停，共展停二科。隨著戰亂的逐漸平息，從同治十二年（1873年）癸酉科開始，山東鄉試的試期復歸正常。

（十四）順天府

在太平天國起義尚未平息之際，1856-1860年第二次鴉片戰爭爆發，又將清朝推向了內憂外患交相煎迫之中。1860年9月，咸豐皇帝以北狩為名，離開順天府逃往熱河，英法聯軍攻佔北京，清朝最終被迫與英國、法國與俄國三國分別簽訂《北京條約》，作為《天津條約》的補充條款。

第二次鴉片戰爭的硝煙剛剛平息，清廷內部又生事變。英法聯軍從北京撤走後，奕訢等人一再奏請咸豐帝儘快回京。咸豐帝仍心有餘悸，遲遲不願返京，與此同時越來越消極頹廢，倦怠於政事，沉湎於酒色，不久於1861年7月15日在熱河行宮病逝，年僅31歲。臨終前遺命以載淳為皇太子，以載垣、肅順等八人贊襄政務，將一個殘破的江山丟給了6歲的兒子。這個6歲幼子的母親，就是日後赫赫有名的慈禧太后。

肅順等人隨咸豐帝逃往熱河，此後一直陪伴左右，深得倚重。咸豐帝病逝後，肅順等人遂以顧命大臣身分，實際執掌清廷最高權力，恭親王奕訢等近支親王反被排斥於權力中心之外，兩宮皇太后也僅有「鈐印」的權力，清廷內部權力鬥爭很快白熱化。[191]

顧命大臣，是指帝王臨終前托以治國重任的大臣。中國歷史上從秦朝的趙高開始，一直有「顧命大臣」攝政一說。1861年7月19日，咸豐皇帝在承德避暑山莊駕崩四天後，顧命大臣以皇帝名義下旨，將「本

191　戴鞍鋼，《晚清史》，上海：復旦大學出版社，2020年，第106-109頁。

年順天鄉試著展期於九月內舉行」。同時，兵部在諭旨要求下，奏請將延期到本年九月的咸豐十年庚申恩科武會試，再延期到本年十月舉行，本年的順天武鄉試延期到十一月舉行。[192] 九月，都察院左都御史萬青藜、刑部右侍郎麟魁、兵部右侍郎畢道遠，分別被派任順天鄉試正、副主考官。[193] 闈後放榜，寧河縣人李敬亭被錄取為解元。[194] 十一月，吏部尚書朱鳳標、詹事府少詹事許彭壽，分別被派充順天武鄉試正、副主考官。[195]

同治元年七月，內閣學士倪傑上奏，稱順天貢院「號舍地本卑狹，暑濕又盛，加以人數眾多，穢氣易於觸犯」，而京城近日恰逢時疫流行，難免傳染之虞，請求仿照道光元年之例，將順天鄉試延期一月舉行。禮部討論後認為，京城內外時疫已經逐漸減輕，而且距離開考時間尚有半月，「轉瞬秋涼，自當平復」，而且內外簾人數眾多，考生亦已雲集京城，若下旨鄉試延期，則必將多守候一月，「轉非所以示體恤」，建議本年順天鄉試不必延期舉行。[196] 從此一直到清末廢除科舉，順天鄉試試期復歸正常。

綜上所述，作為各直省鄉試風向標，且具有特殊地位的順天文武鄉試與會試，在咸同年間並未停科，而僅僅「展期」1-2個月。

（十五）陝西省

1862年春，扶王陳得才率領太平軍逼近西安，關中地區大震。正

---

192 《清穆宗實錄》卷一，咸豐十一年七月丙午，第79頁。
193 《清穆宗實錄》卷四，咸豐十一年九月辛卯，第125頁。
194 清・王家相、魏茂林、錢維福，《清秘述聞續》，中華書局1982年版，第703-704頁。
195 《清穆宗實錄》卷一〇，咸豐十一年十一月丁酉，第260頁。
196 清・奎潤等纂修，《欽定科場條例》卷一〈鄉會試期〉，載沈雲龍編，《近代中國史料叢刊三編》第471冊，第103-104頁。

當太平天國與清朝封建統治者在南方展開生死搏鬥之際，陝西省爆發了震動全國的回民大起義。同年，以任武、赫明堂領導的渭南、華州回民率先起義，各地回民紛紛回應，起義遍及陝西全省，並迅速擴大到甘肅。欽差大臣勝保率軍攻剿，連戰連敗，被解京問罪。清朝團練大臣張芾被殺，起義軍迅速擴充到 30 多萬餘人。他們的反清鬥爭堅持了 12 年，直到 1874 年方告失敗。[197]

　　這次起義的發生不是偶然的，它是清政府殘酷的封建剝削和民族壓迫政策的必然結果。清朝統治者對廣大農民的壓迫和剝削本來是極其殘酷的。鴉片戰爭以後，為了支付巨額的戰費、賠款和彌補對外貿易上的虧空，更加緊了對勞動人民的搜刮和掠奪。陝西省是全國賦徭繁重的地區之一，因此發生大規模農民起義有其必然性。

　　同治元年五月，陝西巡撫瑛棨上奏，以本省軍務未竣，請求將本年壬戌恩科鄉試展緩舉行。[198] 同治三年五月，陝西巡撫劉蓉再次上奏，稱「陝甘軍務未平」，請將本年甲子科鄉試展緩舉行。[199] 七月，護理陝甘總督恩麟再次奏請，將本年甲子科武闈鄉試展緩舉行。[200] 同治六年五月，陝西巡撫喬松年上奏，以軍務未靖，「請將補行壬戌、甲子及本年鄉試仍展限舉行」[201]。

　　同治八年五月，左宗棠上奏，稱「陝甘鄉試前因軍務久未舉行。現在陝甘全境肅清，甘肅之涇、慶各屬亦已安謐」，本年雖非鄉試年份，請求特准開科，補行同治元年壬戌恩科及同治三年甲子科鄉試；同時，

197　韓敏、邵宏謨，〈論清代陝甘回民起義的性質〉，載《人文雜誌》1980 年第 3 期。
198　《清穆宗實錄》卷二九，同治元年五月庚戌，第 796 頁。
199　《清穆宗實錄》卷一〇四，同治三年五月甲子，第 293 頁。
200　《清穆宗實錄》卷一〇九，同治三年七月壬子，第 408 頁。
201　《清穆宗實錄》卷二〇三，同治六年五月丁卯，第 618 頁。

因甘肅戰亂並未全面平息，多地士子無法撲試，也請求為其「酌留中額，以昭平允」[202]，清廷獲准執行。七月己卯，翰林院編修盧士傑、刑部員外郎周瑞清，兩人被任命為陝西鄉試正、副主考官。八月闈後放榜，武功縣人徐騏考中解元；同治九年六月丁巳，翰林院編修陸爾熙、國子監司業孫詒經被派任陝西庚午科，並帶補丁卯科鄉試正、副主考官，長安縣人劉登瀛被取為解元。[203]

在咸同年間，陝西、甘肅省鄉試並未停科。從同治十二年（1873年）癸酉科開始，陝西（甘肅）省鄉試試期復歸正常。

（十六）甘肅省

在光緒元年（1875年）之前，雖然甘肅省早在康熙年間便與陝西分省而治，但本省士子參加鄉試的人員，則必須到西安貢院，與陝西省士子同場考試。咸同時期，在陝西回民大起義的影響下，1862年至1872年間，甘肅、寧夏的回民亦發動起義，如馬化龍為領袖人的寧夏地區起義。但是，最終都被左宗棠率領的湘軍擊敗。

在這種戰亂期間，甘肅士子與陝西士子一樣，均經歷了相應的鄉試延期。如同治六年（1867年）四月，陝甘總督楊岳斌便特為上奏，稱「軍務未竣請展緩本年甘肅武闈鄉試」。[204] 但是，甘肅與陝西不同的是，由於兩省戰爭平息時間不同，陝西省補行鄉試時，甘肅部分地區的考生無法到場考試。於是，清廷便特意為其保留了一定的錄取名額。

光緒元年以後，與陝西正式分闈考試的甘肅省，他們也分別於光緒元年乙卯恩科鄉試和光緒二年壬子科鄉試，並且帶補了同治元年壬戌恩

202　《清穆宗實錄》卷二五九，同治八年五月戊戌，第606頁。
203　清・王家相、魏茂林、錢維福，《清秘述聞續》，第721、725-726頁。
204　《清穆宗實錄》卷二〇〇，同治六年四月丙戌，第574頁。

科、同治三年甲子科。其中光緒元年的正、副主考官分別是侍講學士徐郙、御史劉瑞祺，解元為秦安縣人安惟峻；光緒二年的正、副主考官是侍讀黃毓恩、御史胡聘之。解元為洮州人包永昌。[205]

光緒五年（1879年）己卯科後，甘肅省鄉試歸於正常。

三、鄉試展停、補行的原則與特點

清朝在康熙時期，由「三藩之亂」導致第一個「展期」高峰所波及的省分，主要集中在中國的西南邊陲地區，作為當時全國經濟中心的江蘇、浙江與政治中心的京師（順天）幾乎未受影響。[206] 而在咸同時期，由「咸同軍興」導致的清代第二個「展期」高峰，所波及的省分已經由西南邊陲蔓延至江蘇、浙江省，並達至北方部分地區，從而出現較多「停科」現象。對於這一極端情形，作為清末「探花」的商衍鎏（1875-1963）先生曾經記述道：「自咸豐元年至同治六年，十七年間停科者共十四省，除順天、山西外，蓋無有不停之省。」[207] 商衍鎏先生的記述亦有不足之處，即順天、山西、陝西和甘肅四省（市）未曾停科。但是如前文所述，在英法聯軍逼近順天時，咸豐帝曾倉皇「北狩」，後病逝熱河，亦直接導致順天鄉試延展舉行；陝西、甘肅省也均經歷了相應的鄉試延期。

在咸同時期，由於受到太平天國反清運動，以及其他反清起義的影響，加上河南自然災害的衝擊，清朝各省鄉試不得不進行停科、展緩，並於戰爭平復後予以補行。清代末年鄉試展停的十四省，按照展停科數，其排列次序如下：

205　清・王家相、魏茂林、錢維福，《清秘述聞續》，第739、745頁。
206　賈琳，〈時間延展與制度變遷：清代科舉「展期」考論〉，載《中國史研究》2018年第1期。
207　商衍鎏，《清代科舉考試述錄》，北京：故宮出版社，2014年，第124頁。

展停六科者：為貴州、雲南和廣西三省。貴州省自咸豐五年（1855年）展停，至同治三年（1864年）復歸正常；雲南省自咸豐八年（1858年）展停，至同治六年（1867年）復歸正常；廣西省自咸豐元年（1851年）展停，至咸豐十一年（1861年）復歸正常。[208]

　　展停四科者：為湖南、江南（含江蘇、安徽）三省。湖南省自咸豐二年（1852年）展停，至咸豐十一年復歸正常；江南兩省自咸豐五年展停，至同治元年（1862年），復歸正常。其間，江蘇、安徽兩省曾經借浙闈補行一科，實則江南兩省展停五科。

　　展停三科者：為廣東、江西、福建、浙江和陝西五省。廣東省自咸豐五年展停，至咸豐九年；江西省自咸豐五年展停，至咸豐十一年，中間借浙闈補行一科，實則江西展停四科；福建省在咸豐八年、咸豐十一年、同治三年展停；浙江省自咸豐十一年展停，至同治三年；陝西省自同治元年展停，至同治六年。

　　展停兩科者：為河南、山東、四川和湖北四省。河南省咸豐五年、咸豐十一年展停；山東省咸豐十一、同治六年展停；四川省咸豐十一年、同治元年展停；湖北省咸豐五年、咸豐十一年展停。

　　在此時期，關於鄉試展停的補行辦法，清廷基本遵循如下原則：「補行之制復不許過兩科，是以於停科之補行者，或特開一科。」對於鄉試之年帶補科目，「則只限補一科，以合之正科已為兩科之故。」對於超過二科的省分，「停試至三科以上者，分別歸併，或先補近科，或先補遠科，則臨時斟酌行之。」[209] 總體來看，這一時期各省鄉試的延期與補

208　王日根等，《中國科舉通史・清代卷》，北京：人民出版社，2020年，第385-387頁。
209　商衍鎏，《清代科舉考試述錄》，北京：故宮出版社，2014年，第122頁。

行有以下特點。

　　第一，南方省分多於北方，西部省分多於中部；少數民族聚集，經濟相對落後的邊緣省分，多於中部漢族聚集，經濟較為發達的省分。作為各直省鄉試風向標，且具有特殊地位的順天鄉試、會試並未停科，而僅僅「展期」1-2個月。此外，京畿雖然被焚，京師卻未淪陷，作為國家級別的會試與殿試依舊可以正常舉行，並未受到絲毫影響。

　　第二，各省展緩、補行鄉試的程式，均遵循由當地巡撫奏報，禮部批復後執行的制度。從《清實錄》的記載來看，雖然各省展緩、補行鄉試的所有奏摺不一定都有記敘，但差不多每次展緩、補行鄉試均有相關奏報、批復的記載。從而充分體現出，即便在戰爭年代，面臨政權危機的嚴重局面時，清朝中央與地方政府也遵循嚴格的政府審批制度，不願對科舉制度採取苟且態度。

　　第三，補行鄉試的形式，既具有明確的嚴肅性，同時也具有相對的靈活性。在嚴肅性方面，主要體現為即便已經有多科鄉試延期，也不輕易一次性補行三科以上鄉試，一般都是補行兩科。在涉及補行鄉試的16個省分中，只有貴州、雲南曾經三科並舉，其他省分均只補行一科鄉試。尤其是貴州省，在經歷了同治六年、八年連續三科並舉之後，雖然還有展緩的鄉試未曾補行，但清廷為了慎重起見，駁回了在同治九年，貴州督撫上奏的兩科並舉的請求，而將剩餘的一科展緩鄉試放到同治十二年癸酉科帶補。又如安徽、甘肅兩省，因部分地區未曾安定，清廷為了「以昭慎重」，特意為戰亂地區的考生保留一定數量的錄取名額，等到地方安寧之後再補行錄取。

　　在靈活性方面，主要體現為在並非法定的開科年份，亦可奏請特開一科。如咸豐六、七兩年均非法定開科的子、卯、午、酉年份，亦非恰

逢恩科，但這兩年分別補行了廣東乙卯科，廣西辛亥、乙卯兩科和湖南壬子、乙卯兩科鄉試；同治四年本為法定會試年份，但此年補行了浙江辛酉、壬戌兩科鄉試；同治八年補行了陝西壬戌、甲子兩科，貴州己未、辛酉、壬戌三科鄉試。

　　科舉是士子進入仕途的主要通道，因而也便成了統治者籠絡人心的重要手段。為此，即便是在戰亂頻發之際，清廷也抓住一切機會舉行或補行鄉試。在太平天國戰亂年代，咸同時期的清朝政府仍能保證科舉考試相對正常運轉，這是科舉制度能夠持續 1300 年的根基。

第三章：咸豐與同治期間鄉會試的應試特色

　　在咸豐與同治時期，由於許多省分受到太平天國戰爭的影響，士子們的赴考旅途變化莫測，而由京赴任的主考官們也同樣面臨有許多風險。因此，清廷對於部分鄉會試政策採取了較為人性化的執行策略。另一方面，為了能夠延續清王朝的命運，清廷還推出了鼓勵地方士紳踴躍捐資的「捐輸廣額」政策。與此同時，洪秀全領導的太平天國在定都南京之後，也實行過科舉考試，並與清廷的科舉考試有明顯不同，有其獨有的特色。

一、變化莫測的赴考旅途

　　太平天國戰爭時期，社會動盪不安，旅途更多艱辛。士子長途跋涉到省城、京城應試的赴考旅途，較之和平年代自然具有更多艱險。安徽銅陵縣舉人曹藍田的赴考旅途，就是典型的事例。

　　咸豐二年（1852年）年底，太平軍初次攻破湖北武昌，清朝派河南巡撫張芾固守九江，江蘇提督陸建瀛固守安慶。咸豐三年正月，因戰

事尚未延及銅陵，安徽銅陵縣舉人曹藍田第八次進京，便準備參加會試，同時一併看望在京城內已在此等候，即將參加會試的弟弟。正月十二日啟程時，他看到有「浙省援皖兵二千、舟數十泊縣西小礬頭」，[1] 一幅戰事即將到來的景象。故而雖然風向極佳可以行軍，但卻「以索縣令費，留滯不進，已數日矣」。

正月十五日，曹藍田到達繁昌縣荻港村，他看到傳說中的兩千駐兵，卻不過只是「席屋數十間卓立風雪中，大炮數尊橫臥江岸。兵士散處嬉戲而已」；二十六日到達江蘇淮安清江浦，便見「饑民夾道，愁苦之聲，顛連之狀，慘不忍言」；而渡過淮河後行經邳州、桃源、宿遷等地，又見「沿途餓殍，市井街巷多棄屍」，都是因為此前黃河二次決口氾濫，「死者過多，故收葬者少」。令其後怕不已的是，他們前腳行抵德州時，身後太平軍即攻破安慶，不到數月間「連破三大省」。

四月十九日，第八次會試失敗，曹藍田與其餘六位落第舉子只能離京返鄉。他們進京時只用了 20 天的路程，返鄉時卻用了近二個月。主要原因是在從安徽壽州正陽關到六安州的水路上，因「被土匪阻塞，舟居將近一月」，以至於同行的兩位舉人，石埭縣楊達卿和貴池縣曹弼我不得不「移居佛寺」。曹藍田等其他四位舉人則「將行李送至典肆，舍舟登陸」，步行通過六安、舒城、廬江等州縣返回家中。

與此同時，在科考的行進路上，不僅考生赴考困難，派往主持各省鄉試主考官的行程同樣步步驚心。咸豐六年，兩廣總督葉名琛因「地方業已肅清」，奏請補行乙卯科鄉試。清廷在批准其請求的同時，更要求兵部將本次主、副考官「應如何改道赴粵之處」查明具奏。[2] 清廷之所

---

1 清・曹藍田，〈癸丑會試紀行〉，載太平天國歷史博物館，《太平天國史料叢編簡輯》（二），北京：中華書局，1962 年，第 319-320 頁。
2 清・奎潤等纂修，《欽定科場條例》卷一〈鄉會試期〉，載沈雲龍編，《近

以要知照兵部，無外乎是因為兵部對各地軍情的進展情況，他們瞭解得更為清楚與及時。

咸豐十一年，湖南省本應舉行辛酉科並補行己未恩科鄉試，朝廷選派的湖南省鄉試主、副考官王㟼、胡家玉已經上路。不料，本年七月湖南巡撫毛鴻賓上奏，稱湖南「鄰氛逼近，驛路梗阻」，請求將鄉試展緩舉行。在不得已的情況下，清廷只得命令禮部，轉告兩位主考官馳驛回京，並要求其「相應再行知照兵部飛諮該考官經由驛站之各該督撫，轉行知照該考官，無論行抵何處，即行回京」。

另外，由於出京趕赴各省的道途險阻，不少省分的鄉試主考官入闈監考的日期也變得難以控制。按照清代科舉管理制度，為了嚴密關防，防止因各省鄉試主考官到省日期過早，而與地方官紳有接觸機會，他們由京城派出的具體日期均有保密限定。其中，雲南、貴州為四月下旬；廣東、廣西和福建為五月上旬；四川、湖南和甘肅為五月中旬；湖北、浙江和江西為六月上旬；陝西、江蘇和安徽為六月中旬；山東、山西和河南則為七月上旬。[3]

但是，在太平天國戰爭時期，主考官們因道途梗阻，而不能按時到達的情況也時有發生，成為在所難免之事。例如，在同治元年，福建省壬戌恩科並帶補辛酉科鄉試被批准延期到十月舉行。然而，因「閩省軍務未竣，鄰省道途梗阻」，兩位來自國子監的主、副考官祭酒衍秀、司業馬壽金在十月十二日才到達福州，十六日才在福建省舉行主考官的入闈儀式，十八日才開始的頭場考試，比正常的初八日整整晚了10天。[4]

代中國史料叢刊三編》第471冊，第130頁。
3　清・奎潤等纂修，《欽定科場條例》卷九〈鄉試考官〉，載沈雲龍編，《近代中國史料叢刊三編》第471冊，第755頁。
4　清・奎潤等纂修，《欽定科場條例》卷一〈鄉會試期〉，載沈雲龍編，《近代中國史料叢刊三編》第471冊，第89頁。

再如，在同治六年，貴州省被特准舉行補行丁卯科並帶補乙卯、戊午科鄉試。由於太平天國戰亂的原因，兩位來自翰林院的主、副考官編修廖坤培、於建章未能按時到達，他們在八月十七日才抵達貴陽，而本年鄉試也不得不「諏吉於二十四日入闈」。[5]

二、寬嚴相濟的考試策略

由於處於太平天國戰爭時期，清廷對於部分鄉會試政策採取了較為人性化的執行策略，主要表現為因戰亂原因，而錯過考期者可以特許參加或補行相關考試。

咸豐三年（1853年），湖北省鄖陽府學訓導徐恒參加會試，但是因省城失守，未能通過鄖陽府發文赴省請諮，只好回孝感縣呈請本縣出具印結。禮部審議後，認為徐恒的情況係因軍務緊急，與「尋常現任教職未請該撫諮文，僅攜府縣文結呈請會試者」有所不同，故准許其參加會試。[6]咸豐六年，安徽舉人胡肇發、江蘇舉人蔡嵩年，均在吏部授職後，因戰爭的原因，未曾赴任職省分。本年會試時間迫近，呈請取結，申請參加會試。清廷認為，他們的情況與平常違例並不相同，均特准其參加會試。[7]類似的情形，還有如下事例：

咸豐九年十月，臺灣舉人王獻瑤向禮部遞呈，稱「前次會試因道路梗塞折回，今又因航海遭風，以致遲誤」，從而觸犯「已滿三科複試」之例限，即將被褫奪舉人功名。禮部代為呈奏之後，清廷認為其「遠隔

5　清‧奎潤等纂修，《欽定科場條例》卷一〈鄉會試期〉，載沈雲龍編，《近代中國史料叢刊三編》第471冊，第94頁。
6　清‧奎潤等纂修，《欽定科場條例》卷七〈雜項人員會試〉，載沈雲龍編，《近代中國史料叢刊三編》第471冊，第605頁。
7　清‧奎潤等纂修，《欽定科場條例》卷七〈雜項人員會試〉，載沈雲龍編，《近代中國史料叢刊三編》第471冊，第607-609頁。

重洋，事出有因」，特准其於次年補行複試。[8] 咸豐十年三月，新中江西舉人歐陽銜、廣西舉人梁嶸椿到京複試，因戰亂動盪道路梗阻，到京之後已過複試期限，乃呈請准其補行複試。禮部在查核後上奏，稱其逾限乃「事出有因」。清廷乃下旨准許補行複試，「以示體恤」。不過，清廷要求其他舉人「嗣後不得援以為例」。[9]

再如同治元年，江蘇省拔貢黃師虞、龔實英，浙江省選拔生張翊俊等向禮部呈報，他們在考取拔貢後，因本省頻年軍務，試事久輟，未能參加本省會考。本年到北京後，因為「格於成例，不准府順天鄉試」，乃懇請准其先行赴國子監參加鄉試錄科考試。經禮部將其請求上奏後，清廷認為，雖然有拔貢未經會考則不得送監錄科的規定，但「惟念江、浙二省大半為賊蹂躪，兵燹餘生，尤堪矜憫。該省現尚不克舉行會考，該生等並非有心遲誤。今遠道北來。若照例不准入場，未免向隅」。[10] 因此，清廷特恩准黃師虞等三人，可以先行取具同鄉京官印結，向國子監參加錄科，並一體參加順天鄉試。

還有同治三年八月，順天舉行甲子科鄉試，國子監江南附監生洪鈞等參加完順天鄉試並落第之後，恰逢江南戰亂平息，兩江總督曾國藩奏請，於十月舉行甲子科帶補戊午科鄉試，乃呈請洪鈞等人回南京，再次參加江南鄉試。禮部在接到其呈文後認為，「各省貢監應順天鄉試未經中式，其本籍有於本科展期鄉試者，例內並無不准應考明文」。而且「江南頻年兵燹，停科已久。本年應順天鄉試者至八百餘人之多。現在該省舉行鄉試，若因該生等曾應北闈，即不准回籍考試，未免阻其上進

---

8 《清文宗實錄》卷二九八，咸豐九年十月己未，第 357 頁。
9 《清文宗實錄》卷三一一，咸豐十年三月辛卯，第 566-567 頁。
10 清・奎潤等纂修，《欽定科場條例》卷六〈雜項人員科舉〉，載沈雲龍編，《近代中國史料叢刊三編》第 471 冊，第 443–444 頁。

之心」。[11]因此,禮部建議朝廷特准其所請,所有本年參加順天鄉試而未考中之江南考生,均可參加本省鄉試,清廷獲准。

與此同時,在科舉考試管理方面,儘管處於戰爭非常時期,對於涉及原則性問題的科場弊端,清廷依然採取了嚴厲處罰,乃至血腥的懲治措施。其典型事件,便是咸豐八年十月間,對於順天鄉試舞弊案的嚴厲查處。十月丁卯期間,咸豐帝頒發諭旨,嚴厲痛斥「本年鄉試試主考、同考各官荒謬已極,覆勘試卷應訊辦查議者竟有五十本之多。」即刻命令將「正主考官柏葰著先行革職,聽候傳訊;副主考官朱鳳標、程庭桂均著暫行解任,聽候查辦」,並要求欽派王大臣等「毋得含混了事,認真研鞫,按例從嚴懲辦」[12]。面對皇帝的龍顏震怒,怡親王載垣等王和大臣不敢怠慢,經過兩個多月的審議與查處,終於在咸豐九年二月上奏,並由咸豐帝通過御前會議,將查議後的五點結果頒佈於眾:

> 一、柏葰以家人求情,撤換試卷,即行處斬,並派肅順、趙光赴市曹監視行刑;二、編修浦安、舉人羅鴻繹、主事李鶴齡照例斬決;三、副主考戶部尚書朱鳳標失察革職;四、同考官編修鄒石麟為舉人平齡更改朱卷,革職永不敘用;五、其餘徐桐等同考官、對讀官及違例舉人,由禮部查照《科場條例》議處具奏。[13]

咸豐九年七月,咸豐帝又召集御前會議,針對此次科場案的其餘幾位涉案人員的行為,他又明確做出五點批示:

---

11 清‧奎潤等纂修,《欽定科場條例》卷五〈貢監科舉〉,載沈雲龍編,《近代中國史料叢刊三編》第471冊,第327-328頁。
12 《清文宗實錄》卷二六八,咸豐八年十月戊辰,第1151頁。
13 《清文宗實錄》卷二七六,咸豐九年二月甲寅,第50-51頁。

一、工部候補郎中程炳采與考生事涉交通囑託、賄買關節，雖該考生未曾中式，但舞弊屬實，即行處斬；二，程炳采之父左都御史程庭桂身任考官，包庇兒子舞弊行為，本應處斬，但父子概予斬首，於心不忍，改判發往新疆軍台效力贖罪；三、工部候補郎中謝森墀、國子監學錄王景麟均著革職：四、附貢生熊元培、候補郎中李旦華、候選通判潘敦儼、翰林院庶起士潘祖同、候補員外郎陳景彥等均革職併發往新疆效力贖罪；五、其他監臨、監試，內外簾執事官員、搜檢王大臣等由禮部查照《科場條例》議處具奏。[14]

從咸豐帝的上述批示中，我們可以清晰地看到：在對於科舉考試管理方面，他既有殺一儆百，這種十分嚴厲的處罰措施。同時，對於程庭桂父子而言，如果同時處斬「於心不忍」，因此網開一面的憐憫心態，充分體現出「寬嚴相濟」的行事作風。

除了順天鄉試科場舞弊案之外，對於其他各省鄉試的執行情況，咸豐帝也極為關注。就在順天科場案的查處過程中，咸豐八年十二月，負責對各省鄉試試卷磨勘的兼任吏部、戶部尚書周祖培上奏，稱本年山東、河南、山西和陝甘鄉試中式各卷存在眾多可議之處，其中河南省有40多份試卷存在「挖補」情況，「顯有情弊」；[15] 山東省第15名賈元濤、山西省第56名劉元鎧、河南省第35名鄙自樞等人的試卷中，或有筆跡不符，或有挖補洗改，「俱幹例禁」。為此，咸豐帝極為震怒，指出「掄才大典，豈容違例將試卷任意更改？」下旨命各省巡撫嚴格查處，據實上奏。

14　《清文宗實錄》卷二八八，咸豐九年七月乙酉，第230-232頁。
15　《清文宗實錄》卷二七一，咸豐八年十二月乙巳，第1195頁。

在同治時期，雖未查出科場大案，但是在各省鄉試中，發現的小問題也層出不窮，充分體現出在科考管理過程中，清廷對於「掄才大典」所採取的嚴格、認真態度。例如，同治五年五月，福建巡撫徐宗幹上奏，福建臺灣鎮總兵曾玉明之子曾雲登、曾雲書鄉試舞弊，曾玉明並包庇縱容，拒絕配合有關調查。為此，清廷特命閩浙總督左宗棠將有關人員拘拿到案，嚴訊確情。最終認定，曾雲登、曾雲書因弟兄號舍相連，乃共商默寫舊文，僥倖獲中，並不存在槍替、懷挾等舞弊行為，應該按照「士子越號換寫文字」之例減一等論罪，並將其父曾玉明革職。[16]

同治十二年十二月，因順天鄉試舉人徐景春被磨勘官員查出「文理荒謬」，正考官全慶，副考官胡家玉、童華、潘祖蔭均被降二級調用，同考官均「即行革職」。而負責查辦此案的禮部尚書靈桂、萬青藜，侍郎察杭阿、黃倬、綿宜、徐桐等人，因前次查奏辦理「未能允協」，均被降一級留任。[17] 同治十三年二月，清廷再次降旨，針對同治十二年癸酉科各省鄉試中卷「疵謬甚多」問題，要求「嗣後鄉會試考官務宜細心校閱，認真去取，毋得草率從事」。[18] 由此可見，在太平天國戰亂時期，清廷對於科舉舞弊案件的查處依然十分嚴厲。

三、「捐輸廣額」政策的實施與廢止

清朝大多數時候舉行科舉考試的目的，是為了選拔新的從政人才，咸同時期與之有所不同。在這一時期，清廷竭力維持科舉制度持續運轉的另一個目的，是通過科舉制度籠絡人心，將國家最大的依靠力量，即鄉紳階層控制在自己身邊。同時，為了能夠延續清王朝的命運，清廷還

16　《清穆宗實錄》卷三六〇，同治十二年十二月戊子，第 774 頁。
17　《清穆宗實錄》卷三六〇，同治十二年十二月戊子，第 774 頁。
18　《清穆宗實錄》卷三六三，同治十三年二月辛巳，第 805 頁。

推出了鼓勵地方士紳踴躍捐資的政策，許諾捐資者不但可以獲得個人封賞，還能夠為當地儒學獲得新生擴招名額，以及為本省獲得舉人錄取增廣名額，這也就是所謂「捐輸廣額」的背景與內涵。當然，即便在這種情形下，清廷也沒有將這一政策無限氾濫，而是採取了一定的限制，亦即《清實錄》中所說的「其因捐輸奏請加廣中額學額者，既沛恩命以廣登庸，復示限制以昭核實」。[19]

（一）「捐輸廣額」政策的形成

中國捐納制度由來已久，清代捐納始於康熙十四年（1675年），其開捐原因各不相同，大致有軍需、河工、賑災和營田等各類。[20] 清代年間，康熙時期是捐納制度形成的奠基階段，成為清朝中後期舉辦捐納之樣本。

從某種意義上說，捐納是一場無數個體與國家之間特定的資源互換遊戲。在國家的允許下，經過朝廷系列的精心制度設計，人們遵從特定的遊戲規則，進行經濟資本與其他社會資本，乃至權力資本的交換。捐納對人們理解清代社會運作的特定邏輯，尤其是國家治理的核心規則，有著特殊的意義。[21]

太平天國起義爆發後，因「兩粵用兵及常年支放各項需費浩繁」，道光三十年十一月，戶部奏請援照往例開捐籌餉。不過，咸豐皇帝並未立即批准。他考慮近十多年來因水旱、河工等事因，已經多次動員捐輸，

19　《清穆宗實錄》首卷一，〈穆宗實錄序〉，第3頁。
20　許大齡，〈清代捐納制度〉，載《明清史論集》，北京：北京大學出版社2000年版，第16-24頁。按：此書原為許大齡1947年在燕京大學的碩士學位論文，1950年由燕京大學哈佛燕京學社以《燕京學報》專號之二十二期正式出版。
21　吳四伍，《清代捐納與國家治理》，北京：社會科學文獻出版社，2021年，第16頁。

因而登基之後便停止了各項捐例，以便與民休息、培養元氣。當時，雖然因為戰亂而「度支告絀」。但是，如果朝野上下齊心協力，「移緩濟急，挹彼注此」，「部臣籌之於內，疆臣籌之於外」，應該能夠同舟共濟渡過難關，完全沒有必要「遽議開捐」。[22]

然而，事實證明，咸豐帝的想法顯然是過於樂觀了。在豁免民欠和籌解軍餉之後，各省藩庫根本沒有多少銀兩可以撥解到中央，通過開捐的方式向民間尋求解決經費籌集之道已經勢在必行。咸豐元年（1851年）正月，欽差大臣李星沅、廣西巡撫勞崇光便上奏稱，為了「兩省剿匪」，廣東已經「暫開捐輸」，且「該省紳民及外省士商捐資助餉情形踴躍」，如果都去廣東辦理報捐，實在於事不便，請求「准其於廣西省城設立分局，就近收捐」。咸豐皇帝不得不接受其請求，要求其「查照部行章程妥辦」。[23] 此後數月，針對兩廣軍情，咸豐帝多次主動詢問兩省開捐籌款情形，反映出他對開捐的高度重視。

咸豐元年（1851年）九月，戶部奏定了兩條開捐條例。一是減免手續費，「歷屆奏開事例，捐生赴部報捐，零費甚為繁重，應請將歸公飯銀照費、並四分平餘、具呈領照諸費概行裁撤」；二是由中央戶部收捐，外省不得染指：「外省捐輸章程有加無已，所捐銀數動用並不報銷，無從稽核。此次擬開事例，系在部庫交銀，應將外省捐輸一律停止。」[24] 咸豐帝批准了該項條例。第二年三月，咸豐帝又下發了一道諭旨，表示「粵西一日不靖，朕心一日不安」，希望全國各省官紳士民能夠和山西、陝西、河南、四川等省分一樣，「同仇敵愾，踴躍輸將」[25]，將開捐的

---

22 《清文宗實錄》卷二二，道光三十年十一月乙巳，第314頁。
23 《清文宗實錄》卷二六，咸豐元年正月乙巳，第368頁。
24 《清文宗實錄》卷四三，咸豐元年九月癸亥，第600頁。
25 《清文宗實錄》卷五六，咸豐二年三月甲子，第744頁。

範圍擴大到了全國。

　　咸豐二年十月，經過內閣大臣定郡王載銓上奏，清廷頒發了一份《寬籌軍餉章程》，[26]幾乎稱得上是號召全民「一體量力捐輸」。為了體現一視同仁的政策，該章程各條均採用「第一」的形式表述，極具風格與特色：

> 一、王公文武京外各官，及致仕、休致、降革、丁憂、告病大小官員，一體量力捐輸。一、八旗已、未出仕之宗室量力捐輸，應如何獎勵之處，請旨定奪。一、翰詹科道准捐外任。一、京察一等記名道府各員准捐分發。一、京外各官已補缺者，試俸曆俸年限准全行捐免。一、內閣中書准捐免試俸。一、各項回原衙門行走之員准報捐外任。一、告假、告病及丁憂服滿在恩詔以前各員，准仍照原官捐請封典，並准加級請封。一、捐封不限服制，並准照例定應封品級酌加推廣。一、准推廣外姻尊長捐封。一、休致人員准照原銜捐封。一、降革不准捐複人員，除實犯贓私外，其餘准加倍半捐復。一、舉人及恩拔歲副優貢生准報捐國子監助教、學正、學錄。一、文武各官分別京、外，准各按品級報捐花翎。一、降革一品以下文武官員向不在捐複之列者，准捐復原官頂帶。一、軍台效力官犯，准先繳台費，分別釋回免遣。一、發遣新疆等處官犯，分別已、未到戍，酌定贖罪銀數，准釋回免遣。一、軍營官員兵勇所得領項及商賈匯兌銀兩，暫行交官充餉，給與印單，酌定限期給領。一、用廣儲司舊存金牌，以抵軍營賞需。一、照浙江夷務案內，用賞銀丸照。一、京外置買房

26　《清文宗實錄》卷七四，咸豐二年十月乙巳，第970頁。

田未稅契者,於文到日,限三月內補稅。一、招商開採熱河及新疆各城,並各直省所屬金銀礦。

對於這一章程,咸豐帝只刪除了「發遣新疆等處官犯」一條,其餘各條全部保留依議頒行。一個月後,咸豐皇帝婉言拒絕了以德勒克多爾濟為首的喀爾喀蒙古汗王、貝勒、貝子等,以及哲布尊丹巴呼圖克圖為首的喇嘛等分別捐輸2萬、1萬兩白銀的軍需款項,並表示「軍營應用銀兩現已備妥,足敷支用」[27],各省大兵雲集兩廣,必將克日撲滅賊匪。不過,此後清廷歷次的詔諭表明,咸豐皇帝之所以拒絕蒙古貴族、僧侶的捐資,不是因為不需要,而是因為這點錢根本就是杯水車薪,無濟於事。

咸豐三年正月,咸豐帝諭令戶部查明山西、陝西、四川三省的捐輸人數及捐款數額,開單呈奏,並諭令「著加恩將捐銀較多之省酌加鄉試中額,捐銀較多之各州縣酌加學額」,[28]從而揭開了「捐輸廣額」的序幕。接下來,經過戶部、禮部官員近兩個月的討論,咸豐三年三月,清廷終於形成了一套「捐輸廣額」的方案,簡單而言可以歸納為兩條:

一、捐廣一次性中額、學額(亦稱暫額)文武各一名,分別需要捐銀10萬兩和2000兩。所廣暫額可平均到多科錄取,每次不得超過恩科廣額大省30名、中省20名、小省10名的限制。

二、捐廣永遠中額、學額(亦稱定額、永額)文武各一名,分別需要捐銀30萬兩和1萬兩。所廣定額均不得超過10名。[29]

---

27 《清文宗實錄》卷七七,咸豐二年十一月丁卯,第1002頁。
28 《清文宗實錄》卷八三,咸豐三年正月癸酉,第60頁。
29 清・奎潤等纂修,《欽定科場條例》卷二四〈捐輸加廣鄉試定額〉,載沈雲龍編,《近代中國史料叢刊三編》第471冊,第1721-1725頁。

為了能讓百姓踴躍捐資，咸豐帝還特意頒發聖旨，詔告天下：

國家定制，歲入有常。惟正之供，不容短絀。此外一絲一粟，皆吾民勤動所餘。苟非軍國要需，何忍重勞百姓？比年以來各省奏報紳士商民輸將踴躍，除隨時獎敘外，並將捐數較多之山西、陝西、四川等省酌廣鄉試中額並生員學額，以昭激勸。現在大江南北軍營，援剿之兵數逾十萬。連日捷音疊奏，大挫凶鋒。近複調集各路重兵，克期赴剿。合之前調之兵，不下二十餘萬。朕不惜帑金，為民除害，統計所撥，已及二千七百餘萬兩。際茲大兵雲集，需餉尤殷，仍不能不借資民力。以濟軍儲。朕每覽軍營奏報，小民於流離失所之餘，尚複輸粟犒師，深為悲憫。即各省距賊較遠地方，亦復因軍行徵調，供億維艱。若再諭令捐輸，實非朕心所願。惟念賊匪一日不滅，民生一日不安。雖疆圉遠近攸分，而民情驚擾則一。恤鄰有福，古訓昭垂。朕之命將出師，原不僅為東南數省生靈救災雪憤，但得櫜槍迅掃，海宇乂安，薄賦輕徭，與民休息，升平之福，朕與天下共之。凡爾士民，諒能共喻。著照大學士等所請，由各省督撫妥為勸導：無論已捐、未捐省分，凡紳士商民捐資備餉一省至十萬兩者，准廣該省文武鄉試中額各一名；一廳州縣捐至二千兩者，准廣該處文武試學額各一名。如應廣之額浮於原額，即遞行推展。儻捐數較多，展至數次猶有贏餘者，准其於奏請時聲明，分別酌加永廣定額。加額銀數及如何歸併劃除之處，悉照大學士等所議辦理。其捐生本身應得獎敘，仍准奏請另予恩施。如有一人一家捐資累萬，及毀家紓難、接濟糧台者，破格殊恩，不在此列。此次捐輸，乃朕不得已之苦衷，儻有墨吏奸胥藉端擾

累，荷派侵吞，以朝廷不忍遽行之政，為若輩取攜自便之資，病國虐民，情尤可惡，著該督撫立即嚴參，置之重典，切勿稍存姑息，致累民生。各路統兵大臣亦當念軍士餉糈所出，皆吾民竭力輸將，嚴飭所帶官兵，迅速奏功，以蘇民困。軍中疲弱兵丁，必當隨時裁汰，使兵歸實用，餉不虛糜。糧台大員，收支銷算，亦當力求撙節，不可稍事冒濫，庶上可以報國，即下可以對民。各該督撫等即將此旨刊刻謄黃，遍行曉諭，俾薄海臣民，咸知朕意。[30]

在執行「捐輸廣額」政策的初期階段，清廷除了向全國各省發佈了捐輸號召，更採取了選取若干富裕省分進行試點推行的策略。咸豐三年四月，惠親王綿愉、恭親王奕訢、定郡王載銓上奏稱，廣東、山西是全國最為富裕的省分，如果加大勸捐力度，「示以破格之賞」，必能「有濟於事」。咸豐帝批准了其建議，下旨命令兩廣總督葉名琛、廣東巡撫柏貴、山西巡撫哈芬選派「曾任京外各官、公正鄉紳人望素孚者」出面，號召紳士商民人等踴躍捐輸，並重申除捐資者可以獲得相應官職、捐資者所屬省分和州縣可加廣中額、學額外，捐資達到百萬或數十萬的富家大族還可以「賞加五等封爵」或「賞加輕車都尉」，這些爵位、宮銜雖然是虛封，但都准許「予以襲次」[31]。次日，咸豐帝又頒發聖旨，向陝甘總督舒興阿和陝西巡撫張祥河下達了相同的勸捐命令，要求其在陝西境內選取公正紳士發動勸捐。到了七月，試點省分擴大到了廣東、山西、四川、陝西四個省分。

對於個別特殊地區，「捐輸廣額」政策又略有放寬。如咸豐四年福

---

30 《清文宗實錄》卷八九，咸豐三年三月丁卯，第 190-191 頁。
31 《清文宗實錄》卷九一，咸豐三年四月乙酉，第 228-229 頁。

建臺灣道兼臺灣學政徐宗幹上奏，請求朝廷考慮「海外士子遠涉重洋」，將臺灣府捐輸的錢款單獨計算，並將加廣中額的標準較其他省分降低一半，即每捐資十五萬兩即可加廣鄉試文武定額各一名。[32] 這一請求得到清廷的特許，在咸豐五年七月甲戌日頒發的一道諭旨中。福建臺灣府被永遠加廣「閩籍鄉試中額一名」[33]，成為《清文宗實錄》中記載，最早被加廣鄉試定額的地區。此道諭旨中同時涉及「捐輸廣額」的地區，還有福建漳州府龍溪縣永廣文武學額 4 名，福州府閩縣、侯官二縣永廣文武學額各 2 名，泉州府同安縣、漳州府詔安縣、延平府永安縣永廣文武學額各 1 名。

（二）「捐輸廣額」政策的執行

在朝廷優惠條件的吸引下，開捐政策取得了清朝統治者夢寐以求的效果。咸豐年間，「各省疆臣奏請增加中額、學額，邀恩准者，指不勝屈」。[34] 當然。這些捐輸不可能都是出於心甘情願。如咸豐八年六月，安徽學政張芾上奏，稱安徽寧國府巨紳，原任河南總督潘錫恩「不念朝廷，不顧桑梓」，「貪吝成性，缺乏天良」，致仕回籍後雖然擁資數百萬，卻在朝廷號召捐輸之時只肯「捐銀二百數十兩」，成為抗捐的典型，也使得「寧郡數屬藉口子涇縣，涇縣各戶藉口於潘錫恩」，在徽州府捐銀七十餘萬兩的情形下，寧國府勸捐局面竟然毫無起色。張芾認為，如果不令潘錫恩首先盡力倡捐，則「寧捐萬不能辦，寧捐不辦則寧防萬不能支，而徽、浙之遺患更不可言」。最終朝廷下旨將潘錫恩革職，並要求其在「捐銀數十萬兩以贖前愆」的基礎上，再好好賠補咸豐六年督辦

---

[32] 清‧奎潤等纂修，《欽定科場條例》卷二十四〈捐輸加廣鄉試定額〉，載沈雲龍編，《近代中國史料叢刊三編》第 471 冊，第 1728-1731 頁。
[33] 《清文宗實錄》卷一七二，咸豐五年七月甲戌，第 913 頁。
[34] 清‧載淳，〈文宗實錄序〉，《清文宗實錄》（一），第 1 頁。

團練臨陣脫逃時，遺失糧台軍械等項損失。[35]作為已經官至二品的潘錫恩來說，捐銀購買虛銜自然非其所願，廣置產業、分析諸子才是最為靠譜的目標。這和那些還從未獲取過官職、還在夢想頂戴榮身甚至謀取實缺的童生、生員們的想法自然會有所不同。

最初，獲准增廣的是各州縣儒學學額。如據《清文宗實錄》，咸豐三、四年所記載的13次「捐輸廣額」事件，全部為捐廣儒學永遠學額。最早的一次，則是咸豐三年九月批准的河南懷慶府、湖南省長沙府、廣西省桂林府相關府州縣學因「紳士守城出力」而加廣的永額。[36]咸豐四年二月批准的廣東南海、順德、新會三縣，因「紳士捐輸軍餉」，三縣儒學分別增加了4名、1名、1名的永遠學額。[37]又如十一月，因捐輸軍餉，陝西省朝邑、涇陽、渭南、郃陽、咸寧、富平、三原、韓城、蒲城、岐山等縣分別獲得了7名到1名不等的永遠學額。[38]

自咸豐四年開始，咸豐帝以上諭的名義確定各省鄉試、各州縣儒學增廣永遠中額、學額以來，全國各地捐輸廣額便不斷湧現，並越來越頻繁。在這一時期，江西省是最為積極，奏請加廣中額、學額且得到恩准次數最多的省分，其次是江蘇、湖北、安徽、廣東、湖南、四川、浙江等省，[39]雲南、奉天最少，只曾經兩次奉准加廣中額或學額。[40]

另外，各省能否最大限度加上廣學額，除了與其實際捐輸銀錢、捐

35　清・張芾，《張文毅公奏稿》卷一〈奏參抗捐巨紳〉，載沈雲龍編，《近代中國史料叢刊》第23輯，第132-145頁。
36　《清文宗實錄》卷一〇七，咸豐三年九月乙丑，第631頁。
37　《清文宗實錄》卷一二〇，咸豐四年二月辛未，第57頁。
38　《清文宗實錄》卷一五〇，咸豐四年十一月庚午，第627頁。
39　張仲禮著，李榮昌譯，《中國紳士：關於其在19世紀中國社會中作用的研究》，上海：上海社會科學院出版社，2002年，第94-96頁。
40　王日根等，《中國科舉通史・清代卷》，北京：人民出版社2020年版，第415頁。

辦團練、守城出力等因素有關，也和地方官員以及本籍在朝京官是否積極為當地謀求利益有關。如江西安遠縣，除咸豐四年曾因捐銀1萬餘兩，增加文武永額1名外，其餘自咸豐六年以來歷年軍需報銷等銀，共19萬餘兩部都「未蒙恩典」，沒有加廣儒學永額或暫額。其原因在於「辦理者未將督撫司書飯食銀、部書飯食銀趕早繳費，延至既奉新章後，勢遂不能兩全」[41]。

　　與之相反的是，同治四年浙江省地方官員奏請，加廣鄉試中額、儒學學額，但因「兵燹後省城案卷不齊」，本省無法確知捐輸數額，請求「由部查明」，而戶部又稱「查算需時，請仍由浙江巡撫查明具奏」，眼看即將無法為所捐銀錢加廣中額、學額。此時，戶部郎中朱勤等多名官員挺身而出，他們因為「隸籍浙江，同官戶部」，有為浙江查算捐款的鄉梓情感支撐和工作便利條件，「儘一年之句算，匯各項之捐輸，纖析條分，稽知確數」，從戶部底賬中查明從咸豐九年十月到同治四年年底，浙江省紳民共計捐銀109萬餘兩，加上咸豐九年九月之前加廣後剩餘的16萬餘兩，合計共有捐銀126萬餘兩。從而，最終使浙江省被加廣了4名鄉試永額。[42]

　　另外，從《清實錄》的記載也可以發現，咸同時期清廷所頒佈的332道諭旨，有些是專為一省永廣鄉試中額，如咸豐八年七月，因捐輸軍餉，先後頒佈諭旨，永廣山西鄉試中額2名，[43] 永廣湖北鄉試中額3名。[44] 同治三年七月，因捐輸軍餉，永廣湖北鄉試中額2名，[45] 山西鄉

41　清・黃瑞圖，《同治安遠縣誌》卷四〈學校志・學額〉，清同治十一年刻本。
42　清・奎潤等纂修，《欽定科場條例》卷二四〈捐輸加廣鄉試定額〉，載沈雲龍編，《近代中國史料叢刊三編》第471冊，第1770-1771頁。
43　《清文宗實錄》卷二五八，咸豐八年七月甲戌，第1001頁。
44　《清文宗實錄》卷二五九，咸豐八年七月乙亥，第1026頁。
45　《清穆宗實錄》卷一〇九，同治三年七月壬子，第404頁。

試中額 2 名；[46] 有些是專為一府、州、縣永廣儒學學額，如咸豐九年十月，因紳民捐輸軍餉，永廣江蘇泰興縣學額 3 名，又陝西候補道熊文華捐輸軍餉，永廣其本籍四川綿州學額 1 名。[47] 同治三年七月因捐輸軍餉，永廣江西德安縣、山東聊城縣學額各 1 名。[48]

需要指出的是，《清實錄》記載的這些廣額並非各省、各州縣廣額的全部。如廣東南海縣，《清實錄》僅記載了兩次廣額，即咸豐四年二月的永廣 4 名學額和咸豐七年十一月永廣名學額。然而，據該縣誌記載，則南海縣所廣學額包括「咸豐乙卯加永額四名；丙辰加廣額二十名，同治壬戌復加廣額二十名，共廣額四十名；己巳部議定永遠廣額共十四名」。[49] 也就是說，《清實錄》只記載了 14 名永廣學額，其餘 40 名一次性學額則未予記載。又如山西太谷縣，《清實錄》僅記載了一次廣額，即咸豐九年八月的永廣 4 名學額，而據縣誌記載，「咸豐乙卯科以縣人捐助軍餉銀較多，增取附學生員十二名」[50]，說明太谷縣所捐廣的學額並不止 4 名永額，還有其它一次性學額。

（三）「捐輸廣額」政策的調整

咸豐三年全面推行的捐輸廣額政策，不僅滿足了地方士紳循例提升社會地位的個人願望，同時滿足了其拓展本地政治資源的公共願望，因而得到了廣泛的回應，取得了預期的效果。不過，歸根結底，科舉制度作為清帝國選拔官員候選者的取才制度，畢竟不能任由候選者無限增多，從而導致政治成本不斷增大。因此，在鎮壓太平天國農民起義的戰

---

46 《清穆宗實錄》卷一〇，同治三年七月癸亥，第 431 頁。
47 《清文宗實錄》卷二九六，咸豐九年十月丙午，第 337 頁。
48 《清穆宗實錄》卷一〇，同治三年七月癸亥，第 431 頁。
49 清・鄭夢玉、梁紹獻，《同治南海縣誌》卷四〈建置略一〉，第 109 頁。
50 劉玉璣、胡萬凝，《民國太谷縣誌》，第 510 頁。

爭取得成功之後，清廷也不出所料地開始收緊捐輸廣額的標準，並最終廢除這一制度。

同治七年七月，掌浙江道監察御史范熙溥上奏，針對各省廣額繁多的情況，請求朝廷明定限制。隨後，湖北學政張之洞也上奏，稱「近來各省開辦捐數，動多浮冒，以致各州縣廣額過多，其中根底淺薄文藝粗疏者濫竽充數，殊非朝廷培植人才之意」[51]。經禮部討論後決定，變通廣額章程。其主要內容有：

> 一、捐輸者個人獎敘與廣額獎勵分開，「嗣後外省捐輸各案，凡捐生已請獎敘者，不准再行加廣中額、學額」；二、加廣中額、學額的捐款數額延續咸豐三年所定標準，「加廣中額銀數仍照咸豐三年奏定章程辦理」；三、中額、學額區分辦理，「已廣中額之銀概不准再加學額，已加學額之銀，概不准再加中額」[52]；四、限制每科錄取的暫額數量，「除原額及永遠定額照數取進外，所加一次廣額，擬請比照恩詔加額之例，大學七名，中學五名，小學三名，以示限制」。[53]

從《清實錄》的記載來看，變更捐輸廣額章程之後，各地獲准捐廣中額、學額的數量顯著下降。其中，同治七年在七月更改廣額章程之後，所捐廣的鄉試中額為 0 名，學額為 136 名；同治八年，鄉試中額只有陝西省永廣 1 名，學額為 53 名；同治九年，江蘇因「釐捐充餉」，三年

51　《清穆宗實錄》卷二三九，同治七年七月壬寅，第 310-311 頁。
52　清・奎潤等纂修，《欽定科場條例》卷二四〈捐輸加廣鄉試定額〉，載沈雲龍編，《近代中國史料叢刊三編》第 471 冊，第 1731-1732 頁。按，據《大清會典事例》卷七二〇記載，同治七年複准，「各省加廣學額銀數，照舊章凡一廳一州一縣捐銀四千兩者，准加一次學額一名，二萬兩者，准加永遠定額一名」，所記與舊章不符。
53　《清穆宗實錄》卷二三九，同治七年七月壬寅，第 311 頁。

中達到750餘萬兩,才被特許「加廣江蘇省文武鄉試永遠中額各八名」,並規定「嗣後他省不得援以為例」[54];安徽因「前任直隸提督劉銘傳所部捐輸欠餉」,得以「永廣文鄉試中額一名」[55]。該年所廣學額為108名。同治十年,鄉試廣額為0名,學額27名。同治十一年,鄉試廣額為0名,學額3名。

儘管《清實錄》所記載的「捐輸廣額」事例,並非全國各省實際捐輸廣額的全部,但確實在一定程度上,體現了當時全國限制「捐輸廣額」的實際情況。

(四)「捐輸廣額」政策的廢除

光緒二十七年(1901年)七月二十九日,內閣奉旨上諭:「嗣後無論何項事例,均著不准報捐實官,自降旨之日起,即行永遠停止。統限一個月內,截數報部,毋得請展限。其虛銜、封典、翎枝、貢監及現行常例准捐各項,究竟有無妨礙,著該部核議,奏明辦理。」[56] 此時,雖然清廷宣佈「永遠停止」所謂「捐輸廣額」政策,但是對於是否真正廢除,學界仍頗有分歧。

作為研究清代捐納制度的權威學者,許大齡先生並不否認,「捐輸廣額」政策尚未停止,並提及光緒三十年至三十二年之間,曾經一度又增添實官捐輸,現行常例等仍准通行。[57] 此外,還有學者持有其它觀點:

---

54 《清穆宗實錄》卷二七九,同治九年三月丙寅,第874頁。
55 《清穆宗實錄》卷二八二,同治九年四月乙丑,第896頁。
56 《清代起居注》光緒朝(第64冊),聯經出版事業公司,1987年,第032539-032540頁。該上諭收錄於多種文獻,如《德宗景皇帝實錄》卷485,光緒二十七年七月壬辰,北京:中華書局,1987年,第58冊第416頁上欄—下欄,等等。
57 許大齡,〈清代捐納制度〉,載《明清史論集》,北京:北京大學出版社2000年版,相關觀點見第70-72頁。

（1）認可光緒二十七年，清廷最終停止了實官捐納及各項花樣。[58]（2）認為光緒二十七年有停實官捐之舉，此後捐納仍在實行，但其中的實官捐情況則語焉不詳。[59]（3）泛泛而談，實官捐經納清末仍有。[60]（4）僅以捐複為由，認為實官捐延至清亡。[61]（5）否認光緒二十七年真正停止實官捐，惜未作任何解釋與說明。[62]

2009年，鈔曉鴻通過查閱《東華續錄》中，光緒二十七年八月初七日，戶部奏准的核議意見後，他得出結論：光緒二十七年上諭，只是在政策上廢止了根據當時的暫行事例，捐納實官及其花樣，既非標榜的「永遠停止」，亦未停止所有實官捐項。清廷所謂的廢止捐納實官，更多地表現為政治表態與名義變化，實官捐納通過各種方式繼續實施才是實情。[63] 由此說明，實官捐納的舉措，則延續至清代滅亡才終止。

但是，清代咸同時期的捐輸廣額政策，為這個沒落老大之帝國能夠平定太平天國之亂，確實起到了苟延殘喘、飲鴆止渴的作用。民國時期，清朝遺民們依然對其抱著委婉的批評態度，民國《南昌縣誌》卷54《兵革》的這段話頗具代表性：「自咸豐癸丑以來，郡縣之遭蹂躪者所在皆是，究其病實在於人心之各散。愛民足民之道，不裕於無事之日，臨變而求其克濟者，未之有也。」[64] 所謂藏富於國，還是藏富於民，其實並不重要。重要的是，得人心者得天下。

張仲禮在他的著作《中國紳士研究》書中，統計了太平天國運動前

---

[58] 梁嚴冰、劉蓉，〈清代的捐納制度〉，載《歷史教學》1996年第9期。
[59] 謝俊美，〈捐納制度與晚清吏治的腐敗〉，載《探索與爭鳴》2000年第4期。
[60] 劉次涵、張學明，〈晚清捐輸初探〉，載《蘭州大學學報》1984年第4期。
[61] 蕭一山，《清代通史》第4冊，上海：華東師範大學出版社，2006年，第58頁。
[62] 陳旭麓等主編，《中國近代史詞典》，上海：上海辭書出版社，1982年，第562頁。
[63] 鈔曉鴻，〈清末廢止捐納實官考實〉，載《中國經濟史研究》2009年第4期。
[64] 魏元曠，《民國南昌縣誌》，第1621頁。

後紳士的數量，幾乎成倍地增加，[65] 而捐納就是最為重要的因素。為了拯救自身，清朝政府對於捐納制度的使用，達到了惡性透支的地步，大量的捐納特別是地區性增廣學額，使得科舉制度的公正性遭受到前所未有的衝擊。

四、太平天國科舉考試的特色

在咸同年間，除了清廷舉辦的鄉試與會試之外，洪秀全在定都南京之後，也曾連續十年，舉行過科舉考試。太平天國科舉有鄉試、郡試、省試和殿試，有文科也有武科，並具有十分突出的特色。

洪秀全是因為沒有考取功名，才走上了造反的道路，因此他有著很深的「科舉情結」。當初，他第四次名落孫山走出考場的時候，曾經憤憤地發誓說：「等我自己來開科取天下士吧。」從 1851 年太平天國起義後，他一直念念不忘這句話。太平軍打下第一座城市永安後，即宣佈開科取士，那一次科舉的首名是南王馮雲山。太平軍第一次攻取武昌後，再次進行開科取士。

1853 年進入南京城以後，太平天國馬上制定了自己的科舉考試辦法，並於當年開科取士。太平天國大體沿用了清朝的科舉制度，考試分為鄉試、縣試、郡試、省試和京試，只是清朝三年一考，太平天國一年一考，且京試設天試、東試、北試、翼試，共有四次，試期分別以天王、東王、北王和翼王四人的生日為期。四次京試各自開科取士，各自出金榜，都產生狀元、榜眼、探花。當時清代詩人馬壽齡寫了一首〈金陵癸甲新樂府・點狀元〉：「八月號東試，十月號天試，正月及二月，北試翼試又相繼。六月閏耳四狀元，唾手功名太容易。」

---

65 張仲禮，《中國紳士研究》，上海：上海人民出版社 2008 年版，第 113-115 頁。

此處四次京試時期，就是十月初一幼主洪天貴福生日舉辦的「天試」；八月東王生日舉辦的「東試」；六月北王生日舉辦的「北試」；二月翼王生日舉辦的「翼試」。原定「天試」是十二月天王生日舉辦，但洪秀全為早日昭示兒子成為繼位人，而改成了該日。

從太平天國政權統治模式而言，定都南京後的並非由洪秀全一人掌控，而是由天王、東王、北王和翼王等少數幾個人同時掌握著最高統治權。天試、東試、北試和翼試等四種最高級別科舉考試配合實行，則是太平天國統治模式在科舉制度中的完美體現，也是科舉最高話語權的平均分配。

1856年，在「天京事變」之後，東王楊秀清、北王韋昌輝身死，翼王石達開出走，原有統治模式解體，變為天王洪秀全一人領導下的集權政治。統治模式的變化在科舉制度中的反映十分明顯。此時，東試、北試和翼試已全部終止，天試則成為唯一最高級別的科舉考試。

太平天國科舉試題，最初多帶有鮮明的天國宗教色彩。其考試題目出處，多取自《舊約》《新約》《天王詔書》《天條書》《天父上帝言題皇詔》等內容。例如，癸好三年（1853年）東試，文題為：「皇上帝是萬郭（國）大父母，人人是其所生，人人是其所養。」詩題為：「四海之內有東王。」論題為：「真道豈與世道相同？」再如庚申十年（1860年）天試，文題為：「坦盤惑鬼語，洪水浸天下。上帝永約云，彎彎日教化。」詩題為：「求魚得吳，猶餓人求飯得菜。五言八韻，不限韻。」論題為：「孝敬父母孝敬爺。」[66]儘管考試題目不准用《四書》《五經》，但是其行文格式仍採用八股體，詩仍用試帖體，論策等也皆不出舊式範圍。

---

66 孟義昭，〈太平天國科舉制度探析〉，載《史志學刊》2020年第4期。

太平天國科舉考試應試資格特別寬，不論門第、出身、職業，凡是不反對其統治者皆有應試資格。在清朝及前代，一些特殊身分的人群不具備應試資格，如倡、優、隸、卒等，但在太平天國卻享有參加科舉考試的權利。從這一點來說，太平天國科舉考試是向全體社會成員開放的，其開放性遠超過前代及清朝。

然而，太平天國放寬應試資格，有其背後的根本原因，那就是多數士人不願參加其科舉考試，更不願配合其統治。據《賊情匯纂》載：「其應試者，多僧道巫覡、卦卜星相之流。以賊嚴禁醮祝、多毀寺觀，此輩無棲身之所、求食之資，知讀書有志者皆不屑為所汙。」[67] 此說雖有所誇張，並摻雜有敵視情緒，但其所反映，許多士子不願參加太平天國科舉考試，這種情況應該是真實的。

最明顯之例，莫過於1853年東試。當局令士子先期十日赴詔命衙報名，來者不及50人。於是展限十日，「鳴鉦傳令，不應試者斬。屆期應試者並偽官，仍不及三百人」。即使當局採取恐嚇等高壓強制手段，士人應試者仍十分有限。當時被迫參加「東試」的士子，也有乘答題之機諷刺太平天國統治而遭受嚴懲者。[68] 這種情況不僅在南京，在江南其他各地也多有發生。1854年，太平天國在湖北開科，考試者不到1000人，竟出了800多個舉人；安徽省的一個縣出了30多個舉人，這與洪秀全當年參加考試之難形成鮮明對比。

因為太平軍所到之處，嚇走了大批書生，所以太平天國開科的時候，具備考試能力的讀書人稀少了，太平天國放寬考生資格，「無慮布

67　張德堅等輯，《賊情匯纂》卷三：〈偽官制・偽科目〉，載《續修四庫全書》（第445冊），上海古籍出版社，2002年。第564-565頁。

68　張德堅等輯，《賊情匯纂》卷三：〈偽官制・偽科目〉，載《續修四庫全書》（第445冊），上海古籍出版社，2002年。第565頁。

衣、紳士、倡優、隸卒」均可參加考試。後來，一個賣鳥的人參加考試，得中舉人，引起轟動。

鄉試亦同，甲寅四年（1854年）湖北鄉試首題「真神獨一皇上帝」，次題「皇上帝乃真皇帝」，詩題「天父下凡事因誰？耶穌捨命待何為？」同年安徽鄉試，掌考官與天試狀元武立勳所出別題，因出自「五經」，經舉報，武被降為伍卒。他沒有因犯規而殺頭、點天燈，還算是寬大無邊的。

在太平天國地區，地方政府要為保證考生數目，提出指標，不到數的，要各級官員擔責，輕則責罵，重則毆打；考生拒絕應舉的，要捆綁送來，不服從者甚至要殺頭。1853年在天京舉辦首屆東試時，舉辦者敲鑼打鼓在全城號召和下令讀書人先期十天赴詔書衙報名，但到了考試前夕，應試者竟不到 50 人，於是只得延期十天，且鳴鉦傳令，行使鐵血命令，不參加考試的讀書人要殺頭。考中者捆縛上轎娶媳婦，這在中國科舉史上史無前例。

十步之內，必有芳草。太平天國區區數年科舉雖濫，倒也造就了一代文化，出現了若干風流人物。據說其中最出名的，就有所謂的劉元合，劉狀元和「女狀元」傅善祥。

劉狀元還真可能是文化人物。1853 年 2 月，太平天國初占武昌，開科取士，先行告示，有「家有應試者不殺」一條。結果凡應試者均及第，僅湖北興國州得第者就有 300 餘人。其中狀元劉元合就是興國州人。

洪秀全曾接見劉狀元，與之談軍國大事、天下形勢，發現他確是人才，便賜其金輿黃蓋，坐十六人肩抬的黃紫綢緞大轎，遊街三天；並在小別山下建高臺，請劉狀元登臺演說太平軍驅逐清人、重興明祚，弔民伐罪，自今以往士民不得再垂辮胡服，聽講者大受感動，多有痛哭流涕

者。

　　經過天京內訌，太平天國楊秀清時期的很多政治、文化措施都荒廢了，唯獨科舉取士仍為洪秀全留戀不去。1861年，他還特地任命洪仁玕、石達開為文衡正，又任正總裁；陳玉成、蒙得恩為文衡副，又任副總裁，並設立處理日常業務的總閱、磨勘、閱文等官，規定每年正月，由兩司馬、卒長、旅帥、師帥等基層官員開考鄉試，並在每年二月，由軍帥考題；擬省試、京試俱三年一次。洪仁玕奉命為之作草擬試士條例，此條例後經洪秀全批准，以《欽定士階條例》刻印公佈。具體內容詳見第五章節。

第四章：洪秀全的科舉之路與起義思想

　　洪秀全（1814-1864），本名火秀，據說是因為本命八字五行缺火，有相生相剋之嫌。而按族譜輩分排行，取名仁坤。後來，他所公開名子，包括幾次赴廣州參加科舉鄉試時，他所用的姓氏符號，都曾是「洪仁坤」。而「火秀」曾作為他的乳名。

　　洪秀全這個名字，是他在第三次科舉失敗後，在家裡病倒了，四十餘天臥床不起，久治不癒。為了身體早日康復，便改名為「洪秀全」。後來在其建立「拜上帝教」時，既成為一個聯絡暗語，又是一個政治讖語。其姓「洪」由「三八二十一」組成，這個「三八二十一」就是「拜上帝教」的聯絡暗語、立會之號。其名「秀全」兩字，是由「禾」、「乃」與「人」、「王」組成，因「禾」字與「我」字讀音相近，而讀作「我乃人王」。也就是說，洪秀全自稱是上帝派來的領袖。

　　1814年1月10日（清嘉慶十七年，十二月初九日），[1]洪秀全出生

1　李劍農，《中國近百年政治史》，武漢：武漢大學出版社，2006年版，第50頁。洪秀全出生的確切日期，在很長一段時期裡都存在爭議，中外文

在廣東省花縣（今為廣州市花都區），芙蓉嶂福源水村（俗稱屋簷水村）的一個客家農戶家裡。洪秀全的生父，名叫洪鏡揚，母親叫王氏。洪家生育有三個兒子，長子叫洪仁發，次子叫洪仁達，三子叫洪秀全。還有二個女兒，長女洪辛英，次女洪宣嬌。後來，洪宣嬌曾經長期跟隨洪秀全，成為太平天國中為數不多的女將。

幾年後，洪家由福源水村遷至官祿埗村。洪鏡揚遷移的舉動，顯然是為聚族而居，家族間有個照應，不再孤懸於福源水村一隅。洪鏡揚是一位自耕農，家中有幾畝田，還有兩頭耕牛。官祿埗村附近均是原野田疇，宜於農耕。洪家憑洪鏡揚和兩個兒子仁發、仁達的勞作，亦可自給自足。

洪秀全先後娶有王氏和賴氏二任妻子。王氏是廣西貴縣賜穀村人；賴氏則是本地人。王氏早逝，第二任妻子賴氏是天王續配，幼主洪天貴福就是賴氏所生。她跟著洪秀全一直到南京，後被封了個「君王母」的高貴稱號。「君王母」的含義即太后。天王把賴氏尊為國母，要眾妃嬪聽她的教導。[2]

賴君王母在南京享受榮華富貴，但是她的行跡罕有記載。現所發現的史料，乃是幫著洪秀全圓夢。1860 年太平軍攻打蘇州前夕，她也幫著洪秀全說天話。因而，洪秀全在為慶賀蘇州光復的裡特別提及：「二月初七朕媽見，東西南王去誅妖，金龍殿前呼萬歲，去打蘇州實勤勞，於今蘇福既收復」。[3] 在這份「詔旨」中的俚語「朕媽」，指的就是這

獻共給出了九種提法（轉引簡又文著作）。筆者贊同李劍農的提法。因為 1851 年 1 月 11 日，太平天國起義的日期，就是在洪秀全生日後的第二天。1951 年 1 月 10 日，《人民日報》發表社論〈紀念太平天國起義一百周年〉，也從官方的角度進一步證實筆者的觀點。

2　侯福同，《十年壯麗天王府》，南京：南京出版社，2000 年，第 27 頁。
3　盛巽昌，《實說太平天國》（增訂本），上海：上海書店出版社，2023 年，

位賴君王母。

一、少年生活與學堂時代

　　洪秀全出生於耕讀世家，七歲起他在村中私塾上學，曾經熟讀《四書》《五經》及其它一些古籍，並且很快成為一個聰明勤奮、強於記誦的學生。通過五六年在村子周邊不同學校的學習，洪秀全已經記住並掌握了儒家主要經典和其它一些次要的文獻，而且顯示出了他在撰文寫作方面的天賦。

　　他在校外的大部分時間，也長期在自修研讀中國歷史書籍和其他文獻。這個時期的洪秀全給他的老師、親屬和村子裡的都留下了深刻的印象。他們每個人都認為洪秀全能夠在科舉考試中取得成功，為本村人爭得榮譽，並且光耀祖宗門第。他們在各種小事情上幫助和鼓勵洪秀全：老師曾免除他的學費，親戚們偶爾會為洪家提供一些物質上的幫助。[4] 父母對洪秀全溢於言表的關愛和引以為傲的感情，也時刻激勵著洪秀全。其父親也十分樂見，自己最小的兒子能夠有光明的來來。因此，所有當面誇讚洪秀全的人，他都會高興地將其請回家中招待茶飯。

　　家族成員的這些厚望，從一個方面給予了洪秀全無限的信心與對前途的美好憧憬；另一方面又無疑地給他的心理添上很大的壓力。這就使他形成了既要強又自尊的倔強性格，對他後來人生道路的選擇，產生了十分重大的影響。

第 6 頁。
4　簡又文，《太平天國革命運動》，北京：九州出版社，2020 年，第 13 頁。

二、屢試不第的科舉歷程

洪秀全 13 歲時，在地方考試中考取第一名，被選為童生。道光八年（1828 年），16 歲的洪秀全第一次來到廣州時，他滿懷信心地參加鄉試。結果是希望越高，失望越大。初試的失敗，對洪秀全與家人都是一個不小的打擊。他的父親也沒有能力繼續支持他的學業，便讓他回來參與家中務農。村中的許多人也為洪秀全的不幸境遇一直感到遺憾。但家人與他都並未絕望，準備著再次赴考。

直到第二年的某天，洪秀全的一個家境富裕的同學不經意地問他，是否願意陪自己去外地（廣州）讀一年書時，洪秀全高興地接受了這個邀請。洪秀全在廣州聆聽了當時的儒學大師朱次琦的講學，從此找到了看待中國傳統的全新角度。朱次琦是一位鴻儒大家，長於講授公羊學和《禮記》中的〈禮運‧大同篇〉，並從中歸結出他對中國文化的自豪感，以及對廣泛的社會改革的贊同與支持。洪秀全後來的革命思想，尤其是社會和道德層面的思想，都受到了朱次琦的深刻影響。[5] 一年過後，當 18 歲的洪秀全再次回到這個村子時，村裡的長老邀請他在村子的學校做教書先生。

道光十六年（1836 年），洪秀全第二次赴廣州參加鄉試，結果又一次名落孫山。欲哭無淚的洪秀全，選擇暫時留在廣州。當他獨自徘徊在考場附近的龍藏街時，正好有傳教士在給人們贈送基督教宣傳品，他也要了一本。這本書就是華籍傳教士梁發編寫的《勸世良言》，刊行於 1832 年，共有九卷。洪秀洪秀全應試完畢，「即攜之回鄉間，稍一涉獵其目錄，即便置之書櫃中，其時並不重視之」。[6] 洪秀全在回鄉繼續

5　簡又文，《太平天國革命運動》，北京：九州出版社，2020 年，第 14 頁。
6　中國近代史資料叢刊《太平天國》第六冊，上海：上海書店出版社，2000 年版，第 838 頁。

教書之後，只是隨便看了兩眼，就把這套從廣州帶回的九卷小冊束之高閣了。這時他的心思，仍然全力集中在鄉試上面。

1837 年春天，25 歲的洪秀全第三次赴廣州參加鄉試考試，這一次他仍未能考取功名。強烈的失望感使他突然開始懷疑並否定自己。洪秀全說「我感覺很不好」。因此，他不得不雇兩名轎夫把自己抬回老家，到家之後也很長時間臥床不起，感覺無顏再對家人及族人的厚望。他的腦中開始充滿奇怪的幻象。他想到了死亡，並與雙親做了這樣訣別：

> 哦，我的父母，我是這樣地不孝，不能報償你們的關愛。我將永不能得到一份功名，光耀你們的門楣。[7]

然後，他就像已經死去一樣，身體失去了所有的力量，並且也不再能夠支配自己的手腳。他只是靜靜地躺在床上，意識在有與無之間徘徊。但他的思維卻是活躍的，那個奇怪的幻象越發清晰。據史料中記載：

> 秀全病時，神游四方，常在其室內走動跳躍，或如兵士戰鬥狀，常大聲疾呼：「斬妖，斬妖，斬呀！斬呀！這裡有一隻，那裡有一隻，沒有一隻可以擋我的寶劍一砍的。」[8]

原來，洪秀全在病中做了一場怪夢，夢見天上至尊的老人，命他降世救人，要他「手握乾坤殺伐權，斬邪留正解民懸」，並封他為「天王大道君王全」。絕望中的洪秀全並未完全失望，他實在不甘心自己這十餘年的苦讀之功，就這樣化成泡影。他在病好後，再次振作精神，投入到積極備考的生活之中。

7　簡又文，《太平天國革命運動》，北京：九州出版社，2020 年，第 16 頁。
8　中國近代史資料叢刊《太平天國》第六冊，上海：上海書店出版社，2000 年版，第 842 頁。

在親人們的殷殷期盼與祈禱中，道光二十三年（1843年），洪秀全再次踏上了赴廣州參與鄉試的征程。對於這次考試，他充滿了最後的希望。不幸的是，社會現實又一次擊碎了，他試圖通過科考躋入仕途的夢想。同時也封殺了他的金榜題名、光宗耀祖的追求。

面對第四次考試的失敗，洪秀全現在已不是絕望，而是徹底被激怒了。在從廣州返鄉的船上，他回想起上次在病床上，吟出的兩首詩句：「展爪似嫌雲路小，騰身何怕漢程偏；風雷鼓舞三千浪，易象飛龍定在天。」（述志詩片段）還有「鳥向曉兮必如我，太平天子事事可；身照金烏災盡消，龍虎將軍都輔佐。」（金烏詩片段）

想到這裡，此時他又一次激情滿懷。為了緩解一路上的頹喪心情，排解心中的憤怒，他轉身回艙取出筆墨，沉思片刻之後，再一次寫出了：「龍潛海角恐驚天，暫且偷閒躍在淵；等待風雲齊聚會，飛騰六合定乾坤。」[9]（定乾坤詩）詩中抒發了他不甘心就此沉淪的心境，揭示了他要領導一場推翻滿人統治的革命決心。

三、洪秀全起義思想的來源

回到家之後，洪秀全仍然極為惱怒，繼續憤怒地譴責著清朝政府，以及所有滿族官僚。他把自己的書扔到地上，大聲說：「讓我來主持考試，為國家取人才，而不是為滿人找奴僕。」[10] 洪秀全這樣的情緒，確實符合他當時的心情。此刻，他做出了一個大膽的決定：從此「不考清朝試，不穿清朝服，要自己來開科取士」。

9　中國近代史資料叢刊《太平天國》第六冊，上海：上海書店出版社，2000年版，第843頁。
10　簡又文，《太平天國革命運動》，北京：九州出版社，2020年，第20頁。

1843 年夏天，洪秀全繼續在他繼母出生的村莊裡做教書先生。其表兄李敬芳來家裡看他時，發現了洪秀全在廣東從傳教士手中得到的那些宣傳冊，馬上就向洪秀全借閱。通讀之後，他對宣傳冊中那些不同於尋常認識的內容顯得異常著迷。見到他如此著迷，洪秀全也開始閱讀，這些被他長期束高閣的宣傳冊。他忽然意識到，這才是理解他那個奇怪幻象的關鍵所在。激動和興奮之餘，洪秀全現在確信，那幻象中德高望重的長者就是上帝，而那個中年男人就是耶穌基督。六年前所見的幻象，現在又一幕幕地出現在他的腦海中，並且一個一個地都因與宣傳冊中所描述的事件高度對應，而被賦予了新的解讀內涵。

　　科考絕望後的洪秀全，對這本書十分沉迷。他認真閱讀研究了這本書中關於上帝、耶穌的介紹，以及其基督教教義的基本內容，終於找到了發動下層勞苦民眾進行鬥爭的一個有力工具。

　　幾天後，洪秀全請人，為他專門打造了兩把數斤重的「斬妖劍」。他要「手持三尺定山河，四海為家共飲和；擒盡妖邪歸地網，收殘奸究落天羅。東南西北效皇極，日月星辰奏凱歌；虎嘯龍吟光世界，太平一統樂如何！」[11] 也就是說，他要另起爐灶，決心將清王朝江山取而代之。從此，他背上這兩把劍，開始了他的反清大業。

　　中國封建社會延續了幾千年，農村中的宗教迷信傳統是一股巨大的保守力量。歷史上的中國農民思想中，對於封建迷信傳統是根深蒂固的。正因為如此，中國歷代農民起義的發起者都打著宗教迷信的幌子，去有效激勵民心，號召群眾加入。從秦朝末年，陳勝、吳廣利用「魚腹丹書，篝火狐鳴」，去招集反秦舉義的力量；到東漢末年，張角利用太

11　中國近代史資料叢刊《太平天國》第二冊，上海書店出版社，2000 年版，第 848-849 頁。

平道，而發出「蒼天已死，黃天當立，歲在甲子，天下大吉」的政治預言，都是一脈相承。

從五代的母乙、董乙，北宋的方臘，南宋的鐘相、楊么利用的摩尼教，北宋李仙、王禧利用的「妖法」；到元朝末年，劉福通、韓山童，明代的唐賽兒、徐鴻儒；清初的姚之富、林清、李文成等人利用的白蓮教等，他們都是打著宗教旗號，來發動的農民起義。[12]

喜歡閱讀中國歷史書籍的洪秀全，他不可能不知其中的奧妙。於是，洪秀全皈依了上帝，建立了拜上帝會。他要效仿先人，依靠上帝的旗幟，去做出一番驚天動地的事業來。他要追隨唐末黃巢，走出一條因多次參加科舉考試落第，鋌而走險反抗朝廷的老路；他要效仿黃巢、李闖王，掀起反清的滔天巨浪。同時，他也十分痛恨黃巢在〈題菊花〉詩中，所寫「颯颯秋風滿院栽，蕊寒香冷蝶難來」的現狀，憧憬著「他年我若為青帝，報與桃花一處開」的理想景象。

目前，中國學術界普遍認為，洪秀全的反清大業，是從他對《勸世良言》的服膺開始的，其實不然。

1823 年 12 月，美國傳教士馬禮遜將中國更正教信徒梁發，發展成為中國第一個更正教的牧師。後來，梁發協助馬禮遜在中國做印刷工作。1832 年，梁發在用中文寫成了一本《勸世良言》，在國內省城和鄉試集中地廣泛散發。[13] 華人傳教士梁發，深通大清國當時的實際情況。他深知，要想使基督教為中國人所接受，就必須用中國人喜聞樂見的形式出現。梁發既精通西文，又有很深的儒學功底。他的《勸世良言》，

12　馬平安，《晚清殤史：大清王朝滅亡之謎》，北京：中國文史出版社，2012 年，第 57 頁。
13　彭靖，〈馬禮遜與馬儒遜〉，載《文史春秋》，2023 年第 2 期。

與其說是對基督教的翻譯傳播，不如說是儒教、基督教二教混合物更為合適。因此，這本書成為洪秀全尋找反清理論依據的入門教材，就很容易解釋通徹了。

在上文中提到，簡又文先生在《太平天革命運動》一書中，曾經指出：洪秀全後來的革命思想，尤其是社會和道德層面的思想，都受到了朱次琦的深刻影響。因此，筆者認為：洪秀全起義思想的形成，首先是受到了儒學大師朱次琦的影響。其次，在他數十年寒窗苦讀，屢次科考卻僅獲得一個秀才，連一個舉人的資格也未撈到之後，這種影響便促使他產生要付之於行動的根源。而梁發的《勸世良言》，不過是他閱讀史書之後，仿效先人的做法，利用宗教迷信的幌子，去有效激勵民心，號召群眾加入的一個有利工具。

道光二十四年（1844年）春，洪秀全與馮雲山等人離開了家鄉花縣，出遊天下，宣傳起義思想。他們先到廣州，再入順德，後又折回廣州。次年，再轉遊南海、番禺、增城、從化、清遠、英德、曲江、陽山和連山等地，並來到瑤族地區的八排，進行發動群眾的宣傳工作。在遭遇嚴重困難後，洪秀全決定到廣西去。俗話說得好，「外來的和尚會念經」。在廣西達貴縣賜谷村，洪秀全、馮雲山經過努力終於紮下了營盤，站穩了腳跟。不久，他們又轉入紫荊山區，去發動更多的群眾加入拜上帝會。

洪秀全還模仿《舊約聖經》中，有關「摩西十誡」的內容，創造出了「十款天條」：崇拜皇上帝；不好拜邪神；不好妄題皇上帝之名；七日禮拜頌贊皇上帝恩德；孝順父母；不好殺人害人；不好奸邪淫亂；不好偷竊劫搶；不好講謊話；不好起貪心。[14]

---

[14] 馬平安，《晚清殤史：大清王朝滅亡之謎》，北京：中國文史出版社，2012年，第57-58頁。

洪秀全自稱是皇上帝耶穌之子，基督耶穌的弟弟。他是奉皇上帝之命，下凡來領導民眾推翻「妖魔」朝廷。而後，再由他建立一個絕對公平、財產平分的太平天國。洪秀全採用基督新的洗禮、禮拜和祈禱等儀式來造神，造出一個他自編造出來的「太平天國神話」。

從 1844 到 1849 年，洪秀全先後創作出了〈百正歌〉、〈原道救世歌〉、〈原道醒世訓〉和〈原道覺世訓〉等文章，為太平天國反清運動的發動，準備了充分的思想和理論條件。

道光三十年（1850 年）正月，道光皇帝去世，由其子咸豐繼位。此時，全國各地小規模的起義事件此起彼伏，接連不斷。黃河決口、水災等自然災害事件不斷發生，許多農民由此失去了居住的家園和土地。面對起義條件的日漸成熟，洪秀全滿懷信心地在詩中寫道：

> 近世煙氛大不同，知天有意啟英雄。神州被陷從難陷，上帝當崇畢竟崇。明主敲詩曾詠菊，漢皇置酒尚歌風。古來事情由人做，黑霧收殘一鑒中。[15]

其中，前兩句詩就是對清朝黑暗統治，所造成負面效果的認知。而「明主敲詩曾詠菊」，指的就是黃巢所提〈題菊花〉詩。

道光三十年（1850 年）7 月，洪秀全發佈總動員令，命各地拜上帝會於 11 月 4 日前到達廣西桂平縣金田村「團營」。洪秀全將聚集在金田村的拜上帝會成員，按性別分別編入男營和女營，眾多分散的農民被組織成為一個嚴密的武裝團體。洪秀全命令所有來金田的人，將個人私有財物全部交入公庫，實行「個人不許私留財物，一切由公庫統一供給」

---

15 中國近代史資料叢刊《太平天國》第二冊，上海：上海書店出版社，2000 年版，第 869 頁。

的聖庫制度。一場史無前例的大規模的農民造反運動即將爆發。

四、實現開科取士的步驟

咸豐元年（1851年）1月11日，洪秀全在他37歲生日後的第二天，於廣西省金田村宣佈起義。洪秀全在他的第一篇詔書中，將這個新的國家命名為「太平天國」，這個新的朝代被稱為「天朝」，1851年即為太平天國元年。

在接下來的儀式中，洪秀全大加分封。他的繼母被封為「春王母」，已故的第一任妻子為「正月宮」，現在的第二任妻子為「又正月宮」。用「月」字是為了和洪秀全新的尊號「日」字相匹配。

關於太平天國的軍事領導，洪秀全任命楊秀清為中軍主將，蕭朝貴為前軍主將，馮雲山為後軍主將，石達開為左軍主將，韋昌輝為右軍主將。其他將官也都各領其職。最後，作為對太平軍諸多軍法紀律的重申和總結，洪秀全和五位主將聯合向全軍發佈了五條簡明扼要的軍紀：其一，嚴格遵守各項天條軍令；其二，嚴格區分男女性別；其三，嚴禁滋擾百姓；其四，遵循公有精神（嚴禁私產和個人收入），兵將和睦；其五，全身心為革命事業服務，特別強調要作戰勇猛，不畏犧牲。[16] 接著，太平軍揮師東進。

1851年3月23日，洪秀全在武宣縣東鄉迫不及待地自封稱天王。

4月，在攻佔廣西省永安縣時，洪秀全就迫不及待地開科取士。此次考試一榜共取中40人，馮雲山為第一名。這是洪秀全開科取士的雛形階段。

16　簡又文，《太平天國革命運動》，九州出版社，2020年，第75頁。

12月17日，洪秀全在永安縣封官許願。洪秀全頒佈封王詔令，封楊秀清為東王，蕭朝貴為西王，馮雲山為南王，韋昌輝為北王，石達開為翼王。鑒於楊秀清在領導民眾與清軍作戰過程中表現出來的傑出才能，洪秀全將太平天國作戰的軍事行政大權讓出給他，同時明令，西王以下俱受東王節制。由此，太平天國正式確立了自己的領導核心和各王的地位，形成了天王領導於上，東王總理軍政，諸王集議決策的權力運作體制。

但是，在革命運動的初期，洪秀全做出這種安排，在政治上是不合適的。這些人已經獲得了最高的榮譽封賞，若將來因戰功而再行封賞，就只能賜予更花哨的榮譽名銜。而比這個嚴重得多的另一個錯誤是，則是天王強行做出了「其他諸王均受東王節制」的訓令，導致了後來的洪、楊爭權。同時也形成了各王均有自己六部、衛隊和軍事力量，成為一個個相對獨立的派系，這些都導致太平天國以後發生內鬥的根本原因。

咸豐二年（1852年）4月，太平軍揮師北上，進入兩湖區域，先期攻打湖南省會長沙，而後攻佔湖北省會武昌，引起了清廷的極大驚恐。太平軍第一次攻取武昌城後，再次進行過開科取士。

咸豐三年（1853年）2月，太平軍揮師沿江東進。3月佔領「六朝古都」、「虎踞龍盤」的南京，並正式建都於此，建立起了與清王朝南北對峙的農民政權。接下來，太平軍乘勝東進、西征和北伐，嚴重瓦解了所到之地清王朝的統治秩序。

定都天京後，洪秀全建立起正式的考試制度。他將考試分為縣試、省試、京試三級，考試合格者可分別得到秀才、舉人和進士。京試一甲的前三名也分別稱為狀元、榜眼和探花。

痛恨講究門第出身的洪秀全，他親自規定「無論何色人，上至丞相，

下至聽使,均准與考」。考試內容,主要是他為建國、建軍初期,所撰寫的著作文稿內容為主題。從 1853-1860 年,共舉行十次科舉考試。至此,洪秀全終於出了一口胸中的惡氣,實現了當初許諾時說出的,要自己親自開科取士的誓願。與此同時,他這位創造上帝之子的神話者,其行為也隨之膨脹起來,並且一發不可收拾。

　　有關太平天國科舉考試的特色與具體內容,詳見第三章第四節,以及第五、第六章內容。

第五章：太平天國對科舉的改革與實踐

　　1851 年 1 月 11 日，洪秀全 38 歲生日第二天，洪秀全、馮雲山等人在廣西省桂平縣金田村發動了太平天國起義，其範圍曾經席捲東南半壁江山。兩年後，憑藉著「詭秘不易知」的軍事進攻策略，太平軍長驅兩千多裡攻入南京，將其改為「天京」並定都於此，直至 1864 年太平天國滅亡。

　　這次革命大起義發生在中國剛剛進入近代的早期階段，勢必帶有當時的歷史特點。其中，在推行科舉考試制度方面，從 1853 年定都南京之後，洪秀全開始正式的開科取士程式，到 1862 年止，共舉行過十次京試，從未間斷。在前期的科舉考試形式上雖然與明、清兩代相似，但在制度與內容上，都具有強烈的改革創新精神。1859 年，洪仁玕出任文衡總裁後，擬定並奉旨頒行《欽定士階條例》，對前期的考試管理制度進行深層次改革，形成較為系統、完備的考試管理制度，並得以實施。同時，太平天國還有招賢制度，以及對於考生優待與變革措施，這些都是太平天國在選拔人才制度上做出的重大貢獻。

一、太平天國初期的科舉考試

1843 年,當洪秀全因在廣州第四次,也是最後一次參加清朝科舉考試失敗,咒罵清廷統治的時候,他就曾經發誓,有朝一日一定要自己開科取士。故而太平天國起義不久,他就開始科舉選主。

太平天國第一次開科考試,在咸豐元年(1851 年)九月,攻佔廣西省永安縣時。試題是洪秀全隨機選取的萬壽詩聯,參考者幾乎全是太平軍中粗通文墨的半文化人。此次考試採用一榜共取中 40 人,馮雲山為第一名。[1] 咸豐元年(1853 年)一月,太平軍第一次攻取武昌後,在洪秀全 40 歲生日過後不久,再次進行開科考試,具體錄取人數不詳。

洪秀全也是讀過幾年書的人,雖不是精通經史,但他對歷史也是有所涉獵的。他既然有志於攘舉海內,便會效仿歷朝做法,推行科舉,以收攏書生士人之心,擴大統一戰線,增加太平軍的優秀兵員。另外,開設科舉也是一種政治宣示,表明太平軍並非為打家劫舍的流賊草寇,也是懂文化,要搞國家建設的。我們和土匪強盜不一樣,我們也是正規的隊伍,造反打天下是為了以後能更好地治天下,建立「人間天國」。從史料上看,太平軍每佔領一地,就發表布告示,進行臨時性的考試。

例如在 1852 年,太平天國前期,在安徽與湖北省相繼舉行了考試。安徽省文試題目為「真命天子福命將」。湖北省文試題,首題為「真神獨上一皇帝」,次題為「皇上帝乃真皇帝」,詩題為「天父下凡喜好因誰?耶穌捨命待何為」。[2]

---

[1] 楊智磊、王興亞主編,《中國考試管理制度史》,鄭州:中州古籍出版社,2007 年,第 688 頁。

[2] 張德堅,〈賊情匯纂〉,中國近代史資料叢刊編委會,《太平天國》,上海:上海人民出版社,第 112 頁。

在太平天國初期，對於考試資格限制極為寬鬆。這一方面是因為政權剛剛建立，並處於嚴酷的軍事戰爭之中，急迫用人；另一方面是因為政權剛剛建立，人們對太平天國仍心存戒心，應試者寥寥無幾。

二、定都天京後的科舉制度與實踐

太平天國定都天京後，逐步建立起經常性的考試制度。太平天國攻佔清朝各省之後，廢除清朝原有的省、府（直隸州、直隸廳）、縣（散州、散廳）體制，創立省、郡、縣三級體制。因此，前期的考試大致採取明清舊制，分縣試（相當於生員試）、省試（相當於鄉試）和京試（相當於會試、殿試）。縣試取中為秀才；省試取中為舉人；京試也稱天試，取中一甲的三人者稱狀元、榜眼、探花，二甲稱翰林，三甲稱進士，都分為文武兩科。

各縣的縣試一年一科，初期的具體舉行時間不詳，後改為每年三月初三日考文秀才，三月十三考武秀才。以監軍為主考官，取中者為秀才。但也有以軍帥、軍政司、守將為主考官的。[3] 考官人選的確定，很大程度上取決於當時實際形勢的需要，而便宜行事。

以浙江省為例，1862年出任杭州郡仁和縣的主考官，由時任太平軍監軍李作枚擔任。李作枚原為清朝仁和縣令，投誠太平天國後，被任命為監軍。[4] 首題「太平一統江山萬萬年」，次題「為將必有為將之學問」，詩題：「草木咸沾雨露恩」，有30多人參加考試，「一榜盡取無遺」。杭州「新進莠（秀）士，頭裹紅巾，身披藍衫，足踏花鞋，赴

3　太平天國歷史博物館編輯，《太平天國史料叢編簡輯》第4冊，上海：神州國光社，1956年版，第391頁。
4　王興福，《太平天國在浙江》，北京：社會科學文獻出版社，2007年，第224頁。

辛拜客，各贈賀儀」，士子感到十分榮耀。[5]

省試初期舉行的時間不詳，後為各省於每年五月初五日考文舉人，五月十五日考武舉人，[6] 由每年正月十五日考選出，並經天王簡任外放的正副掌考（即後期提考）主持。考試均由天王洪秀全出題，並函封後交與堂考官，在考試時拆開懸示。掌考官雖在一省，但各地的士子皆允許參加考試，僅於1日考1場，取中後均不複試。應試者多為僧、道、巫、覡、卦、卜和星相之人。概太平軍所到之處，多毀壞寺觀廟宇、嚴禁居留。此輩因無棲身之所，便以此作為求生的手段。[7] 取中者不論門第，取中即為舉人，名額不定。舉人第一名授軍帥之職，第二名以下授師帥之職。

咸豐三年（1853年）三月，太平軍攻陷南京，由於軍隊數量迅速增加，太平天國軍中佐將乏人，急需補充軍事將才。因此，太平天國於四月一日開武鄉試。試前遍貼告示，要投考者於考前五日內赴詔命衙報名。縣試、省試連考一科，都在天京舉行。當時應試者三百餘人，皆是太平天國各衙的刀牌手。四月初一日為武省試的考期，由天王欽遣，佐天候陳承鎔為主試官，赴教場校閱。士子先試馬上箭五枝，次試步下箭三枝，無弓、刀、石技勇，即日完場。

此次，取中谷光輝等一百四十七名為武舉人。本月十五日即繼續舉行會試，洪秀全欽遣北王，韋昌輝為武試主考官，赴教場校閱。北王以陳承鎔所取名數過隘，復出誥諭令不中的也一體會試。於考試馬、步箭

---

5 張爾嘉，〈難中記〉，中國史學會主編，《太平天國》第6冊，上海：神州國光社，1952，第641頁。

6 清・洪仁玕等，《欽定士階條例》，參見楊學為等主編，《中國考試制度史資料選編》，合肥：黃山書社，1992年版，第549頁。

7 楊智磊、王興亞主編，《中國考試管理制度史》，鄭州：中州古籍出版社，2007年，第688-689頁。

外,加試馬上炮三聲,取中劉元合等二百三十餘名為武進士。五月初一,東王楊秀清複合取中的武進士,到教場校閱考試,評定甲乙後,遂奏請天王以劉元合為武狀元,職同指揮;谷光輝、周得三為榜眼、探花,職同將軍,餘二百多人皆職同總制。次日在朝門設宴,稱為會武宴,一律回原衙聽候調用。[8]

天試開考的時間,初於天王洪秀全生日,即十二月初十日舉行;後改為幼天王生日,即每年十月初一舉行;再後又改於九月初九日。舉人於放榜後、天試前赴守土官署報名,領取川資。再由守土官負責備辦舟車,送士子到天京應考天試。天試的試題仍由天王親自命題,取中者最初分別為一、二、三等。取中一等者封職軍帥,二等封職師帥,三等封職旅帥。後分為三甲,元甲3人,取中者為狀元、榜眼、探花,封職同指揮;二甲無定額,首名稱傳臚,其餘為翰林,封職同將軍;三甲亦沒有定額,首名稱會元,其餘為進士,封職同總制。取中人到下次開科仍須考試,「封賞加一等,官從其大」[9]。經天試取中後,授予官職者不許回家,未授官職者聽其自便。

天試中武試程式,除加試馬炮三聲外,和省試內容完全相同。取中武狀元職同指揮,榜眼、探花職同將軍。

在太平天國前期,除天試之外,還有東王、北王、翼王也分別舉行京試,稱為東試、北試、翼試,試期定於各王生日之期。東王生於八月,東試則在八月初十舉行;北王六月出生,北試則於六月二十日舉行;翼王二月出生,翼試於二月初一日舉行。各王取士辦法均如天試,取中者

8　商衍鎏等,《清代科舉考試述錄及有關著作》,天津:百花文藝出版社,2004年,第362頁。
9　張德堅,〈賊情匯纂〉卷三,中國史學會主編,《太平天國》第3冊,上海:神州國光社,1956年版,第113頁。

分別稱為「某試某某」，如「天試狀元」、「東試榜眼」、「翼試進士」等。[10] 這樣，在一年之中天京就有四次考試，這也是太平天國獨有的科舉制度形式。自1856年「天京事變」後，東王、北王和翼王或亡或走都有缺位，三試隨之終止。

太平天國前期，科舉考試的主考官往往是不確定的，事先不通知，而且大多數為兼職。會試主考官由天王特任，稱天（東、北、翼）試正副掌考。東試派北王韋昌輝監試。省試主考官一般一正一副，也為天王特命，由會試鼎甲人員充任。甲演年，湖北省試正副掌考為翼試狀元楊啟福和榜眼張友勳。同年，安徽省試正掌考為天試狀元武立勳，無副掌考。縣試主考官由監軍兼任。太平天國通過派主考官的形式，保障各級考試的正常進行。

同時，對於違反規定受到懲罰的事例也有記載：

據謝介鶴在《金陵癸甲紀事略》中記載：「武立勳，天試狀元，和州人，東賊使往安徽為正掌教官，因出五經題，賊怒目為妖，降為伍」。[11] 在《匯纂‧科目篇》也有記載：「其試文亦如八股，詩則主要貼，惟題目皆出偽書，不在四書五經及經史子集」。

洪仁玕出任文衡總裁後，主持考試事務，對於考試進行了改革，改文科秀才為秀士、舉人為博士（後又於1860年改稱約士）。改進士為達士、翰林為國士，改補廩為俊士、拔貢為傑士。武科秀才改稱英士、舉人改稱猛士、進士改稱壯士，翰林改稱威士。[12]

10　張德堅，〈賊情匯纂〉卷三，中國史學會主編，《太平天國》第3冊，上海：神州國光社，1956年版，第112頁。

11　清‧謝介鶴撰，清‧胡德璜評，《金陵癸甲紀事略》，刻本二冊，咸豐7年（1857）年。

12　清‧洪仁玕等，〈欽定士階條例序〉，楊學為等主編，《中國考試制度史資料選編》，合肥：黃山書社，1992年版，第550頁。

太平天國的考試內容多出於《新舊約》，洪秀全撰寫的〈原道救世歌〉、〈原道醒世訓〉、〈原道覺世訓〉和〈太平天國天命詔旨書〉等，以及其它太平天國准旨頒行的「官書」，而不同於《四書》、《五經》和子史文集。形式上與清制大體相同，其試文亦如八股，詩則試帖。後期加試策論，考試內容有所變化，甚至出現常熟「徇曹和卿之請，出《四書》題」[13]的現象。

三、太平天國後期的科舉制度與管理

咸豐九年（1859年），洪仁玕總攬文衡之後，建立了考試組織領導機構。洪仁玕為太平天國文衡正總裁，陳玉成、蒙得恩為副總裁，下設正副總閱、磨勘、閱文等職，他們直接對天王負責，共同領導地方考試事務，從而結束了前期無專人負責其事的局面。同時，對省、郡試主考官實行考試選拔制度，每三年選拔一次。其條件是「惟朝官及各廷府等處有印屬官，以及京試曾經中試者准其應考」。正取者任省試主考官，稱「提考」，備取者由總裁選定；奏請分任各郡試主考官，稱「提學」，均按照一科一任，考畢後回京。

洪仁玕出任文衡正總裁後，還提出改革太平天國的考試管理制度，並擬定《欽定士階條例》，經天王批准於咸豐十一年（1861年）公佈，定於同治三年（1864年）實施。《欽定士階條例》將原來的三級考試制度改為五級考試制度，即鄉試、縣試、郡試、省試和京試。分別由軍帥、監軍、總制、提學官及文衡總裁主考，其程式如下。有關《欽定士階條例》的實施情況，將在下一節重點介紹。

13　龔又村，〈自怡日記〉，參見太平天國歷史博物館輯，《太平天國史料叢編簡輯》第4冊，上海：神州國光社，1956年版，第393頁。

（一）鄉試

鄉試每年試期限於二月份舉行，由軍帥主考。各省、郡、縣的師帥先期出示，並行文所屬的旅帥、卒長、兩司馬，其各統下有應試者，不論門第出身，以及他省流寓的人也都准其入試，以執照報名，免保結舊例（應試縣、郡者並同）。報名後各造具名冊送師帥處，師帥彙集本師名冊，呈送軍帥，由軍帥典試出題校閱。二月初三日考鄉文學（類似於清制文童生）一場，試一文一詩，取列首名者曰信士。二月十三日考鄉武學（武學類似於清制武童生）一場，試馬箭三枝，步箭五枝，及弓、刀、石技勇者，取列首名者曰藝士。軍帥給以信士、藝士執照，職同伍長。其餘評定甲乙，亦概行錄送於縣監軍，接下來考縣試。

據《欽定士階條例》所錄洪仁玕、陳玉成、蒙得恩奏摺，其中引述1861年十月二十一日天王所頒詔書有「每年正月由兩司馬、卒長、師、旅帥等開考，有兩文學、兩武學、族文學、族武學等名，其縣試、郡試等仍從舊制」的內容，說明此前太平天國並無鄉試考試。[14]

（二）縣試

縣試將各鄉試錄送的考生，由縣監軍主考，郡總制典試出題校閱，三月初三日考縣文學一場，題目一文一詩；初六日複試，題目一策一詩，取列首者二名曰秀士。三月十三日考縣武學一場；試馬步箭枝、技勇同鄉試；十六日複試步箭五枝，取列首二名曰英士。縣監軍給以秀士、英士執照，職同兩司馬。其餘評定甲乙，亦概行錄送於郡總制，接下來考郡試。

---

14 王日根等著，《中國科舉通史・清代卷》，北京：人民出版社，2022年5月版，第450頁。

（三）郡試

郡試將各縣錄送的考生，由軍總制典試出題校閱，四月初四日考郡文學一場題目一文一詩。初七、初十兩日複試二場，均一策一詩，取列首二名者曰賢士。十四日考郡武學一場，試馬步箭枝，技勇者同縣試；十七、二十兩日複試二場，均步箭五枝，取列首二名者曰能士。郡總制給以賢士、能士執照，職同卒長。其餘評定甲乙，亦概行錄送於提學官考試。鄉試所取信士、藝士，縣試所取秀士、英士，郡試所取賢士、能士，皆類似於清代的文、武生員。

提學官由天京於每年選送，每省二員。到省以後，等候各郡總制考試畢業時，視路途遠近，分赴各郡，將郡試錄送的考生召集出題考試。五月初五考文試一場，題目兩文一詩。十五日考武士一場，科目為馬步箭枝，技勇者同郡試，按應試人數多少校閱評定，每十人（最初為五人）中取中一名，文曰俊士，武曰毅士，提學官給以俊士、毅士執照，職同旅帥。凡屬於信、藝、秀、英、賢、能、俊、毅各士均免差役。

提學官除典試考取俊士、毅士外，逢榮（卯）、西兩年，天五月二十五日集該省各郡、縣、鄉新舊科所取的信、秀、賢、俊各文士驗明執照報名，定期考試一場。題目兩文一詩，視每郡人數多少校閱評定，於五名中選擇中一名曰傑士，提學官給以傑士執照，職同師帥。傑士為榮、西兩年特行選拔，未取的約士亦可進京應考天試，但亦可以仍在本省應考約士。

至於在考期場內飲食的供應，鄉、縣與郡試均由典試官備辦；提考官由郡總製備辦，均報明佐將在公費中列支。

（四）省試

省試（類似於清制的各省鄉試）繼鄉、縣、郡及提學官的考試後舉

行。開始時每年都有考試，後改定從甲子科起為三年一科，逢子、午、榮、西年為考期。應考資格文為信士、秀士、賢士、俊士、傑士。武為藝士、英士、能士、毅士。屆期在省驗明執照報名考試，考生不限於本省，各處人士皆許入試。每值科年，由天京遣放正、副提考官各一員（類似於清制正、副主考官）。提考先期行文。文場於七月初七考頭場，初九日複試，由提考出題。武場於七月十七日考頭場，十九日複試，由提考校閱。文場取錄若干名曰約士，武場取錄若干名曰猛士，提考給以約士、猛士執照。

（五）天試

天試亦稱京試，是太平天國科舉最高一級的考試，繼省試後舉行，類似於清制的會試、殿試。太平天國的天試製度，是將清代的會試、殿試、朝考的考法合三為一。清制京考程式，是先為會試，中試後殿試，殿試分為一、二、三甲，其二、三甲進士須再經一次朝考，始分別授職，而太平天國則對舊制加以簡化。[15] 但是與初期的開科取士相比，其組織形式和管理都比較嚴密。

（1）報考資格與程式

天試三年一科，即於辰、戌、好（丑）、未年舉行。各省新、舊科提考錄取的約士、猛士及榮（卯）、酉兩年提學所錄取的傑士均可參加。參加考試的文、武士子於試前，至佐將處領取文憑（取憑證）。憑證由佐將驗明其執照後發給。並且按照路途的遠近，酌情發給路費，在公項中支撥。文武士子到京後，約士、傑士到禮部核驗文憑，猛士到兵部核驗文憑，然後持執照前往詔命衙報名，由詔命官登記入冊送考。

15　羅爾綱，《太平天國史》，第二冊，北京：中華書局，1991年版，1291-1294頁。

如前科京試已經中試之人，除元甲首名外，其餘者均准其再考，故有連得榜眼、探花者。又屬官未經中試士等無執照而有志觀光者，由各本官行文詔命官處報名，亦准入冊收考。至京朝官有願應試者，並准報名送考。據此，天試考試資格甚寬，不僅約士、傑、猛為正式考生，其已中京試者可再考，未中省試的京屬官可由本官送考。京朝官自丞相以下不限職位一律准考，此皆與清制不同的地方。

應試士子考試完畢，除正總裁保舉封職留任外，其餘均領回文憑後，再回到本省交佐將註銷。所有在京應試者報名時持前科取中的執照，到詔命官處驗明，在登記冊中注明某官的屬下即可，不用領取文憑。已在朝官員如願應試者亦准報名送考，在京屬官未中約士等，無執照而願報考者，須由本官（即上司）行文至詔命處，證明其身分後才准予報名，以此來杜絕冒名頂替的現象。

（２）考官的考試與選拔

通過考試的方式選拔考官，這是太平天國考試制度中最具特色的地方。[16] 選拔考官的考試亦稱京試，每逢子、午、榮（卯）、酉年正月十五舉行。參加考試者僅限於朝官和廷府等處有印屬官，以及京試中曾經中試者。對於無印的屬官，若希望參加考試，必須經其本官行文至詔命處，作為引薦和證明，准其報名並登記入冊，並在考試名冊中注明其官銜、出身及某某的屬下，以防冒名頂替。考選各省正副提考官及各郡提學共一場，試以兩文一詩，由真聖主（天王）頒詔命題。試卷經正總裁評定後奉旨懸榜公佈，正式錄取者屆時按照省試試期，赴各省主持考務工作，提考官主持試務完畢，回京奏複交印，仍處理原官職事務；備取者由正總裁選定，經奏准天王後，每年及榮（卯）、酉兩年，赴各郡

---

16 楊智磊、王興亞主編，《中國考試管理制度史》，鄭州：中州古籍出版社，2007年，第693頁。

充任提學，主持郡試。以上考官均為每年一任。

此外，每逢辰、戌、好（丑）、未年九月的天試前，還要預先在九月初一考選磨勘官 2 名，閱文官 10 名。同時，這些人必須事先由正總裁行諭，調考才能參加考試，沒有行諭與調考者不得參加。考試由正總裁出題，試以一文一詩，並由正總裁評定試卷，奏請天王任命後，駐於正總裁府之旁殿，聽從正總裁的差遣。至於子、午、榮（卯）、酉年正月十五日，考選各省正、副提考官及各郡提學的考試，則由前年考選出的磨勘官、閱文官管理考務。

（3）考試的組織與管理

京試在南京貢院舉行，有一套嚴格的組織和管理制度。在南京貢院大門旁邊的牆壁上，開長約 1 尺、寬 1 尺的小門，小門以鎖封住。每到京試試期，在總閱官點名及供給對象完畢後，大門即刻封鎖，不准私開。正總裁傳諭出，傳稟入內以及本章奏事，一概由小門傳出與傳入。除正總裁的公文外，試院內負責考務的官員皆不准有任何文書、便字出入。總閱卷官從巡察官中簡選 2 名，給與大門鎖鑰，專門管理貢院大門，不准私自開啟，否則以舞弊論罪。其目是為了杜絕在考試期間，作弊行為的發生。

京都試院（南京貢院）分東西兩閣，並在閣外設置木柵，在試期點名，參加考試的士子按卷面上的字號對號入座後，即行封鎖木柵。在兩閣的柵外設一盛水缸，應試士子不准出柵取水。天試試題於試前跪讀後懸掛，由總閱傷患抄寫多張，交巡察官分派每週一張，貼於號首。考試規則及詩文策論抬頭等例，也詳細寫在一張木牌上，令士子周轉傳閱。午刻開柵一次，巡察官到各號在各士子試卷上蓋上「真道」圖記，完畢仍舊封鎖柵欄，至交卷放牌與試院大門同時開啟。士子交卷後不准再入

號考試。巡察官在試前傳知五大軍巡察，每軍負責的地段，各派牌尾 2 名，在試院內專司應試士子的茶水及傳送飯菜任務。當差的牌尾發給腰牌，考試結束後交牌，仍回原軍中各衙門理事。[17]

試卷的管理由二名理卷官負責。理卷官在詔命官內選出，每屆試期前，先通知刷書官備辦學試卷、並編列字號，字號底簿交總閱官收存。卷面用浮票填寫姓名，交卷時由士子揭去，卷背後姓名於交卷時密封，正總裁評定試卷後，將錄取者對號拆密封。場中點名、遞卷、收卷及分派各房的丈卷，均由理卷官負責。武場默寫武略的試卷，亦照例辦理，但是不採用浮票密封的方式。

（4）京試的錄取程式與要求

京試文科首場於九月初九日舉行，試以三文一詩。九月十二日第二場試以一策、一論、一詩，由真聖王（天王）頒詔命題。內容往往帶有宗教色彩。武科於九月十九日舉行，首場馬箭 3 支，步箭 5 支；九月二十二日第二場考弓、刀、石技勇；二十三日複試步箭 5 支、默寫武略一節。武場由正割講武官先行校閱，並把校閱結果呈於正副總裁。文場試卷採取層層批閱的方式，首先把閱文官 10 員分派 10 房評閱試卷。其士子文字優者由各房評閱後蓋用「閱薦」圖記，並加寫評語送至磨勘官，磨勘官評閱後轉呈總閱官司，總閱官評閱後再呈報正總裁。

所有文武甲乙等級中試人員，均由正總裁評定，取定後分一、二、三甲。元甲三名分別為狀元、榜眼、探花，文武相同；文二甲第一名為傳臚，下有國士若干名；三甲第一名為會元，下有達士若干名。武二甲稱威士，名額不定；三甲稱壯士，名額亦不定。所有中試人員一經錄取，

17　楊智磊、王興亞主編，《中國考試管理制度史》，鄭州：中州古籍出版社，2007 年，第 695-696 頁。

即由正總裁奏旨，懸榜公佈，並由正總裁分別給予文、武各人所應得的執照作為出身，並因材選舉，奏封為天朝殿前等官，以及各府等處屬員。

天試之後，被取中者均可獲得 1 匹黃緞、2 匹紅綢作為獎勵，並由正總裁頒給相應執照。狀元並需擇日游營，向軍民誇示榮耀。所有獲選者將分別被按照其才能，由正總裁奏請天王任命官職，包括「天朝殿前等官，及各廷府等處屬員，授職執印理事等官」[18]。其中文武元甲各 3 名有資格擔任指揮之職，二甲首名傳臚有資格擔任將軍之職，國士、威士可擔任總制之職，三甲首名會元可擔任監軍之職，達士、壯士可擔任軍帥之職。

參加上術述五級考試的文武士子的試卷中，凡有下列情況者不予錄取：文與策論不滿 300 字者；題目及抬頭寫錯者；誤寫避諱字，並且字面內容不合天國情形者；撰寫不完及字跡兩樣者；烏卷曳白及燒損文卷者；卷內未蓋真道圖記者。如文武士子出現故意觸犯場規，以及尋釁鬧事者，則由巡察官稟明議罪。

（5）設立考試管理部門：詔命衙與詔書衙

所謂「詔命」一詞是指來自太平天國朝內，包括天王詔旨在內的命令。對於「詔命」一詞，以往太平天國史的研究者都沒有引起重視，《太平天國大辭典》與《太平天國詞語匯釋》均無該詞條目。[19] 實際上，詔命衙與詔書衙都是在不同時期，負責太平天國科舉考試的重要管理部門。按照現在的說法，可以稱之為招生考試辦公室。

更為重要的是，「詔命」並非單純指太平天國某種級別的命令，負

18　商衍鎏，《太平天國科舉考試紀略》，北京：中華書局，1961 年，第 9 頁。
19　朱從兵，《太平天國文書制度再研究》，合肥：合肥工業大學出版社，2010年，128 頁。

第五章：太平天國對科舉的改革與實踐　131

責這一工作的職位也是太平天國的一種官職，稱「詔命官」或「典詔命」。張汝南在《金陵省難紀略》中記載：「天王朝內有正典詔命、副典詔命。」[20] 張德堅在《賊情匯纂》中亦有記載：「典詔命二人，職同指揮」。[21] 因此，在太平天國朝記憶體在詔命衙的文書機構則是確鑿無疑的事。而負責人這一機構的人員，則是太平天國的高級官員。

在前期，詔書衙曾負責太平天國的科舉考試，據佚名《粵逆紀略》中載：「賊設詔書衙，令通文者就試，聽候錄取，其考試題目皆偽書中字句。取中則勒帶行李到館歇宿，並令出城抬米，就試者大半散去，餘僅六十餘人，以為抬米外無苦差矣，乃忽傳令，威逼上船充當賊兵，一時文人無可如何，含淚而去，自是無就試者」。[22] 從文中介紹可以看出，太平天國初期的科舉考試是由詔書衙負責的。

由於詔書衙在一段時期內職能較多，工作壓力較大，太平天國曾一度設立簿書衙來緩解詔書衙的壓力。後來，詔命衙被東王賦予負責東試的職能，而原本由詔書衙負責的天試武科，也逐漸成為它的職能管轄範圍。從資料的記載中，詔命衙的地位要比詔書衙更高一些，詔命衙兼管東試與天試武科，不僅抬高了東試的地位，而且也表明東王楊秀清在部分地搶奪洪秀全的用人大權，特別是搶奪天試武科的管理權，這也意味著東王對武試人才的偏愛。[23]

從目前所掌握的資料來看，關於詔命衙主要寫告示的記載較多，實際上是一個級別較高的秘書單位。相對來說它的職能比較單一，讓它代行詔書衙負責科舉考試的部分職能是極有可能的。因為科舉非同小可，

20　羅爾綱，《太平天國》第三冊，北京：中華書局，1991 年，第 87 頁。
21　羅爾綱，《太平天國》第三冊，北京：中華書局，1991 年，第 87 頁。
22　羅爾綱，《太平天國》，第三冊，北京：中華書局，1991 年，第 113 頁。
23　朱從兵，《太平天國文書制度再研究》，合肥：合肥工業大學出版社，2010 年，第 134-135 頁。

不可能立即全部取代，讓其負責「天試」中的一部分工作，也是合情合理的事。

在太平天國後期制訂的《欽定士階條例》中，規定了詔命衙在科舉考試過程中的三項職能：第一，詔命衙為科舉報名處。「凡遇天試科年，……到京文士子抽禮部驗憑，武士子投兵部驗憑，即持照投詔命官處報名，由詔命官開冊送考」。第二，詔命衙負責試卷的準備工作。「試卷由詔命官內選派理卷官二員，於每屆試期先行照知刷書官備辦文卷多本，編列字號」。第三，詔命衙還負責考官的遴選。「其各部的提學，各省的提考，每逢子、午、榮年，於正月十五日京試考選擇」。由此可見，詔命衙在太平天國科舉考試中行使職權之重大。

詔命衙職能的演變過程可以基本折射出太平天國的命運和歷史，它是太平天國成立較早的重要機構之一，並逐漸成為前期內部權力鬥爭的工具。由於它肩負著為太平天國選拔人才的重任，因此它的使命是與太平天國共存亡的。

（6）採用招賢與科舉並軌的制度

除了開科取士吸收知識分子參加工作外，太平天國還實行招賢制度。在定都天京後不久，太平天國就貼出招賢榜說：「江南人才最多，英雄不少，或木匠，或瓦匠，或竹匠，或銅鐵匠，或吹鼓手，你有那長，我便用你那長，你若無長，只可出出力的了」[24] 由此說明，太平天國的確對勞動人民及其所從事的工作極為重視和尊重。

舉凡在中國封建社會，一貫輕視工匠，認為「勞心者治人，勞力者治於人」，吹鼓手在國家法典中更被定於賤民之列。太平天國根據自己

---

24 趙烈文，〈落花春雨巢日記〉，載《太平天國史料叢編簡輯》第 3 冊，北京：中華書局，1963 年，第 40 頁。

的科舉路線和取士標準，對人才的衡量與封建朝廷大不相同，一反封建社會之所為，追求人人平等之權利，使中國勞動人民的才智「在中國歷史上第一次得到了揚眉吐氣」，[25] 這可以說就是太平天國科舉考試和招賢制度所體現出的不朽精神。

為了與清廷鬥爭的需要，太平軍不僅隨時隨地招募賢才，還在各處專設招賢館，接納賢士。例如在浙江省，太平天國在不少地方設立招賢館，張貼招賢榜來招收人才。太平軍在杭州的湖墅設立「招賢館」，把杭州通江橋附近的，原巡撫衙門改為「招賢館」。在桐鄉濮院鎮，太平天國符天燕鐘良相曾張貼招賢榜，上面寫道：「凡民間有才力可任使者，（可）來轅稟明錄用」。並在招賢榜上詳細開列所需要的種種人才，其中有：「通曉天文星象算學者」、「習知地理山川形勢扼塞者」、「熟讀孫武書知兵法陣圖者」、「熟悉古今史事政事得失者」、「善書記筆箚者」、「醫士之能內外科者」等等。甚至連「綠林好漢能棄邪歸正者」、「江湖游士以及方外戲班中人能飛行走跳者」，亦列為招賢對象。[26] 正如〈避寇日記〉作者沈梓評價說：太平軍對當地「一材一藝皆搜羅錄用」。[27] 太平天國的這種考試不論門第，實行取才不拘一格的措施，對於選拔人才是有積極意義的。

太平天國有時為某一專門人才不惜重賞特行招賢[28]。此政策的頒布，克服了以往在人才選拔上「重經術輕技藝」的不足，徵引來了許多懷有絕技的人才，從而改變了科舉著重以拜上帝教義進行考試的偏

25　羅爾綱，《太平天國史》（第二冊）卷三十三《科舉》，第 1289 頁。
26　王興福，《太平天國在浙江》，北京：社會科學文獻出版社，2007 年，第 226 頁。
27　沈梓，〈避寇日記〉，《太平天國史料叢編簡輯》第 4 冊，北京，中華書局，1963 年，第 74 頁。
28　田建榮，《中國考試思想史》，北京：商務印書館，2004 年，第 315 頁。

頗[29]。羅爾綱指出：太平天國根據自己的科舉路線和取士標準，對人才的衡量與封建朝廷大不相同，一反封建社會之所為，追求人人平等之權力。這也是太平天國科舉和招賢制度所體現出的根本精神[30]。因此說，太平天國時期所採取的，科舉與招賢相結合的並軌選拔人才運行機制，對於後世人才選拔制度的影響是深遠的。

四、太平天國《欽定士階條例》的實施

目前，國內科舉研究學者普遍認為：1864 年 4 月洪秀全病逝，6 月天京失陷，則事實上這一制度並未開始全面施行便告夭折。[31] 依據權威學者的論述，還有學者認為，直到 1864 年，《欽定士階條例》中的規定才正式生效，但此時已距太平天國滅亡之期不遠。可以說，《欽定士階條例》自頒行之後，從未得到完整地貫徹與落實。[32] 但是，事實上並非如此。

太平天國制定的《欽定士階條例》曾經在一些地方的縣試、郡試和省試級別的考試中實施。僅僅是因為在太平天國後期，南京作為天試的考試場地，因戰事動亂不堪，各王或出走它鄉，或生死未卜，沒有能夠實施。

我們先以江蘇省無錫為例：如〈紀無錫縣城失守克復本末〉記載，「賊勒偽鄉官舉行偽試」[33]。辛酉十一年（1861 年）十月二十日，在天王頒佈的聖詔上：「詔明每年正月由兩司馬、辛長、師、旅帥等開考，

29　田建榮，《中國考試思想史》，北京：商務印書館，2004 年，第 314-315 頁。
30　羅爾綱，《太平天國史》第二冊，北京：商務印書館，1991 年，第 1289 頁。
31　王日根等著，《中國科舉通史・清代卷》，北京：人民出版社，2022 年 5 月版，第 449 頁。
32　孟義昭，〈太平天國科舉制度探析〉，載《史志學刊》2020 年第 4 期。
33　中國史學會主編，《太平天國》第 5 冊，神州國光社，1952 年版，第 254 頁。

有兩文學、兩武學、族文學、族武學等名,其縣試、郡試等仍從舊制各等詔。」[34]

因此,早在 2007 年,楊智磊、王興亞主編《中國考試管理制度史》書中,他們曾發現並申明:從「縣試、郡試等仍從舊制」上看,至少在郡試層面上曾經實施過。[35] 但是,實際情況是《欽定士階條例》遠不止在江蘇無錫一地實施。

再以浙江省為例,據王彝壽在〈越難志〉中記載:1862 年,天王派文狀元陳姓,為浙江正提考官,文傳臚書天燕陳姓為副提考官,來浙江省開科。兩位考官駐省城杭州,令各縣佐將舉行縣試,考中的再送到省城考試。[36] 各縣奉令紛紛舉行考試。杭州郡仁和縣的考官,由太平天國監軍李作枚擔任。從「兩位考官駐省城杭州」可知,當年的省試將在浙江省城杭州舉行。

1862 年 4 月間,山陰、會稽、蕭山的考生集中在紹興考試(郡試),共有六七百人應試,其中一半是清朝諸生,山陰縣州山村有 4 人應試。[37] 山陰題是:「進貢上帝盡子道,敬孝孰爺福久長」;[38] 會稽題是:「進貢基督盡弟道,孝敬孰哥永榮光」;蕭山題是:「進貢幼主盡臣道,令知幼主見天父」。詩題:「賦得萬民定咸寧,得寧字五言六韻」。過兩

---

34 清・洪仁玕等,〈欽定士階條例序〉,載楊學為等主編,《中國考試制度史資料選編》,黃山書社,1992 年版,第 549 頁。
35 楊智磊、王興亞主編,《中國考試管理制度史》,鄭州:中州古籍出版社,2007 年,第 696 頁。
36 王彝壽,〈越難志〉,載邢鳳麟、鄒身城,《天國史事釋論》,上海:學林出版社,1984 年,第 367 頁。
37 王彝壽,〈越難志〉,載邢鳳麟、鄒身城,《天國史事釋論》,上海,學林出版社,1984 年,第 367 頁及《劫難備錄》。
38 王彝壽,〈越難志〉,載邢鳳麟、鄒身城,《天國史事釋論》,上海,學林出版社,1984 年,第 367 頁及《劫難備錄》。

天出榜,每縣取俊士1人、秀士12人。同時,還進行複試,複試題是:「重拜皇上帝」,詩題是:「運籌設策夜銜枚,得枚字七言八韻」[39],考取的都發給黃巾。在桐鄉考試中,濮院鎮有王小安、岳小雅、蔣杏樓、仲五舟四人考取秀士,前三人是清朝諸生。[40]

　　從「山陰、會稽、蕭山的考生集中在紹興考試」表述來看,當年「郡試」的考場設立在紹興。而從「每縣取俊士1人、秀士12人」的表述則可證明,洪仁玕出任文衡總裁後,在《欽定士階條例》中,改革制定的士子稱謂「秀士、俊士」均已在浙江全省實施。

五、設立女試與選拔女狀元

　　在中國幾千年的歷史上,人們熟知的名帝、名相與名將有很多,但是名狀元卻很少,尤其是女狀元更是鳳毛麟角,這些現象與科舉制度選拔人才的傾向性密切相關。在中國古代,傳統女性是不能參加科舉考試的。因此,造成婦女社會地位低下,「女子無才便是德」成為一種社會普遍現象。許多有才華的女性沒有展示自己能力的機會與舞臺,更沒有參政的可能性。

　　太平天國革命運動是我國歷史上規模最大、影響很廣的農民起義。在這次革命中,起義軍所推行的政治、經濟、文化綱領比過去任何一次農民革命都要更加進步。在對待婦女問題上,1851年初,洪秀全率領兩萬太平軍士兵在廣西金田宣佈起義之後,就開始建立起女營體制,由女官統率。當時在太平軍中,女軍建制為四十軍,約有十萬餘人,還建

39　山陰、會稽、會稽、蕭山考試,見羅爾綱,《太平天國史》第2冊,北京,中華書局,1991年,第1310頁。

40　沈梓,〈避寇日記〉,《太平天國史料叢編簡輯》第4冊,北京:中華書局,1963年,第148頁。

立了女官制度。朝內女官設正、副軍師各一員，六官正、副丞相各二員。軍中女官自總制、監軍，到兩司馬，名號均與男官相同。這些太平天國中的女性官員英勇善戰，經常使敵人望而生畏，她們成為太平軍中的重要力量。

為了招攬人才加入各級軍政建設，1853年在洪秀全的宣導下開始正式開科取士，到1862年共舉行了十次天試。除天試之外，各省、郡、縣都舉行了文武科的各種考試。1853年在東王楊秀清的主持下，在男科考試之前，舉行過一次女試。金陵女子傅善祥考中女狀元。

傅善祥其人其事

傅善祥，道光十三年（1833年）生人。其父傅槐為清朝秀才出身，家住南京城南東關頭。因為傅槐學識淵博，遠近聞名，家中開了個私塾。不僅是附近的居民，門西一帶的人家，也都願意把孩子送他家來拜師，館內有一二十個孩子，生活倒也富裕。但是，傅槐唯一的煩惱就是沒有兒子，四十多歲才生了個女兒，取名善祥。[41] 因此，父親傅槐把她當兒子養，將她與私塾中的男孩子們一同讀書，並且管教極嚴，為傅善祥日後能夠成為太平天國女狀元，奠定了良好基礎。

在父親的精心培養與呵護下，傅善祥無論詩詞、繪畫、書法、文章和彈琴等事樣樣精通，並且相貌清秀文靜，可謂才貌雙全。在她18歲時，街坊鄰居紛紛登門求婚，而她對凡夫俗子不屑一顧。傅槐夫婦愛女心切，見女兒心比天高，只好由著她的性子，婚事就一拖再拖。

太平軍佔領了南京後，天王洪秀全隨即下詔，定都南京為天京。並對百姓實行兵營式統一管理，男的住男館，女的住女館。老夫妻可以不

41　肖振才，《江南貢院》，北京：當代中國出版社，2007年，第189-190頁。

住，但青年女子一定要住女館，過集體生活。女館中大多數婦女沒有文化，由於傅善祥識字斷文，很快成為女館主管的得力助手，成為小有名氣的「女秀才」。

洪秀全的妹妹洪宣嬌得知開考事宜後，對洪秀全說：「在天國男的稱兄弟，女的稱姐妹，都是平等的，為什麼不能開女科？」洪秀全覺得妹妹說得在理，便立即同意開考「女科」，並說：「以後女司馬、女百長、女監軍、女總制、女丞相，都要在科舉中選拔。」

天京的女人們知道天王要開「女科」後，一個個都樂開了花。女館中20多萬婦女按照天王的要求，都進行了選拔。當天在江南貢院中，裡裡外外全是女人。傅善祥十分好奇地來到這個昔日男人的世界。走過「明經取士」、「為國求賢」的江南貢院牌坊。她來到考棚，伸頭一看，全是一排排無門的小房子，一模一樣，一溜排地延伸下去，幽深得像目光探不到盡頭的隧道。傅善祥急忙按號找到自己的考舍。

她剛坐下來，考題就發了下來。題目是《論語》中的一句話：「惟女子與小人為難養也。」傅善祥見了考題，不由得感慨萬千。父親教自己讀書，招來「女兒讀書無用」的譏諷在心頭澎湃。她提筆而就，寫下充滿激情的文字：

> 「惟女子與小人為難養也」，這話出自孔子《論語》。毫無疑問，鐵板釘釘，孔子這話說錯了。自古以來女子均是幕後主持，無名英雄。只要奉獻，不求名利。才高不賣弄，利多不伸手。無論哪個聲名顯赫的人物背後，都有一名賢德的妻子在支撐著他。若無孟母三遷，哪來孟子愛民思想？若無岳母刺字，又怎有岳飛精忠報國？正因梁紅玉擊鼓抗金兵，才會有抗金英雄韓世忠！正因文成公主遠嫁西藏，才帶來邊疆

永久的和平！孔夫子若活到今天，該向天下女子謝罪說：「我錯了。」……

洪宣嬌看了傅善祥的文章，深為感動，急忙呈給洪秀全。洪秀全看了後也不禁稱讚：「真乃天國將士也，奇才，奇才！定為第一名，就稱女狀元。」

在跨馬遊街三天的儀仗上，前面八面金鑼開道，彩旗隊緊跟在後，吹鼓手奏著歡樂的樂曲。傅善祥頭戴方翅紗帽，帽前額正中鑲嵌著一塊晶瑩閃爍的黃玉，帽頂兩側插著兩枝金花。她身穿紅袖彩袍，足登方頭烏靴，騎在馬上緩緩行進，左右身後全是護衛。所到之處鞭炮齊鳴，馬路兩側觀看的人群一片歡騰，高喊：「女狀元，女狀元……」

三天後，傅善祥被召入天王府。洪秀全見她不僅文采超群，而且嬌美動人，十分歡喜，下令留在天王府，封宮女丞相，專替洪秀全批閱奏章，起草文書。傅善祥自恃才高，加上年輕力壯，幹起活來通宵達旦，案頭奏摺，她一目十行，日日清案，從不拖拉，深得洪秀全的信任。宮中各級官員都不稱呼她官職，只稱她為「女狀元」，以示身分的特殊。[42]

關於女狀元的爭議與定論

關於太平天國曾開設女科之事，在太平天國史上是一個多年來有爭議的問題。1961年，商衍鎏出版的《太平天國科舉考試紀略》；1963年，太平天國研究學者酈純出版的《太平天國制度初探》（增訂本），[43] 兩書均否認太平天國曾開設女科之事，否認傅善祥為女狀元。

關於太平天國曾開設女科之事，江蘇上元縣生員，吳家楨在其所寫

42　肖振才，《江南貢院》，北京：當代中國出版社，2007年，第190-192頁。
43　酈純，《太平天國制度初探》（增訂本），北京：中華書局，1963年。

〈金陵紀事雜詠〉中，有一首詩記載此事：

> 刺闈先設女科場，女狀元稱傅善祥；
> 堪惜揚州朱九妹，含冤六月竟飛霜。[44]

詩後自注道：「將識字女子考試，取傅善祥為第一，喚入偽府，令司批答的。揚州朱九妹，工書算，謀用砒霜毒死楊逆，未成，被殺極慘」。

謝介鶴〈金陵癸申紀事略〉云：「有傅善祥者，金陵人，二十餘歲，自恃其才。東賊聞之，選入偽府，凡賊文書，皆歸批判，頗當賊意。」[45] 沈懋良在〈江南春夢庵筆記〉中也曾記載：「癸丑嘗設女科，以傅善祥、鐘秀英、林麗花這鼎甲。……發女榜後，俱入偽宮，隔數日發還，並傳其父謝恩，人咸悔之，故甲寅歲無一應者矣。」[46]

以上三則史料中都曾記載，在癸好三年（1853年）太平天國確實曾開設女試，金陵女子傅善祥考中狀元後，先在東王楊秀清府中任政事文書，頗受倚重，後提升為殿前左丞相。這些史料還說明，當時女試是帶有一定強迫性的，揚州的女子朱九妹因不從，竟被處以酷刑。以後識字女子大為減少，既是有識字女子也不敢應試，以致太平天國的女科只舉行過一次，就再也未能續開了。

太平天國史專家，羅爾綱先生在50年代初，曾對太平天國開設女科，考錄傅善祥為女狀元一事表示懷疑。後來經過不斷探索與考證，終

---

44 吳家楨，《金陵紀事雜詠》，轉引自羅爾綱，《太平天國史》（第二冊），第1288頁。
45 謝介鶴，《金陵癸申紀事略》，載《中國近代史資料叢刊》，《太平天國》（四），上海：神州國光社1952年版，第663頁。
46 沈懋良，《江南春夢庵筆記》，載《中國近代史資料叢刊》，《太平天國》（四），上海：神州國光社1952年版，第663頁。

於給出肯定的結論。1984年，他在《學術月刊》第7期上，對於商衍鎏、酈純所著兩書中的觀點進行了明確否定：

> 商衍鎏、酈純兩先生不相信吳家楨〈金陵紀事雜詠〉那首「刺闈先設女科場」詩友的真實性，是因為他們忽略了處理在有不同問題的書中的資料應區別對待的原則。他們所提出太平天國沒有於癸好三年開過女科的種種論據，又都不能成立。……今天可以斷定，癸好三年太平天國曾考試女子，是一件鐵的事實。[47]

1991年，羅爾綱先生在《太平天國史》第三十三卷科舉附招賢一章，總說的附錄注解〔1〕中又明確寫道：

關於太平天國癸好三年建都天京後，曾考試女子事，是在太平天國史上有爭論的問題。經過同志們大家多年的探索和討論，今天已經可以斷定，太平天國考試女子是一件確實的事。

另一方面，羅爾綱對以前在《太平天國史稿・科舉制》中稱為「女科」加以修正，認為最穩妥的應該把它稱為「女試」。

有研究學者對此評價：太平天國在科舉考試上，意欲打破男尊女卑的封建傳統，這是比平均地權更具深遠影響的一件大事。它留給人們許多啟迪，對於打破人才培養各選拔方面的「女禁」，使中國考試現代化，做出了不可磨滅的思想貢獻。[48] 太平天國女狀元的出現，既是農民革命運動的產物，也是對於幾千年男尊女卑的封建傳統觀念的有力挑戰。同時，還說明太平天國在科舉選人問題上，與以往科舉制度相比，曾做出

47　羅爾綱，〈太平天國開「女科」事探討〉，載《學術月刊》1984年第7期。
48　田建榮，《中國考試思想史》，北京：商務印書館，2004年，第313頁。

過重大貢獻。

附：太平天國狀元名錄

據林白、朱梅蘇在《中國科舉史話》一書中記載，[49]太平天國時期共考取文、武狀元共計17人。其中文科狀元15人（含女狀元1人），武科狀元2人。

太平天國文狀元15人：武立勳，傅善祥（女），楊朝福，吳容寬，劉闥忠，朱世傑，喬彥才，葉春元，劉盛培，范朴園，沈掄元，吳鎮坤，汪順祥，陸培英，徐首長。

太平天國武狀元2人：劉元合、覃貴福。

六、對於考試生員的照顧與變革措施

在傳統的科舉考試中，無論是鄉試、會試還是殿試，生員們均需要自籌往返的路費和宿費，並自備考試期間三場九天的食品。這些對於生員家庭和本人都是一項不小的壓力。因此，許多生員的家庭均需要做多年的資金準備。不少貧困的家長還需要到省城或者是京城，出售家鄉的特色產品，或者是尋找打工賺錢的途徑，才能維持考生的基本生活費用。

同時，由於許多考生多年讀書生活，並多數是以從事私塾謀生，對於自行煮飯做菜等事並不在行。陳獨秀在他撰寫的《實庵自傳》中，曾經有這樣真實的自述：「煮飯做菜我一竅不通，三場九天，總是吃那半生不熟或爛熟的或成團的掛麵。」同時還污染了考試的環境，「每人都

---

49 林白、朱梅蘇，《中國科舉史話》，南昌：江西人民出版社，2013年，第240頁。（作者對於狀元人數及準確名稱有修正）

在對面牆上掛起燒飯的鍋爐,大家燒起飯來,再加上赤目當空,那條長巷便成了火巷。」[50] 由此可見,優待赴考生員的路費與住宿費用,解決考試期間的飲食問題,就是一項急需改革的迫切問題。

在太平天國舉行科舉考試期間,無論是在中央還是地方的考試中,他們都全程為參加考試的生員,提供豐盛的伙食以及生活必需品,由軍帥等人員籌備辦理。清代士子張汝南當時正受困於天京,根據他的記錄,「(參考生員)各歸號,號派人侍茶湯,給油燭茶點及湯飯,皆豐厚」。[51] 說明考試期間,不僅有必備的湯飯,還準備有茶湯。

清末咸同年間,常熟的師塾龔又村也觀察到,太平天國的地方考試也對生員採取相似的照顧政策,便在《自怡日記》中記錄道:「士子飯食軍帥等辦,每席六簋。」[52] 簋(guǐ),指古代青銅或陶製盛食物的容器。每席「六簋」,說明為太平天國為士子準備的飯菜共有六樣之多。

除了龔又村記述江蘇常熟的情況之外,太平天國在浙江湖州等地也有類似的情況。1862 年 5 月 30 日,太平軍攻克浙江湖州。攻克後的第二年(1863 年),也曾舉行考試。湖州這次考試對應試人士相當優待,「就試者,(太平軍)給旅費銀幣四,備舟膳,童生至郡就公寓」,[53] 由此可見,湖州生員被照顧得很周到。

除了在考場上對生員的優待,成功考取的生員都會得到路費,資助他們從縣府到州府,再到天京考取更高級別的功名。實際上,參加京試

50　陳獨秀,《實庵自傳》,北京:中華書局,1985 年,第 80-81 頁。
51　清・張汝南,〈金陵省難紀略・賊慶壽〉,光緒十六年(1890 年)印本。
52　清・龔又村,〈自怡日記〉,轉錄於《太平天國史料叢編簡輯》,第四卷第 393 頁。
53　民國・《雙林鎮志》卷三二,第 13 頁。

的生員都會搭乘為他們特別設計的車輛和船隻。[54] 這些為生員提供的特別安排，太平天國很早就開始執行。後來，洪仁玕才將此規定作為章程，正式編入《欽定士階條例》第十六章。在科舉考試中的這些優待與安排，是太平天國不同於中國歷史上其它朝代科舉考試的顯著特徵。

　　簡又文先生指出：「在對生員的照顧方面，太平天國的做法確實對傳統有相當程度的變革。」[55] 由此措施，很好地解決與改善了多年以來，科舉考試中士子們普遍存在的擔憂與不便。

54　〈賊情彙纂〉第三卷：〈偽品級銓選〉，轉引自簡又文，《太平天國革命運動》，第142頁。
55　簡又文，《太平天國革命運動》，北京：九州出版社，第142頁。

第六章：太平天國科舉改革的意義與社會影響

　　以往學界對於太平天國科舉制研究，主要是側重於是否有利於招募人才與鞏固政權這一政治層面，較少從社會結構變遷的角度觀察問題。其實，科舉制度是一項集文化、教育、政治和社會等多方面功能相結合的體制，它上至封建官僚之政教，下系普通士人之耕讀，使整個社會處於一種循環的流動之中，在中國社會結構中起著重要的聯繫與仲介作用。因此，深入研究太平天國科舉制度的起因、改革的意義與社會影響，對於當今教育體制的改革、人才選拔制度的創新、舊的社會風俗的破除等方面都有積極的意義。

一、太平天國對科舉制度改革的起因

　　1853年，太平天國定都天京後不久，就宣佈開科取士，招賢納士，這在中國歷代農民起義中是十分罕見的事。太平天國之所以把科舉考試作為人才選拔的主要方式，並又對其進行改革，是由多方面因素決定的。特別是由於當時太平天國所處客觀環境的限制，同時也與太平天國

主要領導人的主觀認識有著密切的關係，具體原因如下：

（一）主要領導人的科舉經歷與對科舉的認知

在太平天國起義之前，太平天國的主要領導人都曾參加過科舉考試，均名落孫山，這就形成了他們對科舉的矛盾和複雜心理。從1827年到1843年，洪秀全先後參加過四次科舉考試，均先後落第。在第四次科舉落第之後，他曾發誓「不考清朝試，不穿清朝服，讓自己來開科取士吧！」[1]洪秀全因屢試不第，而對科舉制度懷有恐懼與仇恨，萌生要變革的心態，由此產生對現實社會強烈的不滿，對這種複雜心態才是他造反的真正原因。太平天國定都天後，洪秀全終於實現了自己當年開科取士的夢想，所以他便急於要實施科舉考試。

除了洪秀全之外，太平天國其他領導人，跟隨洪秀全走向造反之路，也有其濃厚的個人因素。例如馮雲山，這位拜上帝會時期的重要人物，走上反叛之路的原因，很大程度上也是緣於科場的多次失意。因此，太平天國開科取士時，其多位領導人竟相主持科舉考試的舉動並不奇怪。至於領導人親自出題考試，並在沿用清朝科舉制度的過程中，對其進行變革，這也就是順理成章的事。在太平天國後期，洪仁玕主張在科舉制度中，進一步加入一些西方的內容，這也是與他個人的經歷和認識分不開的。[2]同時也反映了接受過西方教育之後的中國人，對於西方先進文化的認同，是符合歷史發展趨勢的。

（二）招募人才和鞏固政權的需要

在定都天京之後，太平天國雖然建立了自己的政權，但這一政權是

---

1 廣西師範學院歷史系，《金田起義》，南寧：廣西人民出版社，1975年，第23頁。
2 于書娟，〈太平天國的科舉制度初探〉，載《教育與考試》2007年第5期。

極不穩定的,時刻面臨著被清政府消滅的危險。這就決定了在太平天國時期,洪秀全沒有條件從建立學校開始,從容地培養出自己所需要的大批人才,於是只有從社會現有人才體系中去招賢納士。要招募符合自己要求的人才,就必須用太平天國的指導思想作為人才的選拔標準。但是,作為農民起義隊伍的局限性,太平天國的領導人也不可能想出一套完全有別於清朝政府,以及更好的選拔方式。因此,對清朝的科舉制度就要先繼承下來。在接受的同時,對原有的科舉制度加以必要的改造,以便符合自己的切身利益。太平天國初期,在實行科舉的同時,又頒布了一系列招賢制度就充分說明了這一點。

太平天國對科舉制度考試內容和程式的改革,完全是從選拔自己所需要的人才出發,對士子在意識形態和思想領域進行控制的一種方式和手段。而對應試對象標準的放寬、錄取人數的擴大、資助費用的增加等方式,也是太平天國領導人急於鞏固政權,以及收買人心的需要。在實施科舉考試過程中,採用生硬的求才方法,從一個方面表明了太平天國時期用人之切。在這種情況下,採取這樣的做法也就不足為怪了。

(三)由於科舉制度弊端所引發的結果

科舉自從被確定為帝制社會的官員選拔制度以來,政府便陷入了長期不休的爭議之中。爭議的焦點無不是為了探尋一種更加完善、有效的人才選拔制度。在1300年的歷程中,科舉的利弊與存廢遭遇到各種議論。到了晚清時期,對於清代政府長期採用「八股取士」的做法,極大地限制了人才的思維發展,以及文學作品的創新,各界人士對科舉制的抨擊更加集中,更加尖銳。科舉選士形式對於人才的制約,與政權鞏固急需大量實用人才的矛盾空前激化,太平天國對於科舉制的改革也是順應了時代的發展。

二、太平天國科舉改革的意義

　　太平天國與歷次農民起義相比，它最大的不同之處在於建立了比較完備的政治制度，特別是實行了科舉考試制度。儘管由於農民運動自身的局限性，並沒有完全實現他們最初所宣導的太平世界、人間天國的夢想，但它所推進的科舉考試卻對近代中國產生了重大影響。無論是在形式上，還是在內容上，都力圖體現與歷代科舉的不同。它把「男女平等」、「四海之內皆兄弟」等思想貫穿在科舉考試之中，打破了舊科舉制中有關籍貫、出身、門第等種種限制，最大限度地將入仕資格向中低階層子弟開放；首次開設女試，使滿腹經綸的才女有用武之地，而不必「女扮男裝」參加科考，從而也在一定意義上破除了男尊女卑的封建習俗；考試注重與時局相結合，對歷代科舉形式即有繼承也有創新；同時注意引進和吸收西方的思想等等，這些無不體現出它的文化特色與時代風格。

　　因此說，太平天國的科舉考試儘管沒有像洪秀全所希望的那樣，完全摧毀舊的科考制度，並且具有這樣那樣的瑕疵。然而，在當時清代「八股取士」已經根深蒂固，但又廣受社會各階層人士抨擊的情況下，它的改革無疑對中國社會產生了重大影響，是對傳統科舉考試的一次偉大變革。它不但推動了近代中國向西方學習的步伐，而且促進了晚清科舉制變革乃至廢除，有學者甚至認為它是「傳統科舉與近代考試制度的一個分水嶺」。[3]

3　楊銀權，〈論太平天國科舉考試的特點及意義〉，載《貴陽學報（社會科學版）》，2009 年第 4 期。

三、太平天國科舉改革的社會影響

太平天國對於科舉考試的改革，不僅為選拔鞏固自身政權所需要的人才奠定了基礎，而且對於清朝政府的科舉制度也產生了一定的作用，同時對於改變傳統教育體制、人才選拔機制影響，以及改變傳統社會風俗等都有深遠的影響。

（一）對於清朝政府科舉制度改革的影響

太平天國的科舉改革對於清朝政府也曾產生過影響。這一時期，清政府對於太平天國的改革並非是完全無動於衷的。例如，太平天國對於科舉制的改革，迫使清政府在收復曾被太平軍攻克的地方，也增加了科舉考試的次數，擴大了錄取人員的比例和數量。太平天國設立學校教育的內容就有軍事教育、各種手工技術教育等，這些教育形式避免了學校淪為科舉附庸的命運，為以後清朝廢除科舉、廣興學堂提供了很好的借鑒作用。如1862年，清政府在北京建立了同文館；1898年又創立了以西方傳教士為主的京師大學堂；1901年，清政府曾頒佈法令，要求全國建立的大、中、小學等各級學校，均以新學（西學）為主要內容。這樣一來，由於新學在全國的確立，西方文化隨即旋風般地席捲全國。

1840年鴉片戰爭以後，西方國家用重炮轟開了中國的大門，西方文化也伴隨著它的經濟和技術實力，開始對中國文化進行衝擊。在其強大的攻勢下，曾經統治中國文化達一千多年的正統儒家學說逐漸失去了它昔日的光彩。清朝統治階級中的許多有識之士，也意識到中國傳統文化的落後及其對社會生產力的束縛，因而提倡引進西學，建立以西方科學文化為主的新型學校，改變傳統科舉制以學習儒家經典為主的考試方式，1905年延續了1300年的科舉制只好被廢除。太平天國對於科舉制度的改革，無疑是加速了清政府對於科舉制度廢除推進的步伐。

（二）對於改變傳統教育體制的影響

歷代科舉制度對教育的影響，莫過於「應試教育」傳統的形成。即一切教育活動皆以科舉考試為重心，由考試引導教育，使學校淪為科舉的附庸而形同虛設。科舉產生之初主要是一種人才選拔機制，人才的來源並不限於學校，但是在後來，科舉儼然成了學校教育各方面工作的指揮棒，也就形成了科舉士子皆由學校出的慣例。太平天國對科舉考試改革還有一個非常重要的意義，就是打破了學校對於科舉的依附，恢復了科舉對於人才選拔機制的本來面目。

由於當時太平天國政權的不穩定性，這就使得它的教育與以往的所不同，尤其是與當時清代政府的教育有很大區別。據史料記載，太平天國早期雖然設立有應用性學校，但由於是在戰爭年代，這在客觀上決定了不可能舉辦許多學校，從而也不可能從學校中選拔出自己所需要的人才。所以，它在科舉考試對象上對於出生制加以廢除，不僅從自身隊伍中選拔，也從清朝政府內部招攬人才。除了科舉考試之外，還設有招賢制度。這就使得科舉考試和學校考試之間的關係適當分離。直到近代科舉制的廢除，學校才重新恢復其獨立培養人才的地位。從這個意義上來說，太平天國時期所實行的科舉制，打破了它們之間的這種僵硬、單一的固定關係，對於現代教育有著深遠的影響意義。我們今天研究這段歷史，就要重新挖掘它的當代價值。

（三）對於後世人才選拔機制的影響

科舉制度於隋朝創立以來，就曾不產生新的問題和流弊，因此也經常遭到一些有識之士的批判與抨擊。宋神宗時，在朝廷內曾就科舉制度的利弊進行過一場激烈的辯論。著名改革家、宰相王安石指出：當今少壯之人，都是年輕有為者，此時不讓他們懂得和學習治理天下之道，卻

令其閉門學詩作賦，這就從根本上坑害了人才。到了明清時代，明末清初思想家顧炎武說得更為深刻：現行科舉制度注重詩文，其實這都是雕蟲篆刻，對社會不僅沒有多少益處，而且使士不成士、官不成官、兵不成兵、將不成將。為此，他主張「文須有益於天下」。魏源曾譴責科舉制度，認為它培養了無數的無用人才，他主張：按照一個人的辦事能力及其業績選拔人才，以改變在八股試帖下扼殺人才的弊端。[4]

在中國封建社會，一貫輕視工匠，認為「勞心者治人，勞力者治於人」，吹鼓手在國家法典中更被定為賤民之列。太平天國對於勞動人民及其所從事的工作極為重視和尊重。對各類人才盡行搜羅錄用，除實行科舉考試之外，還採用公開張貼「招賢榜」的辦法，平等招賢。

據趙文烈在《落花春雨巢日記》中記載，太平天國建都天京後，曾出招賢榜曰：「江南人才最多，英雄不少，或木匠，或瓦匠，或鋼鐵匠，或吹鼓手，你有那長，我便用你那長，你若無長，只可出力了」。太平天國有時為某一專門人才不惜重賞特行招賢。此政策的頒布，克服了以往在人才選拔上「重經術輕技藝」的不足，徵引來了許多懷有絕技的人才，從而改變了科舉著重以拜上帝教義進行考試的偏頗。[5]羅爾綱指出：太平天國根據自己的科舉路線和取士標準，對人才的衡量與封建朝廷大不相同，一反封建社會之所為，追求人人平等之權力，使中國勞動人民的才智「在中國歷史上第一次得到了揚眉吐氣」，這也是太平天國科舉和招賢制度所體現出的根本精神。[6]

因此說，太平天國時期所採取的科舉與招賢相結合的並軌選拔人才運行機制，對於後世人才選拔制度的影響是深遠的。直到現在，人們不

4　李尚英，《科舉史話》，北京：社會科學文獻出版社，2011年，第157-160頁。
5　田建榮，《中國考試思想史》，北京：商務印書館，2004年，第313-315頁。
6　羅爾綱，《太平天國史》第二冊，北京：商務印書館，1991年，第1289頁。

僅把在高考成績中，摘取桂冠的才子稱為「狀元」，還把那些在各個領域工作中取得優異成績，名列第一的人也稱為「狀元」，諸如「銷售狀元」、「木工狀元」、「養豬狀元」等等。當今人人常說「七十二行，行行出狀元」，各行業優秀人才都有有武之地。科舉制度廢除之後，雖然狀元已成為歷史的陳跡，但是狀元的稱號卻並未因此而消失，狀元情結依然存在。

（四）對於改變傳統社會風俗的影響

由於中國歷代封建社會都規定，女子不得應舉，客觀上造成男女不平等，以至於在中國「重男輕女」之風俗流傳至今。[7]正如鄧嗣禹所說：「中國兒童向學之早，及重男輕女之習，考試之制，不無影響」。[8]的確，在中國封建社會，婦女即使滿腹經綸，才華橫溢，也沒有資格應試，中舉做官只是男人的事。許多女中豪傑不得以只能女扮男裝，參加科舉考試。

在中國古代文學作品中，有許多以科舉為題材的佳作。在那些作品裡大多數女性都有女扮男裝參加科舉的經歷。有一齣戲叫《女駙馬》，寫的是馮素珍女扮男裝考中狀元，被招為駙馬，但卻犯了欺君之罪，險遭殺身之禍；清代才女陳端生，寫了長篇彈詞《再生緣》，說的是主角孟麗君，一位天生麗質而又多才多藝的奇女子，女扮男裝，中狀元招駙馬，在洞房花燭夜，和真公主上演了一場緊張、驚險的好戲。當然，這其中有些情景，可能是文學作品創作中的虛構手法，但卻反映出了廣大劇作家們為爭取女權而發出的吶喊。

---

7 彭靖，〈科舉學的當代價值：國際影響力的提升與公務員制度改革〉，載《中國考試》2013 年第 1 期。

8 鄧嗣禹，《中國考試制度史》，北京：吉林出版集團有限責任公司，2011 年，第 266 頁。

在太平天國時期，賦有才華女性不僅可以成為太平軍的各級文武官員，統領千軍萬馬，而且可以參加科舉考試，甚至被錄取為狀元；一般女性也不用纏足，而纏足恰恰是宋代以後，中國知識分子強加給婦女的一副巨大的苦難枷鎖。筆者認為，歷代科舉制度在1300多年時間裡，對於女性的長期歧視，是造成中國「重男輕女」、「男尊女卑」社會風俗形成的主要根源。[9]

　　在中國歷史上，只有洪秀全領導的太平天國時期，實行科舉制度時，對於清朝科舉考試的程式與內容都做出過重大改革，在選擇士子標準上提倡男女平，並設立過女試，考選出一名女狀元傅善祥，這是太平天國在科舉選拔人才方面做出的又一重大貢獻。從而在一定意義上破除了男尊女卑的封建習俗，是比平均地權更具深遠影響的一件大事，對後世產生過深遠的影響，它留給人們許多啟迪。田建榮也認為，太平天國的科舉對於打破在人才培養和選拔方面的「女禁」，使中國考試走向近代化，做出了不可磨滅的思想貢獻。[10]

　　2012年12月召開的黨的「十八大」時，黨中央決策層首次將男女平等的內容，作為基本國策寫入報告之中。當今之時，真正實現了男女平等。為此，許多十八大代表表示：「從國家層面來講，男女之間最重要的還是真正實現男女平等」。「將此內容寫入報告，對女性參政議政是一個鼓舞，對於女性地位的提高會起到很大的促進作用」。這一舉措也是對於中國千百年來「重男輕女」之風俗的徹底否定。

9　彭靖，〈從太平天國科舉看當今高考制度改革〉，載《中國考試》2013年第3期。
10　田建榮，《中國考試思想史》，北京：商務印書館，2003年，第313頁。

（五）動搖了地主階級愚昧人民的統治，為中國革命運動奠定了基礎

　　太平天國科舉考試改革還有一個非常重大的意義，卻被以往的科舉研究學者所忽視。在傳統的科舉制度下，中國的知識分子群體完全是站在地主階級、封建統治者一邊。封建統治者為了愚昧人民，他們拼命樹立以孔子為代表的知識分子的榜樣形象，讓人民被迫接受「萬般皆下品，惟有讀書高」的信條，其目的就是要恐嚇人民，禁錮人們的思想，不許人民在深重的壓迫下有任何反抗的念頭。

　　太平天國科舉制度在考試內容上，剔除了《四書》、《五經》作為士子必考內容，並對孔廟、孔牌進行衝擊。由洪秀全為首的，以中下層知識分子為代表的太平天國起義，由此宣告了中國中下層知識分子和主流知識分子決裂的開始，從而動搖了幾千年來中國知識分子，一味地配合地主階級、封建統治階級對於廣大人民的愚昧統治。

　　知識分子群體大分裂的開始，也預示著科舉制將走到盡頭，所以40年後科舉制廢止。而科舉制的廢止，使儒家思想凝聚機制急劇瓦解，社會成員從原有的生存結構中脫離出來，又無法被新的生存結構所吸納，從而迅速形成「游離化」狀態。這種「游離化」的社會群體，對於清末及民國初年的社會轉型，構成了巨大的政治參與壓力，進而引發急劇的社會震盪。

　　蕭功秦指出：造成這種「游離化」的社會原因，是因為大批士紳知識分子失去了通過原有儒學知識獲取仕途的指望，加之年齡、知識結構、經濟能力等多種原因，而無法進入新的學堂，因而產生群體性的對現實的疏離與不滿。[11] 這些處於游離狀態的階層，由於社會地位的不穩

11　蕭功秦，〈從科舉制度的廢除看近代以來的文化斷裂〉，載《戰略與管理》1996 年第 6 期。

定、前途的渺茫與心理的失落，以異乎尋常的速度，急劇地湧入政治領域。另一方面，革命的情緒也最容易在這一批富有理想，同時又在現實中倍感絕望的青年知識分子中發展起來。

這些人正是辛亥革命、五四運動的真正中堅力量，同時也有越來越多的中下層知識分子成為了共產主義者，從而為日後的中國革命運動奠定了輿論基礎和人才基礎。康有為、梁啟超、譚嗣同和毛澤東等人，都是中國中下層知識分子中的傑出代表。

自從有科舉制度以來，中國的讀書人大略為分兩種，多數人是「兩耳不聞天下事，一心唯讀聖賢書」。具有遠大志向的少數人則是「風聲雨聲讀書聲，聲聲入耳；家事國事天下事，事事關心」。如果說洪秀全是因為沒有考上功名，想通過造反來改變命運，或者說是對現實不滿鋌而走險，康有為、孫中山、毛澤東等人更多則是出於對國家前途、命運的考慮和關注。他們都是以洪秀全為榜樣，並從不同角度借鑒了太平天國成功與失敗的經驗和教訓，在不同時期開展了反清、反封建的革命運動。[12]

從 1882 年到 1888 年，康有為曾有多次進京參加鄉試的經歷。1898 年 9 月，他在又一次名落孫山之後，第一次上書光緒皇帝，痛陳國家的危亡，批判因循守舊的現狀，要求變法維新。後來，他又聯合其學生梁啟超、譚嗣同等人，起草了著名的「公車上書記」，向朝廷提出了「拒和」、「遷都」和「變法」的三項建議的萬言書。[13] 戊戌變法運動是先進的「秀才們」在太平天國之後的又一次造反行為，但在強大的封建集

12　彭靖，〈從太平天國科舉看當今高考制度改革〉，載《中國考試》2013 年第 3 期。
13　王曉華、俞前，《秀才造反與民國創立》，上海：上海人民出版社，2011 年，第 8 頁。

團的反撲下，終以「戊戌六君子」的鮮血，在中華大地上畫上了一個令人惋惜的句號。

變法之路走不通，秀才們就萌發了武裝造反之念。少年時代就仰慕做洪秀全那樣英雄的孫中山，為了振興中華，組織興中會，發行股票，集資購械。[14] 1911 年的辛亥革命則是積蓄已久的各種矛盾的總爆發。清王朝為一種新的政府形式所取代，帝王作為傳統政治形態的制度底線在革命的炮火中陷於崩潰，曾經支撐起無數觀點和政治習慣的帝制被廢除了。[15]

辛亥革命十年後，以毛澤東、周恩來等為首的愛國知識分子，借鑒前人和世界上優秀無產階級政黨的經驗，用馬克思主義思想武裝頭腦，建立了先進的政黨——中國共產黨。毛澤東曾精闢地指出：「馬克思主義的道理千條萬緒，歸根結底就是一句話，造反有理」。根據馬克思的理論，秀才們脫去長衫，走與工農相結合的道路，依靠群眾、發動群眾，堅持「槍桿子裡面出政權」的方針，始終貫徹「黨指揮槍」的原則，實行工農武裝割據，高舉反帝反封建的大旗，經過 22 年艱苦卓絕的鬥爭，終於造反成功，不僅取得了新中國革命的成功，而且還取得了社會主義革命建設的勝利。

四、太平天國對科舉制度改革的利弊分析

太平天國的科舉制度，是中國在淪為半封建、半殖民地社會歷史條件下，農民起義軍為選拔服務於政權所需人才而制定的考試制度，它沿

14　王曉華、俞前，《秀才造反與民國創立》，上海：上海人民出版社，2011 年，第 19 頁。

15　劉建軍，《中國現代政治的成長》，天津：天津人民出版社，2003 年，第 238 頁。

襲了清代政府的考試制度，但又有所突破與創新。由於農民起義組織的局限性，他們所制定科舉制度也必然有其弊端的一面。現將其主要方面具體分析如下：

（一）太平天國科舉制度的歷史進步性

首先，太平天國的科舉制度，打破了清朝統治者所規定，參加科舉受三代出身限制的常規，擴大了下層勞動者出身考生的範圍。太平天國定都當年即開科取士，並規定凡天朝臣民「無論何色人，上至丞相，下至聽使，均准與考」，「無慮布衣、紳士、倡優、隸卒」。太平天國將人人平等的思想運用到科舉中，使下層廣大勞動人民子弟有機會通過參加考試入仕，而參與政權管理。這樣做的結果，其政策與政權受到了廣大中下層人民的擁護，也極大促進了社會向上流動的局面。

第二，太平天國的科舉制度，變革了科舉考試的內容和形式。清代科舉考試規定，考試內容以《四書》、《五經》章句命題，考試形式採用八股試帖體。這種考試形式，造成士子們成年累月埋頭於故紙堆裡，「束髮就學，皓首窮經」。洪秀全把西方的經書引入科舉考試，諭令太平天國以新、舊約、聖經作為科舉考試的基本，而不得用孔孟經書。[16] 後期，考慮到一些長期受孔孟和儒家學說影響的士子，他們對於西方文化的接受能力，洪仁玕又在考試內容中，增加了真聖主御筆改正過的《四書》、《五經》作為士子可讀書目。[17] 科舉考試內容的變化，克服了清朝政府「八股取士」的弊病，也反映了當時農民階級已意識到變革科舉考試內容的必要性。

---

16 中國史學會，《太平天國》（三），北京：中華書局，1959年，232頁。
17 譚文鳳，〈關於太平天國科舉考試的若干問題〉，載《歷史檔案》1994年第1期。

第三，太平天國根據鞏固政權的需要，採用自己的取士標準。他們不再把士子的試卷是否符合「八股文」的要求，作為錄取的主要條件，堅持以不反對太平天國政權，遵守太平天國規定的宗教信仰為原則，「士子知全敬上帝，自然同心合力震天威」。按照自己的取士標準，對清朝科舉考試的等級、中式士子的稱呼都進行了改變，充分表明了太平天國對於舊科舉制度徹底改革與摒棄的決心。因此，太平天國錄取了一大批士子，充實到政權管理階層之中。

例如：在文科省試主考官中，天試狀元武立勳，安徽和州人，被任命為安徽省試正掌考；1862 年，洪秀全又派文狀元陳姓，為浙江省正提考官，文傳臚書天燕陳姓為副提考官，到浙江開科。[18] 在武科選拔人才方面，太平天國十年（1860 年），廣西人覃貴福，因習武技能出色，在洪秀全親自主持的天試中，被欽定為僅有的二名武狀元之一（另外一名為劉元合）。按照太平天國的規定，授予覃貴福職同指揮，成為太平天國軍中的一名高級將領。

覃貴福（？-1913）又名覃鐵牛，壯族，廣西省武宣縣東鄉福隆村人，家境貧寒。自幼年時幫人放牛，少年時臂力過人，常用母指與食指捏 20 多枚銅錢，任人用力掰拉，都拉不開銅錢，被人稱為「鐵牛」。1851 年，太平軍打到武宣縣東鄉時，當時只 14 歲的覃貴福，即隨太平軍征戰。

他精通武術，力大無窮，十分勇武。太平天國十年天試武科時，覃貴福將天王宮外的兩個大石獅高高地舉起，天王洪秀全驚歎他竟然有如此神力，立刻欽定為武狀元。於是，天王簪花賜宴，騎馬遊街；後又賞

---

18 王興福，《太平天國在浙江》，北京：社會科學文獻出版社，2007 年，第 224 頁。

賜金鐙、銀鞍，炫耀三天。按太平天國規定，授予覃貴福職同指揮，是太平天國職官中第六級高級官銜，覃貴福成為一名高級將領。

廣西人曾對覃貴福驚人力氣很崇拜，當地普遍流傳他和他的妻子歐氏的事蹟。覃貴福的妻子歐氏，南京人，曾在天王府擔任女侍衛長。覃貴福中武狀元後，她嫁給了覃貴福。1983年《武宣縣誌》曾詳細記覃貴福事蹟。20世紀30年代，簡又文先生避難桂林時，廣西人潘新潮、黎式谷兩人曾向他講述了覃貴福夫婦的故事。後來，簡又文將他們的講述內容，收錄於《太平天國典制通考》一書中。

再如，天試進士胡萬智，不僅在充才館任職，後來還帶兵駐守興國，擔負地方長官重任。胡萬智，金陵（南京）人氏，太平天國第一次科考的進士。太平天國癸好三年（1853年）八月初十，是東王楊秀清的生日，天京城舉行第一次會試——東試。此次會試的題目是：「真道豈與世道相同」，副標題：「皇上帝是萬郭大父母，人人是其所生，人人是其所養」，賦詩題目：「四海之內有東王」。胡萬智是個窮書生，曾經中過秀才，幾次參加清朝的鄉試卻屢屢落榜，沒有得中舉人，對清廷異常嚴苛的科舉考試非常不滿。

胡萬智中進士後，被東王楊秀清封為典朝儀。太平天國派軍西征時，西征軍一舉攻克湖北省興國州。於是，楊秀清指派胡萬智赴興國任職，擔任知州。胡萬智到達興國後，新官上任三把火，在各部門中大量啟用新人，其中大多數都是科場不順、窮困潦倒的讀書人。在近半年的時間內，他竭盡全力整頓興國州各衙門的吏治，經常挑燈夜戰，批閱文件，通宵不眠。湘軍首領塔齊布攻興國時，胡萬智指揮守軍與湘軍血戰，最後身中數刀，高喊「天朝鴻恩當以死報」而英勇戰死。

總之，太平天國開科選拔人才，打破了歷代統治階級獨霸科舉選士

大權的局面,是中國歷史上農民階級佔領教育陣地的首次嘗試。

以往有些學者認為:儘管通過科舉考試選拔了大批中式之人,但太平天國並未予以適當任用。當時科舉中式之人,多授以系銜,如職同某某,真正除授實官的情況相當有限。這是不符合實際情況的結論。

第四,太平天國在科舉考試的歷史上,首次開考女試,這是具有劃時代意義的事件,充分體現它所宣導的男女平等的精神。在我國歷代科舉的歷史上,各朝代均明文規定,女子不得應試,雖然這並非科舉的特殊規定,而是封建制度的普遍禁地,但卻在客觀上造成了「男尊女卑」這一封建殘餘思想的長期存在。

太平天國定都天京後,「行考試女子之典,正主試為洪宣嬌,副主試為張婉如、王自珍。題目為〈惟女子與小人難養也〉,應試者二百餘人」。據清人徐珂記載:「傅(善祥)作獨力辟難養之說,引古來賢女內助之功,為秀全所激賞,遂充狀元,飾以花冠錦服,鼓吹遊街。」[19] 傅善祥狀元及第後,按照當時之制,與同科女榜眼鐘秀英、女探花林麗花,以及男科一甲三人(狀元為程文相)皆被賜予彩輿文馬,在天京城中遊街三日,以示榮耀。[20]

此後,女狀元傅善祥在東王府擔任簿書,替東王楊秀清指示批閱機要文件。

後來,由於識字女子不多和受其它條件的限制。次年,因天京缺糧形勢嚴重,婦女多離開天京,太平天國再沒有開設過女科考試。傅善祥也就成為中國唯一的女狀元。但是,這次開設女試事件非同一般,是科

---

[19] 清・徐珂,《清稗類鈔・考試類》,〈傅鄯祥應粵寇試〉,北京:中華書局,1981年。
[20] 毛佩琦主編,《中國狀元大典》,雲南人民出版社,1999年,第2330頁。

舉史上一次偉大的突破與創新，對於後來女子教育和近現代考試制度來說，都產生了深遠的影響意義。

（二）太平天國科舉制度的歷史局限性

近代中國是在是在西方列強不平等的條約束縛下，被迫開始接受西方文化。太平天國革命作為一次較大農民起義運動，受歷史的局限性，其領導人沒有，也不可能正確認識西方文化。首先，他們本能地感到變革科舉考試的重要性，但卻把西方宗教經典全部照搬過來，規定科舉考試內容以《舊約》、《新約》等聖經內容為根本，因此使考試帶有濃厚的宗教色彩。其結果是引起了許多讀書人的不滿，阻礙了一些原本投身於起義軍隊伍的士子。

自從科舉考試以來，孔孟之道就是讀書人的至聖先師。太平天國宣傳天下人都是上帝所生所養，沒有高低、貴賤之分，這是文人士子所不能接受的。相反，以聖經為根本，因此為曾國藩提供了煽動知識分子敵視太平軍的把柄。以此，他們的網羅了不少能人學子充實到湘軍隊伍，向太平天國展開了猛烈的進攻。

其次，科舉考試過於頻繁，中舉名額太多，從而有失科考的嚴肅性。太平天國科舉考試以天試最為奇特，一年竟設有天試、東試、北試和翼試共四次，試期分別以天王、東王、北王、翼王的生日為期，各自開科取士。各自出金榜。這樣做的原由，可能是天王洪秀全為了體現出諸王的平等，天試、東試、北試和翼試具有同等的資格，不分高低，每試均可產生狀元、榜眼、探花。但其結果卻失去了科舉考試的嚴肅性，也造成報名少，錄取者多的現象，從而降低了人才錄取的品質。太平天國後期頒佈的《欽定士階條例》，將科舉考試由每年一次改為三年一次，但是，由於後期戰爭的殘酷性，最後在「天試」階段沒有真正實施。

第三，求才方式生硬，考試帶有明顯的強迫性。由上所述，由於報名者少，取士過濫，中舉者沒有得到傳統科舉下應該有的榮耀，所以士子們大都不願意去應試。但發展中的太平軍又急需大量知識階層與管理人才，所以他們不得不採取一些誘惑、勸說，甚至殺戮等高壓手段，來強迫士子們去應試。由於當時處於戰爭年代，物質並不富裕，而太平天國給予士子們的許諾有時根本無法實現，從而更加挫傷了應試者的積極性。面對這種強迫措施，很多人選擇逃跑，逃不掉被迫應試者則滿懷憤怒，甚至創作詩諷刺，從而給自己招來殺身之禍。

由於農民起義組織的局限性，他們所制定科舉制度必然有其不足之處。但是，任何一項改革運動，都是有從其不足到不斷完善的過程。太平天國後期，1861年由洪仁玕、陳玉成、蒙得恩制定的《欽定士階條例》標誌著太平天國科舉，從初期的雛形到日趨完善的階段，並已經在鄉試、縣試、郡試和省試中實施，成為這一專門的太平天國科舉法典。

第七章：江南貢院與太平天國時期的變遷

　　江南貢院始建於宋、發展於明清，是中國古老文化中一顆耀眼的明珠，在中國科舉的發展史上，有著十分重要的地位。早在明代，它就與北京貢院有「南闈」、「北闈」之稱。它的歷史悠久，規模宏大，興盛時期可同時容納兩萬多名舉子參加考試。它漫長的歷史發展，深沉的文化積澱為南京留下了極為豐富的文化遺產。

　　江南貢院是江蘇、安徽兩省生員共同的鄉試場所。目前，從科舉文化角度而言，現有研究側重於科舉制度廢除後，江南貢院的存廢之爭，兼及貢院規模的變化；從社會史的角度而言，相關研究學者論述太平天國時期南京城的變遷時，並未能涉及到江南貢院的問題。[1]然而，林則徐對於江南貢院的整頓措施，太平天國運動對江南貢院的改造與使用，以及江南貢院擴建的原因，曾國藩推動江南鄉試，對於恢復南京經濟繁榮等問題，尚未予以充分討論，導致對太平天國前後江南貢院研究的缺失。

1　夏春濤，〈太平天國時期南京城的變遷〉，載《太平天國與晚清社會》，北京：北京師範大學出版社，2018 年，第 32-46 頁。

一、太平天國前的江南貢院

江南貢院位於南京市秦淮區夫子廟學宮東側。它東接桃葉渡、南抵秦淮河、西鄰狀元境、北對建康路，是夫子廟秦淮風光帶組成部分，夫子廟地區三大古建築群之一。目前，南京江南貢院已經是國家 5A 級旅遊景區。

元明朝時期的江南貢院

據《南窗紀談》所載：建康（南京）貢院始建於南宋乾道四年（1168年），由知府史正志創建。當時它只是府一級的科舉考場，主要供州、縣級考試之用，其規模並不大。明朝初年，明太祖朱元璋定都南京後，集鄉試、會試於南京舉行。永樂十九年（1421年），明成祖朱棣遷都於北京，但南京仍為留都。因江南地區人文薈萃，原有考場便越來越顯得狹小。為擴大考場，朝廷沒收了罪臣紀綱的府邸，又取懷來衛指揮陳彬，以及家人陳通、忠勇伯等人的房舍，加上府尹黃公永元祠、秦檜之子禧祠等建築，創建為江南貢院。[2]

值得注意的是，在元朝時期，江南貢院曾經被改建為東織染局，明朝永樂年間重修並擴建。[3] 據《至正金陵新志》卷六記載：「東織染局，至元十七年，於城東南隅，前宋貢院立局。」[4] 元朝十七年，即西元 1280 年。據《同治上江兩縣誌》卷五記載：「貢院街舊為蔡居厚宅。江南名士甘熙在《白下瑣言》中云：貢院創於明永樂中，乃籍沒錦衣衛同知紀綱宅，又取懷來衛指揮陳彬家人陳通房宇，明德堂有應天府尹王

2　李海榮主編，《江南貢院史話》，南京：南京出版社，2008 年，第 1 頁。
3　朱曉冉，〈南宋建康府貢院地望考證〉，《山西建築》第 35 卷第 32 期，2009 年 11 月。
4　元・張鉉修纂，《至正金陵新志》，南京：南京出版社，2010 年。

弼碑可據。」

　　在明代時期，江南貢院也是各省貢院效法的對象，據明代〈應天府新建貢院碑記〉記錄：「貢舉有院，內外通制也。南京應天府為天下貢舉首，其制度亦必為四方所取法。」一直到清末改革科舉內容之後，江南還是領風氣之先，清末人士選編全國各省鄉試闈墨後便說：「江南自六朝以來，文采斐然，所謂生命文物之邦。近自中國大通，長江流域首先輸入文明，故吾國之講新學，實以江南為先聲。」[5]

> 江南貢院明遠樓始建於明嘉靖十三年（1534年），清代沿用。「明遠」二字取自《大學》「慎終追遠，明德歸厚」。樓高三層，底層四面為門，樓上兩層四面皆為窗戶。江南貢院明遠樓為江南貢院保存最好的建築之一，也是江南貢院的標誌性建築。

　　然而，在明朝時期，江南貢院的地址曾經有四次變遷：洪武初年（1368年）在北場面演武場；永樂中年（1410-1420年）移到郡學文墀宮；正統年間（1436-1449年）又搬到武學堂。搬遷的原因均因考場顯得狹小，「然士多地隘非辟廡垣不足以致容焉」，因而不得不更遷。到了景泰初年（1450年），由應天府尹馬諒提議，以犯官抄沒遺下的廢宅為基地，始建於秦淮之陽。初建成時，除「至公堂」等官房之外，可供考試的號舍有三千多間，從而奠定了江南貢院的基礎。據江南貢院保存的〈增修貢院碑記〉記載：「萬曆中增至八千，康熙年間遞增一萬三千。」

　　在〈應天府新建貢院碑記〉中有這樣的記錄：

5　劉海峰，〈江南貢院的命運〉，載《社會科學戰線》2014年第6期。

然自設科以來，其地凡四易：洪武初，以北城演武場為地，甚湫也而艱於建置；永樂中，移於郡學之文墀宮，其飭也而仿於明祀；正統間複徙武學之講堂，便供給也。然士多地隘非辟廡垣不足以致容焉；景泰初，府尹馬公諒，將修述職之典於朝，乃進者夙而諮之咸曰：「秦淮之陽，有地廓如，前武臣沒入。廢宅也。鞠為氓隸之圃，久矣。若革而理之可辦也。」……西元 1457 年立。[6]

江南鄉試和全國性會試都集中在南京的應天府舉行。遷都北京之後，實行南、北兩京制，故以在南京舉行的應天鄉試為「南闈」，以別於在北京舉行的順天鄉試「北闈」。由於南闈往往選拔出許多特別有才華的舉人，江南鄉試以出才子著稱，受到全國的注目。

清朝初年的江南貢院

清代是江南貢院的極盛時期，不僅用於考試號舍的數量不斷增加，隨著考生規模不斷擴大，每屆應考之年，地方官都會重修貢院。[7] 康熙二十三年（1684 年）江南貢院已有東西文場號舍數千間，經康熙二十九年（1690 年）兩江總督傅拉塔、康熙五十二年（1713 年）江蘇巡撫張伯行先後擴建，江南貢院的號舍達 13000 餘間。[8] 雍正元年（1723）五月，署江南總督查弼納奏稱江南貢院號房不敷使用：「應考之人為一萬五千八百餘人，而號房僅有一萬五千六百餘間」，只好臨時搭建席舍，以為考試之用。考試結束後，查弼納將號房「狹窄低矮者，加高加寬」，「將陰暗角落之小號房全部拆毀重建，使其寬敞明亮，整齊劃一，便於

6　肖振才，《江南貢院》，北京：當代中國出版社，2007 年，第 232-234 頁。
7　顧建娣，〈咸同年間的江南貢院〉，載《近代史研究》2022 年第 3 期。
8　南京市文化廣電新聞出版局編著，《南京歷代碑刻集成》，上海書畫出版社，2011 年版，第 408 頁。

巡查」，又「酌量買院外之地擴建」，最終號舍擴至 17000 餘間，還修繕了至公堂、衡鑒堂、左右經房和各所屋舍。[9]

至公堂為命題、閱卷官員之外的負責考務、試卷前期處理官員的工作之場所，設有掌卷所、受卷所、彌封所、謄錄所、對讀所等部門。衡鑒堂則是考官校閱試卷與各官辦事的地方。江南貢院「衡鑒堂」的匾額由左宗棠親自書寫。

> 號舍是貢院的主體建築。每間號舍的號板是由兩塊木板組成，每塊一寸八分厚。考生根據需要，來移動號板的位置。使它既可以成為考試用的書桌，亦能成為休息、睡覺之小床。

雍正二年（1724年）開甲辰科，李蘭作為江南鄉試的副主考官，一月來到金陵。江南貢院在兩江總督查弼納指示下，進行了一次擴建與修理。經過六個月的修繕，將號舍增至一萬七千餘間，並將其餘房屋也都修葺一新。鄉試結束之後，李蘭受邀撰寫〈增修貢院碑記〉，勒石立於江南貢院之中，至今仍保存完好。在〈碑記〉中，李蘭提到：「江南貢院四徙而得今所，天順初號舍三千，萬曆中增至八千，康熙年間遞增一萬三千，至今已擴增到一萬七千餘間。」碑記還記載了歷任地方官員修葺貢院的功績，介紹了貢院新舊面貌。

雍正四年（1726年），曾經參加過鄉試「天字鋪士」的韓紹文、李正芬、吳煥章等30多人，在江南貢院內，為時任江寧理事赫勝額立下一塊《頌德碑》。碑文大意為：江寧理事赫勝額（鑲白旗、滿洲人）

9　〈兩江總督查弼納奏報捐俸修建號房折〉（雍正元年五月初六日），中國第一歷史檔案館編《雍正朝滿文朱批奏摺全譯》上，黃山書社1998年版，第120頁；《南京歷代碑裁集成》，第408頁。

在江寧任上，執法公正嚴明，無偏無袒，「權衡滿漢」，「強梁斂跡」，宵小潛蹤，使滿漢民眾安居樂業，地方安寧。雍正三年（1725年），清世宗胤禛表揚說：「官名甚好，特升其為戶部員外郎。」韓紹文等人均表示「我等士民如失瞻依，群黎翹首，實切攀轅之念」。碑立於雍正四年。[10] 類似這樣的貢院碑刻，共有23塊之多，原散落於江南貢院內。1989年建江南貢院歷史陳列館時，加築部分碑座，將此集中排列於明遠樓內外及東西兩側。

這些碑刻的內容記載了江南貢院的歷史、歷代擴建、維修情況以及考官題名等，以及民國期間廢除科舉後，江蘇、安徽兩省分配貢院財產紀實。此外，還有歷代部分皇帝、主考官等人的題名、題詩碑。全部碑刻，不僅是一部完整的江南貢院史書，更是一筆值得驕傲的珍貴遺產，同時也是國內外遊客瞭解中國科舉極為重要的視窗。

乾隆二年（1737年），兩江總督趙宏恩奏稱，江南貢院號舍16300餘間，不敷使用，已購買院東姚家巷緊貼江南貢院院牆的居民房屋，增建1570餘間，「除將窄小舊號及逼近號底者截去外，統計新舊號舍共一萬七千二百零四間。」

> 江南貢院號舍，原共一萬六千三百餘間，年來士子日增，號舍不敷，自應擴充寬展，院東姚家巷有居民房屋緊帖院牆，可以購買，丈勘基地，折方四百餘丈，可建號舍一千五百七十餘間，除將窄小舊號及逼進號底者截去外，統計新舊號舍共一萬七千二百零四間。[11]

10　肖振才，《江南貢院》，北京：當代中國出版社，2007年，第234-235頁。
11　昆岡等撰修，《欽定大清會典事例》卷三四三〈禮部・貢舉・試院關防〉，臺北：新文豐出版公司，1976年。

道光二十四年（1844年），兩江總督璧昌、江蘇學政張芾再次修建江南貢院，除解決雨天積水問題外，又添建500間號舍，拆除重建6100餘間號舍，整修9000餘間通場號舍及其他建築。[12]

由此可見，江南貢院號舍數量，在天順初年為3000間，萬曆年中增至8000間，康熙年間遞增至1300間。在太平天國戰爭前，除辦公用房外，江南貢院有記錄的號舍最大規模為17200餘間。

與此同時，江南貢院號舍規模龐大相關的，則是考官人數特別多。鄉試考官人數是與會試考官人數一樣，達到最多的18名。[13] 在〈欽定科場條例〉中記載：

> 光緒十三年議覆：兩江總督曾國荃等奏，江蘇、安徽不便分期鄉試，請酌增同考員數一摺。查康熙五十二年議准：直隸、江南、浙江鄉試人數倍於他省，應照會試例各用同考官十八人。又，乾隆十八年議減各省房考官案內，將浙江房考官酌減二員，定為十六員，順天、江南房官各十八員，毋庸議減等因各在案。是同考官除會試向用十八員外，其各省鄉試，惟順天系各省士子合考，江南系江蘇、安徽兩省士子合考，故准照會試例用同考官十八員，即浙江人文較盛之區，亦不能與江南一例。[14]

江南鄉試為農曆八月，在這個時期，南京的天氣變化異常。因參

12　南京市文化廣電新聞出版局文物局，《南京歷代碑刻集成》，上海：上海書畫出版社，第421頁。
13　劉海峰，〈江南貢院的保存與演變〉，載《廈門大學學報》（哲學社會科學版），2018年第5期。
14　清・奎潤纂修，李兵、袁建輝點校，《欽定科場條例》卷十〈鄉試考官・直省鄉試同考官・駁案〉，長沙：嶽麓書社，2020年。

考士子所帶衣服有著嚴格的限制，遇上氣候冷熱突變，闈場中的考生其苦難熬。[15] 在清代人諸聯所創作的筆記《明齋小識》中，就記有乾隆五十四年（1789 年）己酉科江南鄉試情況：

> 初八日天氣微涼，人悉兼衣。及明午暴熱，日如火炙，甚於三伏，又旁置紅爐，後疊農被，遂致兩眼昏瞀，氣不能出。至二場以單衣進。十一夜半，大雨忽來，陡然寒冷，體僵齒戰，左右皆作嚌嚌聲，乃向爐熾炭，更取號簾號頂油紙，盡裹於身，四肢猶然顫動。[16]

為了防止考生進入考場後，採取其它方式作弊，清廷還制訂了眾多條規來約束考生和考場官員的行為。如考生通過檢查，必須立即根據卷號進入號舍，不允許在號舍外停留。如果某一字號人滿，立即將此號巷口的柵欄門關閉上鎖，阻止考生走出號巷。對於考官入場後，清廷也有眾多規定。例如，不允許考官私訪學生或與其交談；不允許考官把分閱的朱卷私自帶入自己的房中；不允許外簾官員私閱試卷等等。為了防止考生與考官串通舞弊，甚至連答題中文字的承題、起講等處所用虛字都有明確規定。

二、林則徐三次監臨江南貢院

由於考場規則的不斷完善，乾隆以後較長一段時間內，江南貢院的科舉考場的秩序還是比較正常的。但是，到了道光年間，科場的秩序又開始混亂。清道光十二年（1832 年）六月初八，作為中國近代歷史上，

---

15 周道詳主編，《江南貢院史話》，南京：南京出版社，第 51 頁。
16 清・諸聯，〈明齋小識〉，收錄在《文津閣四庫全書》第二八二冊，子部・雜家類，商務印書館，2005 年。

「虎門銷煙」傑出的民族英雄，林則徐接任江蘇巡撫一職。[17]

這一年正好是壬辰科江南鄉試之年，按照科舉考試常規，該科的監臨官應該由安徽巡撫來擔任。可道光皇帝卻破例，指派林則徐擔任此科江南鄉試的監臨官。於是，林則徐親臨南京江南貢院。這時，距離八月鄉試時間已很近，林則徐經過認真與深入調查，針對當時江南貢院考場的管理、考卷的評閱，以及士子的入場等方面存在的弊端，向朝廷擬寫了一道奏摺——〈請定鄉試同考官校閱章程並預防士子剿襲諸弊疏〉，[18] 對江南貢院鄉試中，所出現的弊端及整頓的方法作了詳細論述。

林則徐曾經前後三次擔任江南貢院監臨官。他大刀闊斧地採取了嚴格篩選考官、制定閱卷章程、嚴懲作弊行為等一系列措施，保證了科場考試選人、用人的公正性。他撰寫的這一奏摺內容，也為我們瞭解江南貢院的考試內幕，提供了鮮活的第一手史料。

（一）內簾存在的問題

（1）同考官人選不當。江南貢院規定設有十八房同考官，每官所在一房，其主要工作是負責閱卷和向主考官薦卷。而同考官多由年老昏庸之人充任。

（2）同考官評卷塞責，常用泛而不切的詞。如「欠精警」、「少出色」之類批語，竟可事先書就，不論什麼文章都以此貶之。定棄於俄頃之間，判升於恍惚之際，對士子極為不負責。

（3）房官爭先薦卷。房官（即同考官）把優等考卷推薦給主考官，這本是應盡之責。但先薦的考卷被主考官看中，房官就會有獎勵；後薦

17　周道祥主編，《江南貢院史話》，南京：南京出版社，第52頁。
18　邵之棠輯，《皇朝經世文統編》卷二十八，內政部二：科舉，臺北：文海出版社，1980年。

者因名額有限往往落空，由此造成房官閱卷馬虎，只顧個別能薦的考卷。

（4）考官只圖應付考期。在《欽定科場條例》中規定，鄉試九月十五日放榜。同考官十八房，分攤一萬五千份考卷，每房批閱八百餘份，其任務極其繁重。從八月十一日開始，到放榜之前，同考官只顧趕早薦完，不顧閱卷品質，常有評卷不公的現象現出。

（5）作弊者得逞。互相抄襲的考卷若在同一房批閱，自然敗露；若不在同一房批閱，同時選中，也會敗露；但若不在同一房批閱，且又是一中一落，那麼無論選中或落選都不會敗露，也就都可以逃脫懲罰；若是兩卷全都落選，便更無人知曉了。以此幸獲者不乏其人。

（二）外簾存在的問題

（1）士子夾帶作弊嚴重。此現象由來已久，屢禁不止。乾隆九年（1744年）甲子科，命親王大臣嚴定搜檢法，得一人賞軍役一金。北闈搜出夾帶四十二人，散去二千餘人。防夾帶措施不嚴。夾帶有三種：文中典故、坊刻小本、分倩多人。《四書》題文全部帶入場中，見題就抄。

（2）入闈秩序混亂。一萬五千名士子要在一夜之間點名入闈，常常做不到。貢院門外擁擠混亂，常有士子跌傷。嘉慶癸酉科（1813年），士子們露宿街頭一夜，直到第二天上午九時才得以進門。由於疲憊已極，有好幾個士子竟昏頭昏腦踏入大門內右側的水池，全部淹死了。

（3）士子場內串通舞弊。有的士子為了互通消息，不按規定的牌號入座，以求代倩。

（4）雇用槍手頂替。頂替就是花錢雇人替考。由於入場在夜間，

考生人數又多，槍手自然容易在黑暗與混亂中進入場內。

（6）考場拖延時日。由於入場耽誤，散場必然拖延，三場考試之間的銜接運轉受到影響。

林則徐初次監臨江南貢院時，還制定了考場規約十二條，要求考生不許夾帶，甚至帶來的乾糧都必須切開，以防作弊。考生進入考場要經過三道門的嚴格檢查。如果前兩道門沒查出問題，而最後一道門發現問題，那麼前兩道門的工作人員將以怠忽職守治罪。作弊考生將示眾，並革除已有的功名。

關於林則徐採用兵法的方式，分三路點名來整頓江南鄉試的業績，「蓋陰以兵法部勒之，事不繁而易舉。」黃鈞宰在《金壺七墨》中有明確記載：

> 江南合兩省為一，與試者多至萬六七千。向因點名擁擠，停止搜檢，竟一晝夜而不能竣事。自林公少穆開藩江寧，分三路點名。先期核計各屬人數多寡，按時刻分配均勻，又刊印章程，隨卷給發，某時某路點某學，一目了然。每屆一時，發炮懸旗，大書三路應點學分，由內而外，以及街衢巷渡，無不周知。蓋陰以兵法部勒之，事不繁而易舉。申酉間即可扃門。場內則謄錄對讀，與夫粥飯夫之類，無不躬自稽察。就號令而親嘗之。故士林洽然感頌。[19]

黃鈞宰是清朝戲劇家和文學家。《金壺七墨》是黃鈞宰出版的一本著名的筆記小說。書中記述了作者遊歷的親見親聞，特別是保存了一些鴉片戰爭的珍貴史料，記錄了黃鈞宰自道光甲午（1834）至同治癸酉

---

19 清・黃鈞宰，《金壺七墨》，上海：上海古籍出版社，2002年。

（1873）四十年間的「耳目聞見，可驚可愕之事」，寫出了他生平「悲歡離合之遭」，具有很強的現實性和文學性。1872 年，首版由上海進步書局印行。

晚年的林則徐，回憶自己三次擔任江南貢院監臨官，曾經「三度棘闈中」的情景，感慨之情油然而生，不禁創作七言律詩一首：

〈寄和李石梧撫部癸卯文闈即事原韻〉其四
秣陵三度棘闈中，猶記朱書押榜紅。
丹桂一枝仍抱月，白蓮千朵早搖風。
只今雪窖孤蹤老，卻聽霓裳舊詠同。
憑枝金天擎砥柱，河聲嶽色古來雄。
壬辰、甲午、乙未，江南文闈，皆餘監臨。

當年，為防止考場內外串聯作弊，江南貢院的外面建有兩道高牆，兩牆之間留有一丈多寬間距，形成一圈環繞貢院的通道。圍牆的四角還建有四座兩丈多高的崗樓，圍牆的外面也留有一圈空地，嚴禁百姓靠近和搭建任何建築，這就是南京著名的貢院街。不僅如此，在鄉試期間，貢院圍牆的內外還佈滿了兵丁，可謂戒備森嚴。又因在貢院內外兩層圍牆的頂端佈滿了帶刺的荊棘，所以貢院又稱作「棘闈」。

這首七律詩充分反映了林則徐雷厲風行的實幹作風，大刀闊斧的改革精神。從這首詩的落款時間，我們可以明確得知，林則徐曾經三次擔任江南貢院監臨官，其年代分別為：1832 年、1834 年和 1835 年。後兩次的時間是目前學術界研究很少，尚未提及的內容。

三、江南貢院：考場與監獄

咸豐三年（1853年），洪秀全率領太平軍佔據江寧省府南京後，推行毀滅偶像政策，導致江寧的學宮、書院等儒學機構被毀甚多。江寧府學在太平軍入城後首先被毀，學宮中的孔子牌位被棄於馬糞堆中。在洪秀全看來，若想在中國社會確立獨尊上帝的局面，就不得不設法消除多神崇拜、偶像崇拜在民間的影響，儘管上帝教與基督教中的「上帝」並不是同一個概念。曾國藩在〈討粵匪檄〉一文中，也指責太平軍「無廟不焚，無像不滅」。

其實，太平軍因大興土木急需大量建材，所以主要是拆毀而非焚毀。[20] 當時就連耄耋老人也被征派來拆廟，故時人歎曰：「蠻呼神道盡妖魔，勝跡名山拆毀多。鞭撲老人升峻屋，龍鍾幾輩見閻羅。」[21] 並有「拆妖廟，樑柱成山儲木料」[22] 一說。在莫愁湖後樓，立有明代中山王徐達塑像也一併被毀。大報恩寺琉璃塔，坐落在城南聚寶門（今中華門）外，係明成祖為紀念其生母興建，九層八面，高80米，全部採用五彩琉璃磚構件建成。明末清初來華的天主教傳教士將之與比薩斜塔等並稱為「世界奇觀」，在西方有很高知名度。太平軍攻城時，在該塔第三層架炮與守城清軍對轟，導致塔身嚴重受損，隨後外壁佛像與內壁神龕俱被毀壞。在太平天國「天京事變」中，由於韋昌輝擔心石達開佔據該塔攻城，故下令將之炸毀。嗣後來訪的洋人慕名而至，常帶走廢墟中的琉璃磚作為紀念。

20　夏春濤，〈太平天國時期南京城的變遷〉，載《太平天國與晚清社會》，北京：北京師範大學出版社，2018年，第32-33頁。
21　〈山曲寄人題壁〉「拆毀聖廟」詩，載《太平天國史料叢編簡輯》第6冊，389頁。
22　馬壽齡，〈金陵癸甲新樂府〉「禁偷竊」詩，載《太平天國》第4冊，735頁。

與此同時，圍攻南京的清軍江南大營對當地名勝也多有破壞。據史料記載，「南京城外有寧國寺，本金陵八景之一，自賊竄擾，又經兵勇盤踞其中，古松數萬株概遭砍伐；其餘寶山勝刹掃地無餘」。[23] 由此可見，在太平天國時期，對於南京城名聖古跡的毀壞，清軍與太平軍都有責任，不能僅指責太平軍的行為。

　　作為六朝古都，南京人文薈萃，文化積澱十分深厚。太平天國為確立上帝信仰，宣佈唯有經洪秀全審訂、由官方刊刻的書籍始准閱讀，將包括孔孟經書在內的，其餘一切書籍斥為「妖書」，下令焚毀，凡買賣藏書者一律問罪。緊接著，太平軍在全城開始大規模搜查、銷毀古書。張集馨在《道咸宦海見聞錄》書中描寫道：「搜得藏書論擔挑，行過廁溷隨手抛，抛之不及以火燒，燒之不及以水澆。讀者斬，收者斬，買者賣者一同斬」。[24] 就是一個真實的寫照。

江南貢院中號舍保存的原因

　　在南京城主要名聖古跡遭到毀壞的同時，作為貢院主體的號舍大多得以倖存，與太平天國亦實行科舉制度有關。在太平天國制定的《欽定士階條例》中，詳細規定了科舉考試的時間、地點、內容、程式、待遇、儀制和開銷等，說明太平天國定都天京後，多次舉行科舉考試，並形成制度。而江南貢院則主要作為太平天國開科取士的考場之用，因此得以保存。

　　1853 年 3 月，太平天國定都南京後，8 月即開科取士。俠名在〈粵逆紀略〉中記載：「八月十二日，楊逆傳令，凡各館書手，均於貢院考

23　張集馨撰，杜春和、張秀清整理，《道咸宦海見聞錄》，北京：中華書局，1981 年，第 172 頁。按：「寧寺」疑為「靈穀寺」之音訛。
24　馬壽齡，〈金陵癸甲新樂府〉「焚妖書」詩，載《太平天國》第 4 冊，735 頁。

試，不從者加以鞭撲。是日即以偽書命題，不拘各體，於是皆寫百餘字以塞責。次日又令再試，仍以偽書命題，限五百字，六韻詩五首。偽官亦有應試者，約三百人。數日放榜，有一、二、三甲名目，狀元、榜眼、探花俱金陵人。十月又試三日，規模與前相類。」[25]並且，太平天國諸王在其生日也曾經開科取士，分別為天試、東試和南試等，並且選拔出狀元、榜眼、探花和傳臚各一人。

李圭在〈會陵兵事匯略〉中記載：「洪逆父子生日俱賜宴，畀以金牌，皆先期逼人入貢院考試，洪逆為正試，東賊則東試，餘仿此。所取偽狀元、榜眼、探花、傳臚各一，偽翰林數十，偽進士倍之。」[26]類似記載還有，謝炳在〈金陵癸甲紀事略〉記載：「賊各偽王生日，先期進貢院考試，……取偽狀元一、偽榜眼一、偽探花一、偽傳臚一、偽翰林百餘、偽進士數百。一甲職同偽指揮，二甲職同偽將軍，三甲職同偽總制。東賊為東試，天賊為天試，餘賊仿此。」[27]張汝南在〈金陵省難紀略〉中記載：「俊字為天朝試院，大門畫龍虎」。[28]因此在太平天國時期，江南貢院的號舍是南京城內為數不多得以倖存，並保留較為完好的古建築群之一。

江南貢院曾經作為監獄

在太平天國時期，江南貢院不僅作為考場，還有其他用途。[29]張汝南在《金陵省難紀略》中還記述道：「貢院號舍平時監囚，至公堂作訊

---

25 俠名，〈粵逆紀略〉，太平天國歷史博物館編，《太平天國史料彙編》，第14冊，鳳凰出版社，2018年版，第6268頁。
26 李圭，〈會陵兵事匯略〉，載《太平天國史料匯璃》第14冊，第6126頁。
27 謝炳，〈金陵癸甲紀事略〉，載《太平天圖史料彙編》第14冊，第6323頁。
28 張汝南，〈金陵省難紀略〉，載《太平天國史料彙編》第14冊，第6396頁。
29 顧建娣，〈咸同年間的江南貢院〉，載《近代史研究》2022年第3期。

囚處」[30]，表明太平天國的囚犯多被關押於江南貢院。在太平天國時期，洪秀全嚴禁剃髮，否則視為「通妖」，這些人也曾被關押於江南貢院。張曉秋在〈粵匪紀略〉中補充道：「搜查失髮剪短者鎖殺，以江南貢院為獄，老幼男女，被害不計其數」[31]。

謝炳在〈金陵癸甲紀事略〉中也證實：「賊又吹號角傳齊城中人等驗發，凡剪髮者盡鎖入貢院。並傳偽令，如各館尚有剪髮之人，不速至貢院，查出即殺。於是各館紛紛送人至貢院，計男子二千餘人，又令女偽官搜各女館……亦搜得二千餘人，（並）幼童數百人，禁於貢院。……偽賊諭凡前剪髮之兄弟姊妹，俱由取保人送至貢院，匿者同罪。於是禁男子於十八房等處，禁女子於兩旁大號筒。每日偽指揮、偽侍衛、偽將軍等輪班刑訊」[32]。再者，太平天國前期嚴禁私藏金銀，違者有罪，均「鎖入貢院」監獄。例如，有一位太平天國的典金官，他帶眾出城，謊稱奉命打先鋒，被守城官搜出各懷金數百，於是稟告東王。謝炳在〈金陵癸甲紀事略〉中還有這樣的記載：「東賊大怒，閉城搜各偽典官衙，凡有金者，鎖入貢院」[33]。

此外，在太平軍入城初期，洪秀全規定南京城內剩餘居民不分老幼，按太平軍軍制，編入男營或女營。男女分開居住，聚集二十餘人為一館，女館不准男子入內，實行軍事化管理。在此期間，貢院或曾做過女館使用。龔又村在《白怡日記》中有這樣的記載：「賊拆城房大半，而試院僅存，因曾作女館也」[34]。

---

30 張汝南，〈金陵省難紀略〉，載《太平天國史料彙編》第 14 冊，第 6396 頁。
31 張曉秋，〈粵匪紀略〉，羅爾綱、王慶成主編，《中國近代史資料叢刊續編·太平天國》第 4 冊，廣西師範大學出版社，2004 年版，第 59 頁。
32 謝炳，〈金陵癸甲紀事略〉，《太平天國史料彙編》第 14 冊，第 6326 頁。
33 謝炳，〈金陵癸甲紀事略〉，《太平天國史料彙編》第 14 冊，第 6328 頁。
34 龔又村，〈白怡日記〉，羅爾綱、王慶成主編，《中國近代史資料叢刊續編·太平天國》第 6 冊，廣西師範大學出版社 2004 年版，第 153 頁。

由此可見，太平天國時期，在太平軍控制下，江南貢院至少有兩個用途：考場、部分用於監獄。其中，號舍、十八房等用於考試之用。在非考試期間，貢院的號舍則用於關押囚犯。其囚犯數量，男女與兒童合計4000多人。「禁男子於十八房等處，禁女子於兩旁大號筒」。至公堂用作審訊囚犯處，而因「登明遠樓，全城在目」，明遠樓則是作為瞭望台，才得以倖存。在太平軍佔據南京之前，江南貢院號舍最大規模為17200餘間。

關於江南貢院倖存號舍問題

2022年6月，中國社會科學院近代史研究所副研究員，顧建娣在《近代史研究》發表論文，她依據多種史料，首次提出江南貢院號舍曾經作為監獄使用，這是十分有意義研究工作，為筆者在本章節寫作提供諸多參考與借鑒內容。但是，美中不足的是，她指出：「太平軍佔據南京期間，江南貢院其他建築幾乎被毀殆盡，而號舍因為用做考場和監獄，倖存約15000間。」[35] 這一資料，僅僅是依據《續纂江寧府志》第5卷中，所提及的一句話：「賊於城內公私毀盡，獨留此為靈光，止萬五千號爾」。筆者認為，這是不嚴謹的表述結論。

我們看一下，時任兩江總督的曾國藩，他在寫給清廷的奏摺中，是如何彙報江南貢院倖存號舍問題。

同治三年（1864年）六月十六日，經過十一年的奮戰，湘軍終於攻克南京。清廷曾詢問曾國藩：貢院是否損壞，應如何修葺？七月十七日，曾國藩專程視察貢院。因此，筆者認為：他得出的資料結論更為準確，否則便有欺君之罪。八月十三日曾國藩復奏，稱貢院至公堂、衡鑒

---

[35] 顧建娣，〈咸同年間的江南貢院〉，載《近代史研究》2022年第3期，第154頁。

堂、明遠樓未經毀壞。號舍一萬六千多間，重新建造的占十分之一，修繕占十分之九。其奏摺原文有關內容摘錄如下：

> 旋據該亥員以要工完竣，繪圖呈驗，臣於九月初一日自安慶起程，初七日舟抵金陵，初九日至貢院查驗工程，所有主考、監臨、提調、監試、房官各屋，謄錄、對讀、彌封、供給各所，新造者十之九，修補者十之一。號舍一萬六千餘間，新造者十之一，葺補者十之九。[36]

另外，在《同治上江兩縣誌》中的記述，也可以補證這一推論。如果江南貢院原有號舍，按照16000餘間計算，「同治六年（1867年）丁卯科增建2800餘間，同治十二年（1873年）癸酉科，再增建號舍2000間，合計共有號舍20646間，號棚編列達295字，號舍之多，天下所罕」。[37] 這個數位是比較符合最後疊加的資料。

因此，筆者認為，依據曾國藩按照清廷的指示，在仔細查驗江南貢院後得出的結論，結合《同治上江兩縣誌》中的記載，太平天國戰爭結束後，江南貢院倖存號舍應該為16000多間，這是比較準確的資料。

四、太平天國對於南京貢院的改造

太平天國舉行的京試仍在原南京貢院舉行。但太平天國不稱其為「貢院」，而是將原有的「辟門籲俊」四字改題為「天朝試院」，大門

---

36 曾國藩，〈江南貢院修復工竣擬即舉行鄉試請簡放考官折〉，同治三年九月十一日，載唐浩明，《唐浩明評點曾國藩奏摺》，濟南：山東人民出版社，2018年，第222頁。

37 清‧莫祥芝、甘紹盤，《同治上江兩縣誌》，南京：南京出版社，2013年，第196頁。

繪畫龍、虎形狀。開考之前，委派司事官員，帶領專人打掃天朝試院房屋與東、西閣文場（原東、西號舍），並裱糊窗戶，擺放桌凳，清潔廚房，及其他各項事務。如需修理房屋、器具，則需由文將帥轉呈天王，後由殿前工部準備工料予以完成。[38]

在考試期間，司事需率領屬員在考場內負責各項雜事。試院內外懸燈結彩，考場內大堂供設香花，正中奉祀耶穌十字架像。總裁需推薦 10 名官員，奏請天王欽派入場，負責考場巡查工作，並襄理場規監督及物品供應等各類雜事。其中，由兩名巡查官專門負責考場大門啟閉工作。大門不許私自開啟，違者以舞弊論處。大門旁邊牆壁上設有一個小窗，只有正總裁的公文、本章等可以由此傳入、傳出，其餘任何人等不得使用。天京五大軍需提前派遣專人負責內外巡查，負責緝拿舞弊人等。

試卷發放與考生住所

京試試卷由「理卷官」專門負責，係從詔命宮中分派 2 人，備辦文卷。試卷各長 1.2 尺，折頁折疊，每折為一開，每開約 1 尺。編列字號後，理卷官將號底簿交給總閱官收存。試卷卷面備有浮簽，逐一填寫考生姓名，繳卷時考生需將其揭下帶走。試卷背面留有餘地，由考生自行書寫姓名，繳卷後例需彌封姓名後才能匯交閱卷官批閱。其所推薦的試卷，一律交由正總裁最後決定是否錄取及取定名次。然後才拆開彌封，確定錄取名冊。武場考生默寫的《武略》試卷，除不必黏貼浮簽和彌封姓名之外，其餘與文場相同，也都由理卷官負責管理。

文武考生到天京之後，文考生入住翰林院，武考生入住講武官處。

---

38 王日根等著，《中國科舉通史·清代卷》，北京：人民出版社，2022 年版，第 456-457 頁。

據《欽定士階條例》記載，將在南京陸續建造考生的專門棲身之所：「擬京都聖地抽出二十一段空間大地，以便二十一省士子進京考試棲身之院，每段橫直約計二十丈。」[39] 根據考生人數，由江蘇省將帥統一撥給生活必需品。

考試當天五更（拂曉）時分，應試考生齊集試院門外，靜候點名。其中已經獲任官職的考生需穿戴相應的官服，沒有任職的考生由官方發給「風帽」，以壯觀瞻。監試官到達後，鳴放數炮，開始點名入場。每名考生發給一份試卷，按照卷面姓名、字號，依次進入東、西閣考場。考生如需飲用茶水，所有木炭、茶壺、茶杯等均由考生自備帶入，出場時亦由考生自行帶出。

考試完畢與事後處理

考生進場完畢，各供給事物隨後運入考場，試院大門隨即封鎖並貼上封條。文場每條號巷均設木柵，以備考生進場後封鎖。柵外各放置有一隻大水缸、兩座炭爐，由各軍派遣年齡小於 15 歲，或者大於 50 歲的 2 名牌尾，負責為柵內考生燒水送茶，準備飯菜。規定「每場每日定於辰刻散給士子等飯菜一次並碗箸等件。午刻散給糕餅一次，酉刻散給燭臺、油燭」[40]。天試武科考試及各省省試、提學試、郡試、縣試、鄉試等均仿照辦理。考試結束後，牌尾將入場前所領腰牌繳回，出貢院後回歸原軍。按照規定，場內閱卷、磨勘等需用到的筆墨、紙張、油印等各類物件，均由考官自己備辦帶入。

每場午刻，巡察官打開柵門進入號內，在考生試卷中段位置加蓋印

39　清・洪仁玕等，《欽定士階條例》，中國史學會編《太平天國》（一），第 562 頁。

40　清・洪仁玕等，《欽定士階條例》，中國史學會編《太平天國》（一），第 557 頁。

章，稱為「真道圖記」，以防考生調換試卷。全場考試中間，僅開此柵門一次。考試結束，柵門與試院大門同時開啟。考生柵門到至公堂，先將試卷上的浮票揭下自行帶回，試卷交給理卷官，再領取出場木牌，到試院大門處繳回木牌，方可出場。所有出場考生不得再進入考場。

五、曾國藩推動江南貢院鄉試與經濟影響

1864 年 7 月，湘軍攻克南京後不久，清廷即有上諭詢問：「貢院有無損壞，應如何修葺之處著曾國藩查明具奏。」面對戰後百廢待興的局面，經歷太平天國運動滌蕩後，隱欲崩潰的傳統儒家體系，曾國藩也感受到恢復儒學道統的迫切需要。「江南北現經蕩平，亟宜振興文教。」[41] 於是，他籌畫重修江南貢院，恢復科舉考試，復興書院，廣開書局等，均為戰後力圖恢復儒家體系、維護傳統禮制的探索與實踐。

曾國藩推動江南貢院鄉試

七月十七日，曾國藩即親自勘探殘存貢院建築，發現至公堂、衡鑒堂、明遠樓等處及號舍等均尚為完好，惟號板全部毀失，監臨、主考、房官等屋及謄錄、對讀、彌封、供給各所片瓦無存。故派員在湖北、安徽等地採辦木料。廣集工匠趕緊興修，冀希望士子雲集，商民亦可漸歸。

其實，當年清廷並沒有指望，克復金陵的當年就舉辦江南鄉試，在曾氏先前的請示報告中曾有明確批示：「如工料一時不能畢集，即緩至來歲補行鄉試，亦無不可。」研究學者唐浩明指出：曾氏堅持要在甲子本年舉行甲子科鄉試，他要以比朝廷更關心江南士人的姿態，來換取江南兩省百姓，尤其是士子們對他的擁戴。當然，也不能無視依靠科舉考

---

41 〈覆陳補行鄉試事宜片〉（同治三年九月十一日），載《曾國藩全集》第 7 冊，嶽麓書社 2011 年版，第 448 頁。

試，而進入上層社會的這位農家子弟尊重考試、關心士人的那份真情實感。

此外，還有一個原因不能忽視，那就是曾氏要借此德政來籠絡兩江士人，希望暖著他們的心，對曾氏及其打下南京的九弟曾國荃感恩戴德；也希望堵住他們的口，儘量不說或少說曾氏兄弟與湘軍集團的壞話。在一百多年前那個民智未開的時代，所謂民意，其實就是士人的心意；籠絡了士人，也就是控制了民意。[42]

早在曾國荃攻進南京城後，首先查看江南貢院，見其大致完好，即倡議於當年舉行鄉試，並「將各偽王府木料查封備用」。[43] 在曾國荃的監督下，重修江南貢院的工程率先開始。該工程分兩部分同時進行：一是由湘軍疏浚秦淮河。避免因秦淮河氾濫，貢院被水影響考試；二是重修被毀損的江南貢院建築。[44] 因江南貢院的「監臨、主考、十八房住處，內提調、內監試、內收掌、謄錄所、對讀所，皆無存者，而餘地甚少」，曾國藩遂「令於後牆外圈入民地若干」，以備將來增建號房之用。

八月，曾國藩下令「撤偽王府材」[45]，後又派員赴鄂、皖等地採辦木料，由記名臬司黃潤昌負責具體修建事務。江南貢院的修復工程計畫花費 4-5 萬金。

不久，因主要工程已完工，黃潤昌繪圖稟報請求驗收。九月初一日，曾國藩自安慶起程，初七日乘船到南京，初九日到貢院查驗工程。他見到所有主考、監臨、提調、監試、房官等官員居住的房屋，謄錄、對讀、

42　唐浩明，《唐浩明評點曾國落奏摺》，山東人民出版社，2018 年，第 225 頁。
43　〈覆陳補行鄉試事宜片〉（同治三年九月十一日），載《曾國藩全集》第 7 冊，嶽麓書社 2011 年版，第 448 頁。
44　顧建娣，〈咸同年間的江南貢院〉，載《中國近代史》2022 年第 3 期。
45　《同治上江兩縣誌》第 11 卷，「考‧建置」，第 1 頁。

彌封、供給等辦公場所,「新造者十分之一,葺補者十分之九。」

曾國藩曾經一段一段地,認真踏勘檢驗江南貢院。他發現貢院中僅號板未全,牌坊及油漆未完工。修繕後的貢院工程堅固材料結實,整個貢院煥然一新。預計大約在九月二十日以前全部竣工。於是,他發文通知各有關部門,貼出告示,定於十一月舉行鄉試。

同時,曾國藩通知江西布政使,抓緊印製江南鄉試「朱、墨卷各一萬八千套,定限十月十五以前委員解赴金陵。」[46] 隨後,曾氏便奏請乙太僕寺卿劉崐為江南鄉試正主考官,翰林院編修平步青為副主考官。並通知李鴻章屆時前來,入闈辦理監臨事務,似於年底舉行鄉試。

劉崐(1808-1888)字玉昆,號韞齋,雲南普洱景東縣人。歷任翰林院編修、內閣學士兼禮部侍郎、湖南學政、順天府尹和湖南巡撫等職,系曾氏的老熟人。咸豐三年,曾氏在長沙籌建湘軍之初,劉崐時任湖南學政,晚年曾主持修繕嶽麓書院。副主考官平步青為翰林院編修。試場總監督李鴻章,時任江蘇巡撫。

第一場為十一月初八(12月6日)入場,考三天;到初十下午,考生開始陸續出場。當時這三天雨雪霏霏,天氣奇冷。考生白天在寒風中冥思苦想,應付考試,夜晚則睡在狹窄而冰冷的號房裡,處境極為艱苦。有年紀大或身體虛弱的考生,則更是難熬之極。據曾氏在日記中記載,他為此焦慮憂悶,在屋外繞行彷徨,舉棋不定,稱:「大雪紛紛,念應試者在闈中寒苦異常,憂灼之至!繞房旁皇,不知何以為計。」[47] 所幸兩日後天氣大晴。作為這次鄉試的最高主持人,曾氏直到初十考生

---

46 〈江南貢院修復工竣擬印舉行鄉試請簡放考官折〉,載《曾國藩全集》第7冊,第450頁。
47 《曾國藩日記》,載《曾國藩全集》第18冊,第109-110頁。

出場時才知道試題。出題的正副主考對試卷保密到如此地步，頗有些令今人吃驚。

據史料記載，此次甲子科江南鄉試，第一場的首題為〈葉公問政二章〉，次題為〈有餘不敢盡〉，三題為〈湯執中立賢無方〉。詩題為〈桂樹冬茶（得「風」字）〉。這裡面包含兩層意思，一為圍繞著「桂樹冬榮」四字作一首五言八韻詩。二為詩要押「風」韻，屬於風韻的字有楓、封、峰、烽、鋒、豐等。

十一日考生再次進場，參加第二場的考試。此場考經文五篇，即從《易》《書》《詩》《春秋》《禮記》五部經書中各取一句話出來做題目，也考三天。十四日考生第三次進場，參加末場考試。此場考試策問五道，這五道題的範圍在經史、時務、政治之中，同樣考三天。

1865年1月12日（當年十二月十五日）鄉試放榜。先天，曾國藩在黎明時即入貢院，上午八點開始寫榜，一直寫到傍晚才將金榜寫完。此科參考者多達18000餘人，錄取正榜273人，副榜48人。第一名為江蘇省江都籍的江壁。[48]

曾國藩在寫給九弟曾國荃（字沅甫，被稱沅弟）的信中，自稱「闈墨極好，為三十年來所未有，主考與副考官均極得意，士子歡欣傳誦。」[49] 曾國藩自己也欣喜萬分，稱「江南闈墨，朝士眾口交推，一時紙貴。複試褒然舉首，列上等者幾二十人，具征衡鑒之精，妙采東南之美」，並令江南中試士子每人發三十金，以便趨程北上。[50] 作為甲子科鄉試監臨，李鴻章亦不禁感慨，共作感賦七律詩四首。在其中一首七律

48　唐浩明，《唐浩明評點曾國藩奏摺》，山東人民出版社，第226-227頁。
49　〈致沅弟〉，載《曾國藩全集》第21冊，第340頁。
50　〈覆劉崑〉，載《曾國藩全集》第28冊，第388頁。

詩中，他以無比慨歎的語氣寫道：「珠斗深宵仍朗照，石城佳氣此重開。人文江表知依舊，竹箭東南蔚異材。」[51] 可見，他此時的欣慰之情。

拉動南京市場經濟復甦

太平天國戰爭過後，南京城市滿目瘡痍。當時，《北華捷報》記者描述南京的慘狀：「像濃密的叢林，而不像一座城市。屋舍已被鏟平。它成為野生動物的極好的棲身所，或許能夠吸引獵手們，卻沒人認為它是一座城市」。[52]

江南貢院恢復科考的消息一經傳出，「兩江人士，聞風鼓舞，流亡旋歸，商賈雲集」。[53] 曾國藩此舉更深層次的原因，在於促進人口流通，帶動市場復興。[54] 據方宗誠在《柏堂師友言行記》中記載：「商賈既集，則錢谷流通，民食漸豐，有力者可以食其力，有藝者可以售其藝，有田宅者可以賃其田宅，流民備足圖其生業矣。況考生或攜土貨，或攜銀米。每人以二十金計之，一萬人即添二十萬金，亦所謂酌盈濟虛也。」[55] 他的分析是按每人20金計算，基本符合實際情況。當年，首場有18000餘人參加，過後有超過2萬多士子前來應考，加上其隨行人員，也算是一次較大規模的人口流動，對於南京市場經濟的復甦起到了一定的效用。

古代科舉時代，無論何人，一旦金榜題名，便成為整個家族的榮耀。

---

51 顧廷龍、戴逸主編，《李鴻章全集》，第37冊《詩文》，合肥：安徽教育出版社2008年，第82頁，同治三年李鴻章監臨入闈，共作感賦七律四首。
52 上海社會科學院歷史研究所，《太平軍在上海：《北華捷報》選譯》，上海人民出版社，1983年，1864年8月6日。
53 〈致撫弟澄弟〉，載《曾國藩全集》第21冊，第340頁。
54 魏星，《太平天國戰後清政府在南京的重建、紀念與敘事》，南京大學博士論文，2018年，第63頁。
55 方宗誠，《柏堂師友言行記》卷三，載《近代中國史料叢刊本》，京華書局鉛印本，民國十五年，第74頁。

士子自身的價值,更是立即起到了由魚化成龍的巨大變化。所以,每一位考生趕考之時,無論其家庭的貧與富,必然會組織起一批族人為其服務。一般來說,一位士子趕考,送考人數少則數人,多則上百人。望族富戶一是為考生壯行助威;二是激發家族中其他子弟的學習熱情;三是順便遊山、玩水尋歡作樂,有時也會越過秦淮河,前往南岸的青樓尋歡。他們的行為在拉升南京旅遊消費的同時,還促進了南京青樓文化的發展。

貧窮考生的族人,則會帶上家鄉的土特產品到南京來變賣,或是至南京打工賣藝賺錢,供考生消費。據史料載:當年南京的居民約25萬戶,以每戶4人計算,約100萬人。[56]由於江南貢院的存在,每到大比拼之年,以2萬名考生計算,每位考生送考10人,則為22萬人。此外,前來南京以文會友的人、旅遊購物的人、打工謀生的人,以及商人小販、考場官員等,估計有50萬人之多。加上常住人口100萬,總計超過150萬人。這些人要吃、要喝、要遊玩、要娛樂,還要購物,也就要有人提供相應的服務,從而促使了南京的教育、醫療、旅遊、餐飲、交通、和運輸等行業的興旺,使經濟空前發展,使南京曾一度成為中國最繁華的都市。為此,江南貢院的設立功不可沒。

江南貢院因有帶行和補中的任務,加之流亡漸歸,其後幾科應試人數有所增加。為應對科考人數的增加,在圍剿捻軍需和善後經費困難的情況下,在《續纂江寧府志》中記載:同治五年(1866年),兩江總督李鴻章收買貢院迤西民宅基地,增建號舍2812間,曰狀元新號,加廁房81所,官房四區加上號舍,總數增至18900餘間。同治八年(1869年),兩江總督馬新貽又購買民宅基地、拓寬街道,在江南貢院外路南

---

56 周道詳主編,《江南貢院史話》,南京:南京出版社,2008年,前言第2頁。

沿河岸迆東建屋 3 所，為提調各官公廨；迆西建屋 5 所，為外供給公廨。同治十二年癸酉科，署兩江總督張樹聲又收買東首民宅基地，增建號舍 2000 餘間。[57] 經過幾次修建，至同治十二年，共有新舊號舍 20646 間。

目前，國內外研究科舉與江南貢院的學者，許多人均認為：「三場考試共九天，吃喝拉撒全在一間約一點三平方米的號房內。」[58] 從上述李鴻章「加廁房 81 所」的記載，以及陳獨秀撰寫的《實庵自傳》中，對於所謂「屎號」的描述，說明這是不符合實際情況的事。

在《同治上江兩縣誌》中也有同樣記載：江南貢院原有號舍 16000 餘間，「同治六年（1867 年）丁卯科增建 2800 餘間，同治十二年（1873 年）癸酉科，再增建號舍 2000 間，合計共有號舍 20646 間，號棚編列達 295 字，號舍之多，天下所罕」。[59]

光緒元年（1875 年）乙亥恩科，雖然恢復正常考試，但沒有帶行和補中的任務，而應試人數竟達 20600 餘人，[60] 與貢院號舍數量相當。光緒五年（1879 年），江南貢院又增建辦公房屋 501 間。此時，江南貢院儼然成為晚清全國規模最大的貢院。

除了推動江南貢院重建事宜之外，曾國藩還親自督促重修江寧府學，這一地方高等教育機構，並為之作記，且刻碑傳之後世，力圖恢復

57　顧建娣，〈咸同年間的江南貢院〉，載《近代史研究》，2022 年第 3 期。
58　唐浩明，《唐浩明評點曾國落奏摺》，濟南：山東人民出版社，2018 年，第 226 頁。
59　清・莫祥芝、甘紹盤，《同治上江兩縣誌》，南京：南京出版社，2013 年，第 196 頁。
60　裕祿等，《監臨安徽遼撫部院裕、督學部院祁為科場點名告示》，國家圖書館古籍館藏，原件無時間。同治十三年九月十一日，此時裕祿升為安徽巡撫，祁世長為安徽學政，任期到光緒二年七月。二人共同主持的江南鄉試只有光緒元年恩科。故該告示應是光緒元年恩科時張貼。

儒家道統在士子民眾心中的崇高地位。為此，他多方籌集專款鉅資，用來修建戰爭中遭到嚴重破壞的江寧學宮、鐘山、尊經、惜陰書院，以及義塾等文教基礎設施。並要求各縣「酌撥田產若干，使寒士各沾實惠」，專供培植學校之事。[61] 與此同時，他努力恢復書院、發展師塾教育，重修各大書院，禮聘名儒為書院院長，延請名師主講開課。

六、陳獨秀眼中的江南貢院

清代是江南貢院最為輝煌的時代，科舉人才輩出。從這裡先後走出了一大批中國歷史上的一流人物。他們中有《西遊記》的作者吳承恩，《儒林外史》的作者吳敬梓，「吳門四才子」之一的唐伯虎，「揚州八怪」之一的鄭板橋，桐城派創始人方苞，明代科學家徐光啟，兩代帝師翁同龢，清末民初實業家、狀元張謇，中國共產黨第一任總書記陳獨秀等等。[62] 清代在江南貢院中舉之後，赴京考中狀元者共有 58 名，占全國狀元總數的一半以上。而袁枚、林則徐、曾國藩、左宗棠等人，曾在先後此擔任鄉試主考官，或主持過監臨等考務工作，對於貢院的建設發展做出過貢獻。

在陳獨秀撰寫的《實庵自傳》中，也有對於江南貢院考場細節的介紹。光緒二十三年（1897 年）七月，在他考中秀才的第二年，便隨哥哥陳慶元等人到南京參加江南鄉試。他們乘坐的輪船上掛著一面小黃旗，上書「奉旨江南鄉試」六個大字，威風凜凜。他們到了南京之後，城內高大的城樓，以及平闊的街道，令陳獨秀大開眼界。

到了八月初七，陳獨秀進入江南貢院參加考試。在《實庵自傳》中，

---

61 〈批文生彭在政等稟歸宮團田為學校之用由〉，載《曾國藩全集》第 13 冊，第 498 頁。
62 李海榮主編，《江南貢院史話》，南京：南京出版社，2008 年，第 108 頁。

他用極其辛辣的筆觸，刻畫了三場九天的考場生活，並為我們提供了眾多考生如何如廁的問題，即在「一條號筒內，總有一兩間空號，便是這一號筒的公共廁所」。請看他描述的具體細節：

> 我背了考籃、書籍、文具、食糧、燒飯的鍋爐和油布，已竭盡了生平的氣力，若不是大哥代我領試卷，我便會在人群中擠死。一進考棚，三魂嚇掉了兩魂半。每條十多丈長的考筒都有幾十或上百個號舍，號舍的大小彷彿現時員警的崗棚，然而要低得多，個子長的站在裡面要低頭彎腰的，這就是那時科舉出身的大老以嘗過「矮屋」滋味自豪的「矮屋」。矮屋裡面七齊八不齊的磚牆，自然裡外都不曾用石灰泥過，裡面蜘蛛網和灰塵是滿滿的，好容易打掃乾淨，坐進去拿一塊板安放在面前，就算是寫字臺，睡起覺來不用說，就得坐在那裡睡。一條號筒內，總有一兩間空號，便是這一號筒的公共廁所，考場的特別名詞叫做「屎號」；考過頭場，如果沒有冤鬼纏身，不曾在考卷上寫出自己的缺德的事，或用了墨水匣潑汙了試卷，被貼出來；二場進去，如果不幸坐位編在「屎號」，三天飽嘗異味，還要被人家議論是幹了虧心的果報。

另外，在這三場九天的考場生活中，眾多考生又是如何解決吃飯問題呢？在《實庵自傳》中，陳獨秀也有詳細的介紹：

> 那一年南京的天氣，到了八月中旬還是奇熱，大家都把帶來的油布掛起來遮住太陽光，號門緊對著高牆，中間只能容一個半人來往的長巷，上面露著一線天，大家掛上油布之後，連這一線天也一線不露了，空氣簡直不通。每人都在對面牆

上掛起燒飯的鍋爐,大家燒起飯來,再加上赤日當空,那條長巷便成了火巷。煮飯做菜我一竅不通,三場九天,總是吃那半生不熟或爛熟的或成團的掛麵。有一件事給我的印象最深,考頭場時,看見徐州大胖子,一條大辮子盤在頭頂上,全身一絲不掛。腳踏一雙破鞋,手捧著試卷,在如火的長巷中走來走去,走著走著,上下大小的腦袋左右搖晃著,拖長著怪聲念著他得意的文章。念到最得意處,用力把大腿一拍,翹起大拇指叫道:「好!今科必中。」[63]

後來,在回憶這段經歷時,陳獨秀在《實庵自傳》中,由此頗為感慨地寫道:

這位「今科必中」的先生,使我看呆了一兩個鐘頭。在這一兩個鐘頭當中,我並非盡看他,乃是由他聯想到所有考生的怪現狀!由這些怪現狀聯想到這般兩足動物得了志,國家和人民如何遭殃;因此,又聯想到所謂掄才大典,簡直是隔幾年把這班猴子狗熊搬出來,開一次動物展覽會;因此又聯想到國家一切制度,恐怕都如此這般毛病。因此又聯想到梁啟超那班人們在《時務報》上說的話是有些道理呀!這便是我由選學妖孽轉變到康梁之最大動機。一兩個鐘頭的冥想,決定了我個人往後幾十年的行動。我此次鄉試,本來很勉強,不料其結果卻對於我意外有益![64]

此次,陳獨秀的南京之行,參加江南鄉試的結果當然是名落孫山。

63　陳獨秀,《實庵自傳》,北京:中華書局,2015 年,第 80-81 頁。
64　陳獨秀,《實庵自傳》,北京:中華書局,2015 年,第 81 頁。

然而，在江南貢院考場中，他的所見所聞和深思冥想，是他二十多年後成為中國新文化運動的領袖，中國共產黨創始人之一的歷史起點。

晚年的陳獨秀，輾轉來到四川江津定居，著力於文字音韻學研究，《小學識字教本》便是陳獨秀最具代表性的語言學著作。這部專著以陳獨秀在南京獄中所作的《識字初階》為基礎撰寫而成，是陳獨秀「出了研究室就入監獄，出了監獄就入研究室」的具體體現。然而不幸的是其命運多舛，陳獨秀「不及見寫印之蕆事」便遽然西歸。

目前，當年國立編譯館的油印本《小學識字教本》（上、下冊），保存在南京圖書館。尤為珍貴的是，其中之一是陳獨秀親手校對的，經臺靜農、莊嚴遞藏，為存世孤本。[65] 這一新發現不僅具有很高的文物價值，也頗有學術研究意義。

近年來，隨著社會各界對陳獨秀更加深入全面的研究，《小學識字教本》也成為研究的熱點之一。但是一直以來，學界都認為國立編譯館當時油印了五十部《小學識字教本》。據學者韓梅研究：在陳獨秀去世前，油印本已經開印，去世時尚未完工。他額外索要的二十部想必不會加印。最終，國立編譯館印刷了三十部油印稿是可信的。

65　韓梅，〈遺珠重現——記陳獨秀「小學識字教本」手校稿〉，《江淮文史》2023 年第 6 期。

第八章：晚清上海與太平天國

　　上海建縣的時間始於元朝，而建立鎮的時間則始於宋朝。[1] 在宋元時期的上海縣，歸屬松江府。松江府所管轄的地域，相當舊吳淞江以南，今上海市市區及南匯、浦東新區中南部、青浦區東部等地。清朝雍正三年（1725 年），上海縣又分置南匯縣，嘉慶十年（1805 年）再分縣地及南匯縣、川沙廳，縣境面積漸小。1927 年，國民政府首次設立上海特別市；1949 年，中華人民共和國成立後明確為中央直轄市。

　　早在 1800 年的議會演講中，號稱「日不落帝國」的資本主義國家英國，就瞄上了中國這塊肥肉。他們根據到過中國來的商人、記者和官員們的報告，先是稱舟山群島中最大的島嶼，定海（現為舟山市定海區）是中國中部最好的港口建設地。隨著懷有殖民意圖的各種各樣的英國人來得越來越多，他們很快發現，上海是一塊神奇的寶地，是一個得天獨

---

[1] 根據上海《新民晚報》2018 年 1 月 18 日、19 日報導，依據最新發現的文史資料，上海建鎮於 1074 年，即宋神宗熙寧七年。這一確認，使得上海建鎮歷史多了 200 年。

厚的寶港。[2]

　　1843年11月17日，根據《南京條約》和《五口通商章程》的規定，上海正式開埠。自開埠以來，上海由原來的移民社會演化為華洋雜居、五方雲集的城鎮，來自各地各階層的人群，居住在上海。晚清的上海以商興市，在上海人口中，南來北往的商人和水手占很大比重。上海開埠以後，從全國來到上海客商更多，有不少人還在上海定居下來。其中，以廣東籍、福建籍人士居多。

一、小刀會起義與太平天國

　　1853年9月初，正當清廷組織江南大營，圍攻天京劍拔弩張之際，在江南大營後方的財餉之地，上海爆發了小刀會起義。這次起義，後來寫進了中學歷史書，並被稱為是一場反帝、反封建，以及近代中國所發生的第一次反對外國資本主義侵略的起義。小刀會成員每人都身藏小刀一把，長一尺七寸，以為記號。還有布一方，以作腰憑，上書有「虎」字偏旁的五字。[3]

　　上海小刀會是一個各幫會結合的群體組織，也是南方天地會的一個分支。基本成員不是農民和傳統的手工業者，而是城市貧民、商人和個體勞動者，包括受海外文化影響的市民，以及與洋行洋商有關係的社會中下層人士，為了與清王朝上海當局的獨裁專制對抗，都走到一起來了。

　　小刀會起義的主體成員，是來自上海本地、廣東、福建和寧波的天

2　葉辛，《上海傳：葉辛眼中的上海》，北京：新星出版社，2018年，第6頁。
3　盛巽昌，《寶說太平天國》（增訂本），上海：上海書店出版社，2023年，第281-282頁。

地會成員，他們以籍貫結合，互依互存，以鄉緣、業緣和血緣半血緣結成有幫會性質的會館、同鄉會。他們的職業和社會生活，依賴於十里洋場更甚於民間商場，這也導致他們對洋行、洋商認識不清，易產生妥協。

自從潘起亮殺死南江知縣袁祖惠，裏起紅巾起事始，小刀會就建立了臨時軍事機構。潘起亮是南京人，曾在彭浦創立民間秘密社團「廟幫」，後與「塘橋幫」合併，組成「百龍黨」。1853年初，「百龍黨」併入小刀會，潘起亮與劉麗川等領導武裝反清起義，並成為小刀會的主要領導人。

小刀會第一首領是劉麗川，被稱為「大明國統理政教招討大元帥」，潘起亮為飛虎將軍。此外還有「參贊大臣」、「隨營參贊」、「參謀」、「先鋒」等，名目繁多、蕪雜，極顯天地會抄錄章回小說官制特色。參加者都分別代表本幫、本派在機構中謀求一席。如劉麗川是廣東香山幫，李紹熙是廣東嘉應幫，李咸池、林阿福和陳阿林是福建同安幫，潘起亮是上海本幫（百龍黨），徐耀是來自嘉定南翔的天地會成員。其中，福建同安幫是上海小刀會實力最強、人數最多的一支武裝。

劉麗川（1820-1855）是廣東香山（中山）人，也稱為潮州人，農民出身，後經商，略知醫道。他在香港參加天地會，1845年任香港天地會首領，1849年販糖來上海後從事糖業捐客、絲茶夥計。他會英語，當過洋人通事。因他與時任上海道台吳健彰是同鄉，當吳健彰未做官之前，為商時的帳房先生。他具有一定的組織才能，因此在寓滬廣東人中很有號召力。美國傳教士羅孝全在小刀會起事後拜訪他，說他是個「身體瘦弱，容貌蒼白的吸煙者」。吸煙，指的就是抽鴉片煙。

小刀會起義建國，並不自稱為王，原因是他們一開始便自視為太平天國的一部分。劉麗川曾致信太平天國，自稱「未受職臣」，希望取得

太平天國的承認和支持。

　　1853 年 9 月 7 日，劉麗川自稱「太平天國招討大元帥」，並發佈了一份告示。在這份告示中，劉麗川揭露清朝諸多罪行，宣告起義目的，要求市民安心生活，照舊營業，並宣佈了一系列政策。同時，這份告示還揭露了清朝的黑暗政治，以及目前民族壓迫，吏治腐敗，民不聊生的現狀。另外，他還宣佈了起義軍的紀律，其風格近於楊秀清的〈奉天討胡檄〉，而文采略勝。

　　關於小刀會起義與太平天國之間的關係，一直以來是學術界所關心的問題。2010 年，朱從兵綜合、分析了以往國內外學術界研究的成果，出版了研究專著，並提出他的自己的觀點。朱從兵認為：太平天國認真權衡小刀會要求的利害得失，感到實行其一貫的政策，即要求小刀會前來歸附，似乎是明智的選擇。為了小刀會能夠順利地前來歸附，給予他們一定的軍事配合或戰術策應，那可能是在太平天國政策允許的範圍內。[4]

　　美國著名學者馬士（H.B.Morse）在《中華帝國對外關係史》中記載：

> 這些小刀會的人們聲稱他們和南京的太平領袖們有聯繫，並且希望從那裡得到支持；但是天王在十一月裡派了一個委員來調查他們的這種說法，並於接到報告之後，發表了一項聲明，斥責他們的「不道德習慣和惡劣嗜好」，拒絕承認他們是他的信徒。天王本可以輕而易舉地就取得上海作為一個沿海基地；但是他的北路軍隊已越過黃河，而他的軍事才幹，是否偉大到能使他向北和向東同時進行軍事行動，卻是不無

---

[4] 朱從兵，《上海小刀會與太平天國關係重考》，天津：天津古籍出版社，2010 年，第 77-78 頁。

可疑的。[5]

　　1853年12月17日，《北華捷報》發表了一篇麥都思的通訊，報導他於12月14日下午，在上海城內的一個倫敦會禮拜堂講道時，得到了一個自稱是「廣西人」的「太平王的信徒」的支持。這個人當時宣講了崇拜上帝、剷除偶像崇拜的道理，譴責小刀會的「各種壞習慣，尤其是吸食鴉片」。麥都思認為：「從他的語氣，和時常引證太平天國各種天書看來，他對於書中的信條是很熟悉的，並受過這個教派徹底的訓練。若不是長期追隨太平軍，一個中國人是不會講出這些話來的。」[6]

　　筆者認為，洪秀全一貫厭惡鴉片。按照之前美國傳教士羅孝全的描述，劉麗川是一個「身體瘦弱，容貌蒼白的吸煙者」。太平天國派到上海的委員提交調查的報告，不能使洪秀全滿意。因此，洪秀全發表了聲明，拒絕承認小刀會是他的信徒。但是，從擴大太平天國軍事力量的角度，洪秀全希望小刀會前來歸附，並對其成員進行改造，應該是比較切合實際的選擇。從後來小刀會起義失敗，潘起亮帶領小刀會餘部逃往鎮江，加入太平天國，也驗證了這一種推測結果。

　　從9月5日到17日，在不到半個月的時間，小刀會連克嘉定、上海、寶山、南匯、川沙、青浦五縣一廳，所向披靡，無往不勝。9月下旬，劉麗川已並使用太平天國的年號。起義軍紀律嚴明，令行禁止，不亂殺，不亂搶，不姦淫婦女。所以，小刀會佔領上海縣城以後，社會秩序良好。

　　與此同時，清朝政府急忙從圍攻太平天國的江南大營，抽調部分清

5　〔美〕馬士（H.B.Morae）著，張匯文、姚曾廙等合譯，《中華帝國對外關係史》（第一卷），上海：上海書店出版社，2000年版，第514-515頁。
6　上海社會科學院歷史研究所，《太平軍在上海：《北華捷報》選譯》，上海：上海人民出版社，1983年，《麥都思通訊》1853年12月17日，第96頁。

軍及其它地方武裝，由大營幫辦、署理江蘇巡撫許乃釗率領，趕赴上海鎮壓小刀會。

1853年9月22日，清軍攻佔嘉定，周立春被俘犧牲，其女周秀英和徐耀率領部分起義軍轉入上海。至9月底，周圍各縣相繼失陷。起義軍在上海堅守抗敵，曾宣佈豁免三年賦稅錢糧，並鑄造貨幣，發展商業，保證糧食供應，打擊高利貸，得到上海人民的擁護。

小刀會領袖對英美法等國領事們表示友好，處處退讓，這些名為「中立」的洋人，都是既得利益者，英美稍有收斂，但法國軍隊卻幫助清軍攻打小刀會；他們曾聲稱對局勢保持「中立」。但為維護在華利益和威脅清政府。1854年4月，英美駐軍襲擊了上海城內的清軍營盤。7月，清政府任命吉爾杭阿為江蘇巡撫。於是，吉爾杭阿指派蘇松太道台吳健彰與英、美、法當局談判，以出賣上海海關和租界主權，換取它們的支持。

從此，上海海關開始由英、美、法三國委派的「稅務司」共管，上海租界建立了，獨立於中國行政系統和法律制度以外的統治機構。早在小刀會起義不久，外國勢力與清軍即在上海城北建築圍牆，以隔斷城內起義軍與外界的聯繫。

1854年12月14日，法國艦隊司令辣厄爾向小刀會宣戰。1855年1月6日，法艦隊司令辣厄爾率領法軍與清軍配合，用炮轟開城牆，清軍攻進縣城，史稱「北門之戰」。

除夕，在江寧知縣劉存厚攻破縣城時，清軍湧入上海縣，1855年2月17日（正月初一），小刀會彈盡糧絕。除夕之夜，小刀會各幫派分路突圍，但步調很不一致，劉麗川、潘起亮分別率眾西走，劉麗川率數百人至虹橋，在引渡時被民團發現，引來清軍追趕，在抗擊中戰死。潘

起亮率數十人西走，因能操吳語和南京方言，得以瞞過關卡，直至鎮江太平天國區域，投入時為指揮的李世賢麾下，據他後來出任的官級，可能即授予總制、監軍級。

小刀會成員後來的去向為：劉麗川率眾突圍，次日到虹橋附近力戰，被江蘇提督虎嵩林殺死；周秀英、徐耀等相繼犧牲。潘起亮帶領小刀會餘部逃往鎮江，加入太平天國；陳阿林突圍逃出後，搭船到香港，後轉南洋經商。其它突圍殘部流散各地，繼續參加反清鬥爭。上海小刀會起義至此即告失敗。

二、太平軍首次進攻上海

自 1843 年開埠之後，上海很快成為中國第一貿易大港，因此成為吸引太平軍前往的一個重要原因。這裡有繁盛的口岸貿易和眾多的商行，意味著大宗稅源以及與外國交往的可能。太平軍曾經先後有八次進攻上海和周邊城鎮，僅李秀成本人就曾經三次親臨前線。他們進攻上海、佔領上海的目的，是要有個出海口，購買二十只火輪裝備水師，掌握長江制水權，也是為控制、爭奪天京上游的戰略需要做準備。[7]

作為列強在華經濟活動的中心，上海的重要性無可替代，因此當太平軍逼近時，他們就破門而出，直接與太平軍兵戈相見，「藉以弭平一切叛亂活動，進而保衛上海。抵抗任何攻擊。」[8]此前，法國早就有軍事部署。據 1859 年增兵上海的法軍軍官瓦蘭・保羅記述：

---

7 盛巽昌，《實說太平天國》（增訂本），上海：上海書店出版社，2023 年，第 479 頁。

8 上海社會科學院歷史研究所，《太平軍在上海：《北華捷報》選譯》，上海：上海人民出版社，1983 年版，第 86 頁。

為了在以後能夠更好地保衛上海，以應對各種意想不到的情況，我們將上海郊外的一段街區全部燒毀。這段街區位於設有防禦工事的城市和歐洲國家的租界之間。[9]

1860年6月，李秀成軍佔領蘇州時，也引起了上海英國殖民當局注意，他們急切想知道，太平天國「此時對外國人和基督教的感情和意見」，於是由英國倫敦佈道會派到上海的牧師，艾約瑟（Joseph Edkins）和同伴四人赴蘇州去拜會李秀成。

太平軍在攻佔蘇州後僅幾天，李秀成就派出兩支偏師，一支由後軍主將陳坤書率領的殿後軍南下，經吳江攻取嘉興；另一支由陸順得率領的，南破愾軍帶領1500人東進嘉定和松江，直指上海。

當時英國駐華公使文翰，很想通過某些聰明傳教士以宣傳基督教的形式，達到順利通商的目的。他指派艾約瑟在蘇州見到李秀成。

在六聲禮炮、擊鼓敲鐘之響聲中，李秀成在他的忠王府迎接艾約瑟一行。在允許不行跪拜禮、只脫帽作一鞠躬後，他們在忠王右邊站立，左面是一排高級部屬。侍衛們都穿戴紅黃色的絲質袍帽，只有李秀成一人高坐。據艾約瑟後來在《訪問蘇州的太平軍》書中回憶：「忠王生得短小精悍，約有三十七歲，戴一副大框眼鏡」，「穿著金黃色的繡龍緞袍，戴一頂金質的帽子，帽子四角飾有四片金葉子，下垂到雙肩，每片金葉尖端更鑲上一粒大的珍珠。」[10]

李秀成和艾約瑟等談到上帝和天王。艾約瑟介紹：「忠王千歲，我

---

9 〔法〕瓦蘭・保羅著，孫一先等譯，許鈞校，《遠征中國》，北京：中西書局2011年版，第106頁。
10 艾約瑟著，王崇武譯，〈訪問蘇州的太平軍〉，載《歷史教學》1953年第1-2期。

們是英國人，來自上海，聽說你們的宗教和我們一樣，也是基督教，我們敬禮天父，也正與你們相同，所以我們前來請教一番。」

李秀成說：「那麼，顯然貴國也像我們一樣，信仰耶穌救世主。我們是同一宗教，我們是弟兄。現在清朝已到末日了，天朝已佔有半壁江山。蘇州這城市最近才攻下，現在還沒有建立教堂，否則你們可以和我們一道去教堂，參加我們的禮拜。」對於李秀成宣傳洪秀全的基督教教義，艾約瑟自然不感興趣，但他的目的和意願還是達到了。

於是，艾約瑟回應道：「英國商人極願在嘉興、南潯等地買到即將上市的新絲。這些地方，現在正是天朝的勢力範圍。如果在這帶地方經商不被阻撓，並在天朝的安排之下，能夠繼續，這對本地人和外國人都很有好處，我們將對天朝感到高度的滿意。」

李秀成欣然同意，雙方談得相當歡洽。一個月後，艾約瑟有書信與李秀成。李秀成對天京的洪仁玕說了，洪仁玕趕到蘇州，盼望與艾約瑟面晤。

7月21日，洪仁玕有書信致艾約瑟，約他來蘇州敘舊，他們六年前曾在上海相識；翌日，李秀成致信艾約瑟、楊篤信，告之干王洪仁玕要來蘇州，與他們定議一切，請速趕來相晤。幾天後，李秀成因青浦前線軍情緊急趕往前線。8月2日，艾約瑟、楊篤信來到蘇州，當天就與穿著華貴的長袍和戴著繡金王冠的洪仁玕會晤。翌日再次會晤。雙方的談話內容都是基督教傳播。洪仁玕被外國牧師稱之為知識淵博、見解正確。他們盼望洪仁玕在太平天國軍民中盡力傳播真正的基督教，改正現有的錯誤。洪仁玕表示，他是心有餘而力不足，因此希望能從上海邀請許多傳教士往天京佈道講經。他還介紹，天王是一個很虔誠的教徒。《聖經》和《天路歷程》是他愛好的兩本書。

李秀成和艾約瑟談話提到了美國傳教士羅孝全，還說天王很想念他的老朋友。羅孝全也很想來天京。

9月13日，羅孝全從上海來到蘇州，受到李秀成會見。他在蘇州住了十幾天，被護送到天京。他對洪仁玕說：來天京目的是傳佈包含在《新約》中的基督福音。洪秀全當然非常歡迎，封羅孝全為接天義通事官領袖，即首席翻譯官，授予總理外國商人事務，並參與會審外人犯罪案件。命令眾人都要尊敬他，因為天父說過「羅孝全是一個好人」。

洪秀全還親書賜給羅孝全詔書，詔書要他承認自己上過天，承認天國在人間，上帝的天國天堂，就是太平天國、天京、天朝，承認「爺（上帝）、哥（耶穌）、朕（洪秀全自稱）、幼（洪秀全兒子，幼主洪天貴福）同禦世（共同治理世界）」。以後洪秀全屢次給羅孝全詔書，都是解說這些洪秀全創造的拜上帝獨特教義。他要羅孝全按照他的編造，勸教西洋眾弟妹、眾使徒、眾臣民皈依此新信仰。羅孝全完全失望了。

艾約瑟等人來蘇州訪問，用客套語言說及歡迎李秀成赴上海，又假以宣揚基督教為名、與太平天國講友誼，拉關係。李秀成卻誤會了，以為他們信仰基督教，是與太平天國共同禮拜天父上帝、天兄耶穌，更以為他們是信使，是代表本國政府前來協商的。當他在青浦大勝，重取松江後，他表現得相當樂觀、相當幼稚，坦然抱著與「洋兄弟」磋商親善而來，由「洋兄弟」接應進入上海。

1860年8月初，李秀成軍從蘇州出發，沿途經過青浦、松江、泗涇、七寶和虹橋等地，再至徐家匯，並在鎮上設立司令部。他頭戴王冠身披黃龍繡袍，瀟灑自如，對本地居民相當客氣，不須回避。居民見他是誠惶誠恐地做禮拜，表示驚詫，問我們敬奉上帝，難道王爺也敬奉。李秀成笑而不語。

8月16日，〈英國駐滬陸海軍提督通告〉聲稱：「上海縣城及外人居留地，已由英法兩國聯軍實行軍事佔領，因此警告一切人等，倘有武裝隊伍攻擊或趨近聯軍防地者，當視為敵對聯軍行動之開始，將遭受斷然之對付。」[11]兩天後，李秀成致書英、美、法駐華公使，聲明太平軍兵到上海，不擾外人，請懸掛黃旗，以傳識別。當太平軍逼近上海時，他再次致書英國駐滬領事：「我們需要上海，因為我們尚沒有能夠置備日用品和軍需品的港口，這些物資將確保我們成功實行對我們國家的敵人的打擊」並強調「我們並不請求你們為我們而戰，我們只是懇求你們站在一邊保持中立」。[12]李秀成在上海似乎沒有伏線，也沒有派出耳目偵察，相當盲目，他不知道內應的廣勇已被屠殺，更不知道外國殖民當局已應邀從租界出兵，登上了上海城樓，架起了火炮，枕戈以待。

　　8月18日清晨，李秀成在徐家匯天主教堂做完彌撒之後，就冒著狂風暴雨，向上海縣城進攻。沿途在羅家灣（今上海盧灣區）擊潰了清軍一支地方部隊，順利貼近西門和南門時，見到城樓上的米字英國旗和三色法國旗在招展，還以為是在迎接呢！不料，迎來的竟是密集如雨的槍彈。太平軍毫無戒備，死亡300餘人。[13]但是，他們沒有反擊，便自動撤退。

　　停泊在黃浦江上的英國兵艦，還用三角法測得李秀成黃緞大轎所存的準確位置，用火炮射擊，致使他的臉部中彈片受了輕傷，此後有段時間李秀成連喉嚨發音也受到影響。李秀成不知所措，沒有反擊就撤出了戰場，回到徐家匯。

11　〈英國議會文書中有關太平天國的史料〉，載《太平天國》（中國近代史資料叢刊續編）第10冊，第111頁。
12　〔英〕麥高溫著，朱濤等譯，《中國人生活的明與暗》，北京：中華書局2006年版，第313頁。
13　戴鞍鋼，《晚清史》，上海：復旦大學出版社，2020年版，第65頁。

後來，他致書英、美、葡各國領事，譴責不守中立，又痛斥法國失信，稱是法國上海當局派人到蘇州約同進攻上海。並說此次親赴上海，是在與各國商定條約；彼此都是上帝信徒，此次當出自誤會，盼望仍能保持友好關係云云。

　　8月23日，就在李秀成撤回徐家匯這天，北方戰火正濃。英法聯軍在攻佔大沽口北岸炮臺後，佔領了天津。李秀成不知道。

　　翌日，李秀成虛插旗幟，紮草為人，撤出徐家匯，因嘉興告急，取道南向，自動從上海撤兵，救援嘉興去了。因此，他開始認識到外國殖民者的真實嘴臉，並通過戰爭實踐，也逐步感悟到要改造軍器，使用洋人的槍炮。此後，李秀成的部隊也不斷強化武裝，建立自己的兵工廠，禮遇前來投奔的洋兵、洋將，由他們訓練、教導將士掌握新式火器。這就是近年史學界某些學者讚揚的太平天國也搞近代化的一個重要史據。

　　英國人就是在這時來到蘇州投效李秀成的。呤唎曾經是英國軍官，懂得鑄造炮彈、製造信線和炮位瞄準的全過程；後來還帶炮隊隨征，為李秀成軍訓練洋炮軍官，曾一度在天京教練將士炮術和操練一種中西混合的陣法。據他自稱還參加過守衛天京的炮臺，接受了相當於「上校（聯隊長）」軍銜的太平天國官階。

　　此後，呤唎多年跟隨李秀成，對李秀成很是敬仰。他學過肖像畫，還為李秀成和太平天國留下不少群像，惟妙惟肖。他在天京時候似乎並沒有見過洪秀全，因而其書中所描繪的天王晚年的全身立像：瘦弱、蓄鬚、五短身材，乃是僅憑傳說和想像的寫真，與通常所記述的洪秀全高大魁梧、不蓄鬚不全相同。在他後來所寫的文學色彩濃厚，並帶有西方傳奇味的《太平天國》（中譯名為《太平天國革命親歷記》）裡，並沒有記錄會唔過洪秀全，或被洪秀全委任做什麼官。

三、太平軍第二次攻打上海

　　1861年12月，太平軍包圍和佔領了杭州，這是太平天國再次佔領浙江省城。杭州克復，攻打上海便提到議事日程上來了。這時，代替洪秀全與英人談判的蒙時雍所承諾的，太平天國本年不進攻上海、吳淞一百里以內地區的約定已到期了，儘管英國殖民者又提出無限期的不進攻上海、吳淞地區的無理要求，洪秀全再不作理睬，命令太平軍向上海進軍，在杭州的李秀成當即雄氣勃勃，做出了向上海進軍的部署。

　　蒙時雍，其父是太平天國元老——贊王蒙得恩。他在小時候便參加了金田起義。1861年3月，蒙時雍作為太平天國的代表與英國進行了談判。5月，其父蒙得恩病死後，繼承為贊王，與洪仁玕同理朝政。1864年天京陷落後，蒙時雍逃往廣東，是太平天國滅亡後倖存者之一。

　　1862年1月7日，李秀成向上海松江人民、清朝兵勇及上海諸外國人等發出一份諄諭，原文如下：

> 真天命太平天國九門禦林忠義宿衛軍忠王李，諄諭尚海、松江人民、清朝兵勇，各宜去逆歸順，同沐天恩，毋得自取滅亡事：
>
> 照得伐暴安民，固宜逆誅而順撫；而開疆拓土，尤宜柔遠而懷來。緣念本藩自去冬恭承簡命，統師上游江、楚，復由江、楚班師而進口浙省。凡所經過之地，其於投誠之百姓則撫之安之，其於歸降之勇目則爵之祿之，無不在在仰體上天好生之德，我主愛將重士之心，而戡亂治平，招降納眾，諒爾一帶人民亦所深知而灼見也。
>
> 茲因東南輿圖附近歸我版籍，而惟有尚海逼處此，乃我必收

之地，而為蘇、浙之屏藩，將特分師五路，水陸並進，而進攻尚海、松江，恐爾人民驚恐，惶惶如喪家之犬而窮無所歸，為是特頒諄諭，先行令人前來張貼。仰爾尚海、松江一帶人民兵勇知悉。爾等試看我師一路而來，撫恤各處投誠之人，著即放膽，亦照該等急早就之如日月，歸之如流水，自當於純良之百姓加意撫安，其於歸降之兵勇留營效用。至於在尚海貿易之洋商，去歲已成約，各宜自愛，兩不相擾。自諭之後，倘不遵我王化，而轉助逆為惡，相與我師抗敵，則是飛蛾撲火，自取滅亡，無怪本藩師到而大肆殺戮之威，有傷天地之和也。其宜凜遵毋違！[14]

太平天國辛酉十一年十一月二十八日

1862年1月，李秀成在杭州策劃，兵分五路向上海、松江進攻。他的戰略意圖是東西兩面夾攻，鉗制上海。

西路：逢天義、劉肇均率軍二千人由蘇州，至嘉定，攻打吳淞；

西南路：青浦太平軍攻打松江；

南路：嘉興太平軍北上，攻打松江、泗涇；

南路：太平軍北上，攻打松江廣富林；

東南路：由忠衛宿衛軍主將健天義、譚紹光和李容發等人率領，忠義宿衛軍和扶朝天軍全軍，由杭州沿杭州灣海塘攻取金山衛、奉賢等地。

---

14 盛巽昌，《實說太平天國》（增訂本），上海書店出版社，2023年，第449-450頁。

這次李秀成組織進攻上海，號稱軍分五路同時挺進。其中東南路是主攻部隊。主攻部隊擁有幾萬人眾，骨幹就是扶朝天軍。

李秀成熟讀三國故事，其行軍作戰的謀略很多就以《三國演義》為藍本。因此有人說，他是抄襲《三國演義》，書中的劉備死後，曹丕聽從司馬懿之計，以五路出兵進攻蜀漢，使對方首尾不能相顧、處處挨打的方案。此也算是一說吧。

但是，說是五路，主力也就是出自杭州的一路，即原有譚紹光參加，現由李容發率領的扶朝天軍。當時軍至松江，李秀成要趕回蘇州過年，也有說是因聽說主持蘇州的護王陳坤書把本城搞亂了，大擾人心，或是要回去處理徐佩瑗叛亂集團事，途中就趕回去了。由忠二殿下李容發主持向浦東進軍。

這年冬天，氣候特冷。連續五天，大雪紛飛，積雪深達尺許，太平軍將士踏雪行軍，一路凱歌，佔領黃浦江東岸金山、奉賢、南匯等所有縣鎮和鄉村。本地民眾踴躍參軍，僅高橋附近據稱就有五千人，武器不足，就在竹竿上裝鐵矛頭充當武器；缺乏標誌，就取婦女所著紅褲、紅衫纏紮為頭巾。

來自西路蘇州的太平軍，一直打到了黃浦江西岸，兩軍隔江相望。從外灘的英國領事館樓臺上，可以清楚地看到兩岸太平天國軍飄揚的黃旗。

在上海防守方面，1861年12月12日，清廷上海道台吳煦與英國領事麥華陀、法國領事愛棠、上海外人志願兵司令韋伯（E.Webb）等，在英國領事館會商上海防務，並成立了由吳雲、應寶時、潘曾瑋、顧文彬等主持的「上海會防局」，針對太平軍五路進攻上海，和英法殖民當局、軍隊成員商議防禦措施，並做出了《防剿事宜》。還決定美國、英

國租界，北門及其附近城牆由英軍防守，法國租界、上海縣城及董家渡近郊由法軍防守。當時，上海英國殖民軍有六百五十人，法軍九百人，不久英軍一個連及一隊炮兵由天津前來增援。美國因國內爆發南北戰爭，無兵可調。至此，清廷「借師助剿」已成事實。

英法殖民當局又一次與華爾洋槍隊聯手，向太平軍進行反撲。華爾自去年受傷回國治癒後，率洋槍隊駐紮松江，為取得英國殖民當局和軍隊合作和支援，不再搜羅英國逃兵、爛水手、流氓，而採取以外國人當軍官，雇傭中國人當兵，在太平軍五路進軍時，他就帶著二百名馬尼拉兵和八百名步兵，進犯松江附近的廣富林。廣富林是太平軍從西南進攻上海的前哨基地，有駐軍七千名，築有四座堅固的堡壘。戰鬥從清晨打到中午，長達七個小時。期間清軍李恒嵩等二千人馬亦來助陣。太平軍武器低劣，很多仍是長矛竹槍，在洋槍隊新型槍炮進攻下敗下陣來，四個堅固堡壘全毀，戰死九百人，被俘七百人，餘部退走青浦，廣富林失守。

二十天後，十萬太平軍組織反攻，廣富林爭奪戰又起。華爾將五百名洋槍隊分成五個小隊圍攻，太平軍敗退。

洋槍隊連勝後，規模已大有擴充，擁有編制為六個團，三個炮隊，共五千人。英國殖民軍與洋槍隊聯手，準備主動出擊太平軍。他們選擇的第一個進攻目標是浦東高橋。

高橋為浦東咽喉，歷來為兵家必爭之地。太平軍佔領高橋後，中外反動勢力迅速地聯合起來向太平軍發起反攻。12日，清政府與英、法駐滬外交和軍方官員在英國駐滬領事館召開了會議，會上初步協調了統一佈防的部署，並著手實施堵塞閘橋拱洞、清除黃浦江面船隻、在城外要地增築炮臺等計畫。次日，清方派吳雲、應寶時等與英、法駐滬當局

組成「中外會防局」，從制度上規定上海由「中外同為保衛」，並由會防局統一籌措經費軍需，負責後勤供應。14日，清松江府海防同知劉郇膏率民團潛渡浦江，欲偷襲高橋，被吉慶元、李容發預先設伏在洋涇鎮陳家港的太平軍擊破，打死千餘人，劉郇膏險被擒獲，乘坐小舟僥倖逃脫。

16日，華爾作為中外反動勢力的「先鋒」，以外出打獵為名，前往高橋偵察，太平軍竟疏忽大意，未加阻止，華爾也因此得以悉數掌握太平軍的佈防。與此同時，法國軍艦「高傲號」對高橋進行炮轟，「日日炮聲不絕」，太平軍無所畏懼，沿著堤岸繼續進軍。在掌握了太平軍的佈防後，華爾隨即與楊坊帶精兵560人乘輪船，於21日進抵浦東天燈港口，何伯、卜羅德也率領英法聯軍以及艦艇11艘趕到會合。太平軍發現敵人後，立即加強佈防，準備在高橋地區與英法侵略軍及華爾洋槍隊展開戰鬥。

當時，太平軍雖然號稱萬餘人，但實際上只有五千多人，裝備只有幾百隻西式滑膛槍，沒有野戰炮，高橋鎮附近築有巨壘6座，炮臺50餘處。24日，華爾先攻鎮西南，吉慶元駐守的村落。在戰鬥中，太平軍頑強抵抗，刺傷了「洋槍隊」副領隊白齊文左臂，但終因不敵敵人的炮火而失敗。華爾乘勝攻破兩處村莊，開始向核心陣地發起進攻。太平軍憑牆垣與敵人展開巷戰，華爾久攻不下。此時已經列隊鎮西的英、法聯軍也直接投入戰鬥，侵略軍竟縱火焚燒高橋鎮，猛攻2小時後得手。此時鎮北、鎮東陣地都已失陷，太平軍高橋首領，吉慶元本人也受傷墜馬，太平軍不得不放棄高橋，向東南退卻。這是英法聯軍首次直接參與上海周邊針對太平軍的攻勢行動。

這天，英國駐華海軍中將何伯與華爾打扮成狩獵戶，偷偷潛入高橋附近探察，等到太平軍將士發現兩個形跡可疑的外國人要捉拿時，兩人

趕緊駕著小船逃脫。

　　高橋之戰開始了。守衛高橋的是扶朝天軍主將吉慶元部。扶朝天軍長年在內地作戰，武器多是傳統的冷兵器，將士不識遠距離的熱兵器射擊的殺傷力，還是以舊式的防禦法，在還未見到敵人面目，就遭到了莫名其妙的傷害，損失很大。後來人把其中犧牲的部分將士遺體收殮在一起安葬，這就是今天我們仍能看到的「太平天國烈士墓」。

　　戰後，高橋當地民眾把犧牲的，150餘位太平軍將士的屍體，集中安葬在一塊長方形土地內。目前，太平天國烈士墓位於浦東新區高橋鎮草高支路和高新路交叉處西北側，是上海地區唯一的太平天國烈士墓。

　　1909年，葡萄牙學者裘昔司（1863-1927）用英文，撰寫出版了一本《晚清上海史》。書中記錄了高橋戰役的慘烈情況，以及太平軍、法軍死亡人數的差異，並記載了「常勝軍」命名的來歷：

> 聯軍的炮火還是讓叛軍據點死傷慘重，最後看到他們後撤了。一支英法分隊槍炮齊射並從左邊進行攔截，華爾部隊也緊迫不捨。從太平軍土壘中射來的炮火漸漸稀疏了，何伯將軍下令用密集炮火打開街壘缺口。叛軍在村莊大街上集結後作了絕望的抵抗，雙方進行了近身肉搏戰。第二天，在一陣猛烈炮火過後，陸戰隊員們與太平軍展開了白刃戰。在村裡到處可見令人毛骨悚然的場景：一堆堆死屍築成了一道臨時防禦工事，最後這些屍體都被火化了。此戰太平軍陣亡600至700人，被俘300人。
>
> 從傷亡人數上判斷，在高橋，華爾的部隊首當其衝：死7人，傷30多人；在蕭塘，死10人，傷40多人，其中有些傷勢嚴重。副手白齊文再次受重傷，其中一顆子彈穿透其腹部；

而英法聯軍在高橋一死三傷，在蕭塘僅兩三人負傷。

在一次紀念儀式上，當地最高統治者、兩江總督薛煥竭盡本能地表彰華爾與白齊文所呈現的英勇氣概及英法將領們的鼎力相助，而恭親王也就此向各國公使轉達皇上謝意；同時，朝廷敕令褒獎華爾洋槍隊一個響噹噹的稱號「常勝軍」。[15]

新中國成立後，上海市地方政府經過勘查，整理墓地，並於 1954 年和 1985 年，兩次整理重修。重修後的墓地，東西寬 22 米，南北長 41 米，面積較以前擴大了 31 倍。現在，墓台呈橢圓形，基地鋪花崗石平臺，四周環以石欄，中央矗立著黑色墓碑，碑兩旁立石柱，上置蓋頂，頗似古代墓葬前的石闕。碑上書寫：太平天國烈士墓。太平天國烈士墓是一塊歷史的豐碑，記載著我國歷史上最後一次農民偉大革命運動的豐功偉績，永遠值得後人敬仰。

高橋失陷之後，英國殖民軍和洋槍隊下一個目標是黃浦江畔的蕭塘。

蕭塘是進軍浦南的一座要塞，為浦南重鎮南橋（今上海奉賢區）前沿。英國殖民軍、美國洋槍隊，還有法國駐華海軍司令卜羅德上將率有的五百人，攜有榴彈炮、野戰炮和火箭炮，清將李恒嵩等三幹兵丁也配合會戰。戰鬥很激烈，炮火連天，槍子如雨，守軍屢失城壕和炮臺，只能巷戰拒敵。太平軍南橋守將享天安、黃祥勝帶隊前來救援，亦未阻止強大的炮火。他和蕭塘守將李某等都戰死了。於是，蕭塘陣地又失陷了。

華爾洋槍隊屢次得勝，清廷喜出望外，當即將其納入正規軍隊的編

15　裘昔司著，孫川華譯，《晚清上海史》，上海社會科學院出版社，2012 年，第 137 頁。

制，給了一個「常勝軍」的美稱，並授予華爾從二品的副將銜，副領隊白齊文「四品頂戴」。他們不學無術，本以為「常勝」是個英雄稱號，其實所謂「常勝軍」，典出自中世紀遼將郭藥師部「怨軍」別稱，是個不雅之號。

華爾出了風頭，那個出面聯絡華爾，供給洋槍隊糧餉的寧波四明公所董事楊坊亦得意非凡，還將一個丫頭認作養女，取名張梅（章妹），喬裝打扮，送上門去，嫁給華爾做老婆。

1862年9月，華爾在浙江慈溪被太平軍擊斃，清政府發了三萬兩銀子撫恤，但這批銀子和華爾名下的十幾萬兩銀子的遺產，被各方爭得不可開交，最後不知去向。而他的妻子張梅，沒有拿到一錢銀子，落得一場空。清政府還照會美國政府，稱華爾為大清皇帝捐軀，應於中國安葬。華爾被安葬在上海松江西門外蘇家花園。在墳塚旁邊還修建了一幢「華爾將軍祠」。祠堂正殿有楹聯：「奇男萬里勳名留碧血；福地千秋廟貌表丹心」，匾額「同仇敵愾」。美國退伍軍人還專門成立「美國華爾紀念團」，每年前來祭掃。這座墓地和祠堂，維持了九十年。直到1949年上海解放後方才清除。[16]

雖然浦東戰場上高橋、蕭塘等地相繼淪陷，但是上海四郊處處仍都活躍著太平軍，浦西地區已成為主戰場，各支太平軍採取了南北夾擊、四面合圍的戰術。

上海清地方軍派系林立，指揮不一，加在一起有五六萬人之多，但戰鬥力不強，面對擁有二十萬眾的太平軍，缺乏招架之功，更無還手之力。太平軍所以到處飄蕩，行動如飛，不能集中兵力攻上海縣城，也是

16　盛巽昌，《實說太平天國》（增訂本），上海書店出版社，2023年，第455-456頁。

因為缺乏一個最高指揮部和擁有權威的總指揮，各部都是各自行動，我行我素。

由蘇州、嘉定而來的太平軍劉肇均部，以虹橋附近的王家寺為司令部，一度指揮所部，經大場、蘊藻浜，直到江灣。

東路太平軍，直抵董家渡、閔行、塘橋，別支北上，威脅吳淞。此兩路太平軍隔黃浦江，因為沒有水師，不能相渡，而江中遊弋有法國兵輪，阻止輪渡，遑論巡邏，太平軍僅有的從民間徵用來的小帆船，只能在江邊行駛。有一次，徐匯公學師生馬相伯等坐船，由董家渡過江，就遇到攔劫和檢查，但當得知是天主教堂的師生們，就放行了。在上海地區，河道縱橫交叉，由於沒有水師，太平軍正是如鵬鳥缺翼。

還有幾路太平軍，也因沒有水師配合，各自為戰：

西北路太平軍占華漕，抵達閘北；

北路太平軍，由嘉興北上直抵朱涇（今金山），這路太平軍雖擊敗地方水師提督曾秉忠，還奪得不少船隻，但卻沒有納入編制，建立自己的水師，或也因不重視水師，而聽其自棄也。

太平軍從北自劉行、南翔，南至王家寺、徐家匯、法華、虹橋等地，對上海實行了環形包圍。他們雖然兵力雄厚，但人員軍事素質不高，很多是被強制入伍的，甚至是在家鄉被毀，拘禁而編入隊伍的。他們不會打仗，不願打仗，對太平天國的為上帝天父而戰，是非常有抵觸情緒的，稍有沮喪，就易一哄而散。

同時，他們對於掌握現代化的熱兵器技術，認識和應用更為生疏。太平軍將領，包括李秀成等高級統帥，在相當長的時間裡，未能懂得、掌握現代戰爭的藝術，在戰略戰術上仍囿於傳統，諸如現代戰爭由於武

器特色，須遠距離作戰，也須散兵式行進，而非近距離肉搏，陣圖式的對抗。加之此次攻打上海，戰線過長，面面開花，企圖以佔領上海和租界周邊縣鎮和村落，包圍而攻取之，又犯了兵力分散、各自為戰的常識性錯誤。

3月18日，李秀成在蘇州寫信，給駐紮在王家寺的忠逢朝將劉肇均等，商定進攻上海的計畫：

六王宗李明成與忠佑朝將黃子隆進兵泗涇，合攻七寶。成功後，派濟天義曾錦福、錦天安吳定福、荷天義麥冬良分別把守，與忠二殿下李容發隔江營盤相連；忠孝朝將陳炳文直取松江，李明成進軍協助。松江克復後，即赴吳淞口；劉肇均由嘉定至黃渡紮營。

這次策劃更加嚴密，沿江連營，東西呼應，但仍以防禦為主，「見機固糧軍機為要，有糧即盤，妖來即剿」，「如此四面雲屯，將上海包圍定疊，令該妖內中自變，方可乘機計取。我軍總宜先固軍機，似不在一時恃強角力，能以善謀計克為上策矣」（〈李秀成諭劉肇均〉）。

李秀成顯然仍是打算以圍為攻，死困上海和殖民者的租界。知己知彼，百戰而不殆。他不懂得這種圍困戰略，對擁有現代化熱兵器，擅長攻堅戰術的殖民軍毫無對抗之用，況且外國輪船日夜航行於外海內江；可源源補給軍用物資和糧食，傳統落後的戰略戰術，有如積木和玩偶，再也起不了任何功能了。

李秀成圍而不攻，反而引來了英法殖民軍的主動進攻。他們與清軍重點設防法華、徐家匯，進攻七寶。4月3日，由英軍司令士迪佛立指揮的英軍一千四百九十三人，大炮九尊，法軍提督卜羅德指揮的法軍四百人，大炮四尊和華爾軍三百人，從徐家匯至七寶。因此，七寶將成戰場，鎮上二萬五千名居民逃避一空。

翌日，英法殖民軍等趁清晨大霧，偷偷地在王家寺大營前八百米處紮營。聯軍以炮隊為先鋒，在離大營前六百米處開炮猛轟，太平軍敗退，有六座營房被毀。當日下午聯軍猛攻王家寺貼近的龍珠庵，又轟塌九座軍營，太平軍繼續敗退。清軍恢復了松江至上海的交通線。

太平軍在王家寺、龍珠庵數十里連營，深溝高壘，自以為飛鳥難入，卻被打破，自此中外聯軍更加猖獗。英、法提督何伯、卜羅德與上海當局商訂了上海防衛協定：

> 自長江口起迄杭州灣止，沿上海三十英里內各要隘，設法克復；先奪回嘉定、青浦、松江、南橋、柘林，然後使華爾軍移駐青浦控制各地，而以英軍為之後援。

十幾天後，英法聯軍先後攻陷了嘉定、青浦和南橋（今上海奉賢區），每城攻陷，都遭到守軍的頑強抵抗。在南橋，守軍祥天安、黃五馥的部隊，在堡壘失陷後，分散躲在危牆間抵抗，用冷槍擊斃了卜羅德。

在蘇州的李秀成聞悉上海戰場出現危局，率領主力軍趕來。經過幾個月的上海戰爭，李秀成對戰爭的策略也作了改進，最大的進步乃是以原來的防禦、保守的戰略，改換了主動進攻。在戰爭中學習戰爭，懂得了現代武器的巨大殺傷力，他聘用洋人開辦炮廠、製作炮彈，不惜高價向行駛長江上的外輪購買槍支、彈藥。

簡又文在書曾記載：當時外國商人常以軍火運至太平軍區域，曾在一隻船上搜獲一張單據，顯出於 1862 年 3 月間，有一上海洋行供給太平軍以步槍 3046 枝，野炮 795 尊，火藥 484 桶及 1097 幹磅，男子彈 18000 發與 450 萬以上之炮蓋。另有幾隻船被緝獲的，滿載供給太平軍的軍火，亦係由洋行偷運者。清廷苦口埋怨，開放長江本以通商，但卻

便利敵人在外國旗下運械運糧，直至南京。「私販軍火者皆是外國人，駛船運至長江各埠，買賣極盛。」以及「遠在新加坡，於一年之內運出大炮三千尊。香港及各口岸則公開運用軍火，均以接濟叛黨者。」[17]由此可見，西方軍火商人通過買賣軍火，確實發了一筆旺財。

呤唎曾經協助李秀成，奉命與外國軍火商接洽，為太平軍在武器購買方面做出了許多貢獻。呤唎赴上海、寧波等地採辦軍火時，要通過太平天國所設的關卡。當年，太平天國在各處水陸要道所設關卡多多，並採用釐金制度，商旅往來極不方便。但是，此時因為淮軍東進，蘇州、無錫各關卡要隘多已淪失，此憑照已無作用了。晚年，呤唎曾經長期保存，李秀成簽發給他的這份憑照，並以此為榮。

李秀成部隊因為轉變觀念，將士已大多擁有洋槍、洋炮。據稱李秀成的三千名衛隊還都配備有當時最先進的來福槍。

5月17日，就在太平軍在南橋棄守時擊斃卜羅德的當天，離南橋百里外的太倉州板橋，李秀成大軍與清知府李慶琛等五千人馬相遇，乘李慶琛求勝心切，抄其後路，以絕對優勢兵力殲其大部，僅參將姜德三百人逃至寶山。為淵驅魚。這支屬於江蘇巡撫薛煥名下的綠營，本是江南大營的殘餘。它的殲滅，卻為即將到來的淮軍掃清了傾軋之路。

李秀成乘勝前進，進攻嘉定。英軍提督士迪佛立聞訊焚城逃回上海。太平軍先後收復嘉定、青浦，圍攻松江。

上海戰場形勢又開始順轉，就在這時，使李秀成和他麾下的將帥們意想不到的，竟遇到東戰場最凶，也是最後的一個勁敵——李鴻章率領的淮軍。

17　簡又文，《太平天國全史・經略江浙》，香港：簡氏猛進書屋，1962年。

淮軍是在曾國藩直接支援下，由李鴻章掛帥所組成的一支新型武裝。李鴻章是安徽人，他的淮軍主要成員也都是安徽人，而且還都是安徽淮河南北的人，所以稱為淮軍。

組建在淮軍後，軍隊建制多遵照湘軍編制，將士招募也重安徽籍貫，講究家族、同鄉，且從建軍不久就採用了以西式訓練和武器裝備。因此，他們比湘軍有更大的戰鬥力。曾國藩善於識人，認定李鴻章能獨掌一軍，並能夠單當一面，他向朝廷保奏李鴻章「才大心細，勁氣內斂」。

李鴻章到上海後，就與外國殖民當局接洽，協商聯手出戰。外國殖民當局對淮軍裝備陳舊、衣飾破舊、隊伍不整，加以嘲笑，稱之為「乞丐軍」。清廷聽從曾國藩議，改任薛煥為通商大臣，任命李鴻章為代理江蘇巡撫，以後即正式為江蘇巡撫。本年李鴻章三十九歲，由從三品道員，平步三級跳，躍為實授正二品，獨率一軍，有職有權，顯示清廷對他的重視。在上海初期，李鴻章兼併、改造地方綠營，使淮軍人數迅速擴充至三萬人，加上統轄的華爾洋槍隊，實際兵員已達四萬人，他又購買和擴充了現代化的洋槍洋炮，大大增強了戰鬥力。

5月17日，經李鴻章與外國殖民當局商定，分軍為二，由程學啟、劉銘傳、潘鼎新等淮軍主力渡過黃浦江，進攻浦東。華爾洋槍隊和英法殖民軍為南路，攻柘林、奉賢（今奉城）。李秀成舉兵反擊，在佔領嘉定後，又包圍青浦、占泗涇，進至虹橋、漕河涇、七寶，直逼上海。英法殖民軍逃回上海，不敢再戰，因此李鴻章奏摺亦稱，「嘉城復失，逆焰大張，西兵為賊所懾，從此不肯出擊賊。」

浦東戰場硝煙已散。浦西戰場戰火正紅。太平軍猛攻松江、青浦。

英軍、華爾洋槍隊固守松江城。太平軍將士於城圍布列攀城長梯。

此種長梯,製作極為簡便,只有長竹兩竿,以短橫竹緊紮,上下兩頭約二尺寬,攀城將士用雙手扶兩竿,由他人在下面另持一竹竿,推之一躍而登。李容發以身作則身先士卒攀梯而上,不幸身受重傷。繼後,李秀成親自指揮攻城,且在附近廣富林大敗英軍,繳獲洋槍四百枝,火藥三十六箱,並佔領松江城外妙嚴寺土山,增築炮臺,合圍四門。

6月9日,李秀成部攻佔青浦,華爾等焚城逃跑,副手法爾恩德出城後,因所掠奪的大批財物未能攜出,又歸回城內搬取,為太平軍俘獲。其後,華爾以軍械、彈藥送至乍浦贖回。

6月17日,李秀成撤離松江城,全部人馬五六萬眾,分十二路進攻上海,包圍新橋程學啟等營,進至法華、徐家匯、九里橋,直逼租界和上海城。翌日,李鴻章親率張樹聲、張遇春、韓正國分三路來增援,與程學啟等內外夾擊,大戰於徐家匯、九里橋、新橋、虹橋和七寶等地。太平軍全線崩潰,先後放棄泗涇、廣富林,由松江撤退。李秀成率領的太平軍第三次進攻上海又失敗了。

李秀成此次撤退,軍無鬥志,乃出自天王以天京圍急,沉不住氣,一日三詔指令催促其回救。他只得放棄大好戰機,將圍攻松江、上海計畫自動撤回。

1860年7月初,華爾率300餘名洋槍隊員進攻松江府城,被太平軍擊退。洋槍隊90人被擊斃,100多人負傷。直至15日晚,乘太平軍東去之機,洋槍隊偷襲松江城北門,清軍參將李恒嵩也隨後接應。次日晨,華爾等佔領松江城,太平軍留守松江之老弱病殘人員,以及眷屬從北門退青浦。為此,華爾領到賞金3萬銀兩。[18]

18　湯志鈞主編,《近代上海大事記》,上海辭書出版社,1989年,第135頁。

7月30日，華爾率洋槍隊由水路至朱家角，攻青浦縣城，李恒嵩自上海率兵勇至廣富林助攻青浦城，被太平軍擊潰，華爾逃回松江城。8月2日，華爾率300名洋槍隊員又由松江攻青浦，李恒嵩隨後接應。忠王李秀成率大軍大破華爾及李恒嵩軍，華爾5處受傷，遂離滬赴法國治療，洋槍隊死傷1/3兵員，炮船被俘甚多。8月7日，洋槍隊副統領自齊文、法爾思德，率新在上海招募兵士與李恒嵩所率兵勇再攻青浦城，仍被太平軍擊潰。洋槍隊陣亡近百人，清軍將領李恒嵩幾乎被擒，餘者逃回松江城。

8月9日，淮軍又攻陷青浦。譚紹光帶兵十萬前來爭奪，相持於北新涇，戰鬥激烈，雙方都用了洋槍，冷熱兵器同時並用，剛躍升為都司的劉玉林中槍落馬斃命。譚紹光又分軍繞至法華鎮，南至漕河涇，北至新閘，離上海僅幾里。8月12日，太平軍再克松江城。[19] 8月26日，譚紹光與淮軍會戰於七寶，包圍程學啟營，擊斃通判韓正國。李鴻章親率全軍來援，分三路救援北新涇，華爾洋槍隊在法華援應，黃翼升水師從吳淞江進擊。法軍出徐家匯以大炮助陣。譚紹光等軍一無大炮，二無水師，被迫由南翔退至嘉定。

10月，李鴻章出動淮軍，與英法軍、洋槍隊聯手，攻陷嘉定，威脅昆山、太倉。太平軍繼李秀成後，主持上海戰事有兩個人：一個是主持浙江嘉興軍務的聽王陳炳文；另外一個就是慕王譚紹光。

譚紹光是李秀成離開蘇州後，由湖州調至蘇州主持工作的。他是廣西桂平人。後期太平天國仍講究地緣鄉緣。大清王朝的野蠻政策，凡兩廣人不赦。但太平天國卻非常重視廣西同鄉人，由此也約定俗成，即鎮

---

19 湯志鈞主編，《近代上海大事記》，上海辭書出版社，1989年，第136-137頁。

守大城鎮，多用廣西人。他對上海戰事，全身以待，採取以攻為守的戰略進攻，針對李鴻章的淮軍在上海的休整空隙，先後發起了三次大規模進攻。

當時太平軍已撤離浦東，李鴻章因後方穩定，調動了淮軍潘鼎新、劉銘傳以及南匯降軍等南下，加強對浦南奉賢、金山衛的攻勢。6月7日，攻陷奉賢（奉城鎮），由吳建瀛守奉賢（奉城鎮），劉玉林守柘林。劉玉林尤為賣力，由柘林偷襲、佔領貼近金山衛的漕涇。

金山衛是毗連江浙的要塞，為浙江太平軍北上上海必經之路，也是固守浦東的樞紐。李鴻章勢在必爭，命潘鼎新、劉銘傳與華爾洋槍隊協同作戰。太平軍在距離衛城二里築卡，劉玉林、方有才帶頭陷陣，固守數月的重鎮金山衛陷落。

10月24日，淮軍聯手白齊文洋槍隊攻陷嘉定。

嘉定失陷，譚紹光即會同陳炳文，從蘇州、嘉興、杭州三處調集十萬人馬，從昆山出發，水陸並進，北路攻南翔，南路至四江口，攻黃渡，兩路子三江口、四江口連營數十里，立十五個大營，設多座浮橋，包圍程學啟等營。李鴻章感到事態嚴重，親自前來督戰，調參將劉銘傳由張堰、遊擊吳建瀛由南翔來援，水師黃翼升各營進趨屯港，白齊文洋槍隊由松江赴重固。洋槍隊自採用招募中國人當兵後，也包括補充進來的太平軍降軍和俘虜，兵員大幅增加，參加戰鬥的兵員都有較高的戰鬥力。

當時，太平軍譚紹光部屯紮在吳淞江北岸，陳炳文屯紮吳淞江南岸，劉銘傳與副將郭松林等分三路向南路稀撲，南路不支，退至北岸。四江口圍解。譚紹光退至白鶴港，白齊文洋槍隊攜帶四門大炮，二門臼炮猛轟。他終於被逼退出白鶴港，向蘇州返軍。

四江口之敗，譚紹光再也無力向上海進攻。他只得努力經營陸渡

橋、婁塘、外岡、陸家浜一線，阻止淮軍西進，同時為安定民心、軍心，也通過外國報紙虛張聲勢：

> 外國新聞紙云：聞得目前外國界內，有偽慕王所出偽示數紙，內稱現調江西逆眾十五萬，於三日內齊集上海，攻打縣城，欲與官兵、外國人爭戰，與百姓無干。所有居民鋪戶人等，概勿驚懼，惟須預備糧草，以備逆食等語。（《上海新報》1862年11月22日）

在清廷淮軍與英法軍、洋槍隊聯手進攻之下，太平軍攻打上海的計畫最終歸於失敗。

四、太平天國時期上海城市與人口現狀

在鴉片戰爭後，新開放的通商港口中，最重要的是上海。其重要性迅速地超過了廣州。上海在半殖民地半封建的中國居於特殊的地位，它是資本主義、帝國主義侵略中國的一個最大的橋頭堡壘，也是中國的無產階級和人民群眾同國外反動派長期搏鬥中的一個最激烈的漩渦。它在成為通商港口的最初年代裡，很快地顯出了它在對外貿易上的優越條件，因而受到侵略中國的各個資本主義國家的特別重視。[20]

隨著太平軍進攻上海的失敗，這座城市重新開始了它平穩的歷史進程，其中記錄著這個城市衰敗、恢復與繁榮的過程。但是，在新紀元的最初階段局勢並不明朗。隨著周邊鄉鎮的平定，尤其是蘇州的收復，使得大批難民離開上海，租界幾乎有一半的住宅變得無人居住。[21] 這些現

20　胡繩，《從鴉片戰爭到五四運動》，華東師範大學出版社，2021年，第59頁。
21　裴昔司著，孫川華譯，《晚清上海史》，上海社會科學院出版社，2012年，第205-206頁。

狀，對於那些當初在上海，投資土地、建材和人力方面花費巨大代價，並修建了大量房屋建築群的投資者來說，簡直就是致命的打擊。

同時，資本家們投資數百萬元，在上海灘建起的棧倉，還有大量工廠全部都閒置著，這樣的前景令他們感到後悔。投資數百萬的數額，本可以用在其它方面緩解目前形勢的壓力和僵局。這一環境的改變，由於虛假繁榮引發的鋪張奢侈的生活方式而造成的惡果，在太平天國後期就更加能夠強烈地感受到了。

太平軍戰事對江南的浩劫性破壞也表現在城市的衰落上，茅家琦先生以蘇、杭為代表，經過分析後認為，太平天國革命風暴不僅摧毀了城市裡的封建行會，同時也破壞了手工業工廠和作坊。他以蘇州作為實例，太平軍攻克蘇州以後，蘇州的行會組織完全被摧毀。行會董事或逃或死，絲經行、絲行商人的行會絲業公所的董事也皆散去。但是，太平天國領導人並未對破壞了的手工業進行整頓恢復，致使明末清初以來，江南手工業中最為發達的絲織業衰落，整個手工業生產也處於凋敝的狀況。同時，李鴻章指揮鎮壓太平軍的過程中，清軍所到之處燒殺搶掠，致使繁華的江南「盡成廢墟」，人口數量銳減，社會生產力遭到了嚴重損壞，農民的家庭手工業和城市手工業進一步被摧毀殆盡。[22]

葡萄牙學者裘昔司在《晚清上海史》書中記述，上海人口數量密集時期約有150萬人口，其他時期約有100萬人口。這一資料包括公共租界、法租界和上海城廂全部統計在內。隨後的調查顯示，在太平天國戰爭期間，上海人口數量最少時僅為30萬，1865年人口大遷徙的潮流平息。人口普查顯示，在公共租界的華人有9萬，在法租界的有5萬，而外國人總計5589人。其中，有2357人居住在公共租界，400人居住在

22　茅家琦，《太平天國通史》（下冊），南京大學出版社，1991，第315-317頁。

法租界，另外的 2832 人則是陸軍和海軍軍人及港口的航運人員。[23]

有關移民問題，葛劍雄先生曾經出版書籍，論述在 1850 年太平天國戰爭以來，中國人口遷移的現狀。他在資料推算的基礎上認為，江蘇在太平天國戰後接受的外省移民在 100 萬以上；浙江戰後共有移民 120 萬，其中 30% 來自外省，其餘是省內遷移；安徽戰後接納的省內外移民約為 360 萬。[24] 新移民的大量湧入，給飽經戰亂之苦的長江下游地區，在社會生產的恢復和戰後方面，重建注入了新的生力軍。毫無疑問，他們對江南城市和鄉村的復興做出了重大的貢獻。華強、蔡宏俊認為，戰後移民潮的出現迅速填補了江南人口的空缺，使經濟得到較快的恢復和發展，首先是農業生產的恢復；其次是近代民族工業的產生和發展；最後是江南市鎮的恢復和發展。[25]

1860 年以前，東北地區僅有 300 萬人口；1860 年以後，關內的老百姓大規模出關進入東北，俗稱「闖關東」。1920 年前後，東北人口增加約為 2800 萬人，這也是與太平天國戰爭的影響相關。因為在 1851 年到 1868 年期間，太平軍和捻軍並沒有進入到東北地區，最北部地方僅到達天津附近。

大批難民離開上海，在一定程度上也是由於強制執行公共衛生條例而造成的，即使是難民中的較高階層也對此表示十分厭惡。所以，他們上書江蘇巡撫，反對蘇州向洋人開商鋪和居留的規劃，唯恐洋人帶來令人厭惡的公共衛生體系。

---

23 裴昔司著，孫川華譯，《晚清上海史》，上海社會科學院出版社，2012 年，第 206 頁。
24 葛劍雄、侯楊方、張根福，《人口與中國的現代：1850 年以來》，學林出版社出版，1999 年，第 176-177 頁。
25 華強、蔡宏俊，〈太平天國時期中國人口損失問題〉，載 2006 年首屆「晚清國家與社會」國際學術研討會論文集。

上海不但在地理條件上，接近產茶和產絲的地區，而且附近的地區本來商品經濟比較發達。通商港口的最初年代裡，它的出口貿易增長得很快。它在全國出口總額中所占比重，道光二十六年（1846年）是1/7，咸豐元年（1851年）增長到1/3，而在緊接著的以後幾年中已達到一半以上。[26] 在太平天國戰爭後期，來自蘇州和杭州的移居者，他們也使得絲綢工業開始在上海紮根。

26　胡繩，《從鴉片戰爭到五四運動》，華東師範大學出版社，2021年，第59頁。

第九章：湘軍崛起與太平天國興亡

太平天國的失敗，首先遇到一個最大的勁敵，就是曾國藩率領的湘軍。在湘軍以前，清代國家管理的綠營軍、八旗軍管理體制早已衰朽。從本質上講，初期的湘軍與太平軍一樣，都是一支有靈魂的軍隊。湘軍之勝，並非勝在軍事能力；太平軍之敗，並非敗在其戰役素養。

1951年1月10日，《人民日報》曾經發表社論：〈紀念太平天國起義一百周年〉。文章中評價太平天國是建立了極其高度的組織、紀律嚴明的革命軍。太平天國提出的，包括解決土地問題的統一革命綱領等方面，是舊式的農民戰爭最高程度的發展。[1] 但是，在曾國藩領導的湘軍崛起之後，洪秀全領導太平軍的缺陷就逐漸暴露出來。

一、曾國藩與湘軍的組建

嘉慶十六年（1811年）11月26日夜，在洪秀全出生的前三年，曾

---

[1]〔日〕小島晉治著，徐曼譯，《太平天國運動與現代中國》，北京：社會科學文獻出版社，2017年，第4頁。

國藩誕生於湖南湘鄉，一個貧窮的鄉村家庭。

湘鄉，古稱「龍城」。其地處湘中偏東，東臨韶山市和湘潭縣，南接雙峰縣，西與婁底市毗鄰，北界寧鄉市。湘鄉設縣已有久遠的歷史。西漢建平四年（西元前3年），皇帝劉欣封長沙王子劉昌為湘鄉侯，此為湘鄉建置之始。南朝宋永初三年（442年）並連道入湘鄉縣。其後，歲月悠悠，世間滄海桑田，伴隨隋、唐、宋、元和明朝先後過渡，一絲靈氣集中到了晚清，才使此地終於發達，知名了起來。這絲靈氣和這個呱呱墜地，後被稱道為一代名相的曾國藩密切相關。後來，一代名將，開國大將陳賡的故居也建立於此地。

曾氏家族是中國的六大家族之一。但是湘鄉曾氏，在曾國藩之前歷來為寒門冷籍。他曾說過：「吾曾氏家世微薄，自明以來，無以學業發名者。」[2] 也正因為如此，這個家族才更加長年盼望，後人能夠成龍成鳳，盼望族中後生有人能夠科舉及第，以此光宗耀祖。

據史料記載，曾國藩剛出生時，顴骨突出，臉長黃瘦。其誕生伴隨著美夢與吉兆。4歲時他便開始了學業。在第8個生日之前，他已在學習五經，並開始作文。5年以後，按照中國人的習俗，他與一位歐陽姓氏的女孩訂了婚，當他到了足夠大的年齡便將之娶回家裡。[3] 但是，在他長到七八歲時，已相當肥胖，只是不愛說話，所以大家給他起了個諢號，叫「肉啞巴」。他才思並不敏捷，但自小喜歡動腦子，尤其倔強，不甘落人之後。

他的母親江氏，生性勤勞倔強儉樸自強，這對曾國藩的性格形成產

---

2 清・曾國藩，《曾國藩全集・詩文》，長沙：嶽麓書社，2011年版，第236頁。
3 〔美〕解維廉著，王紀卿譯，《曾國藩與太平天國》，太原：山西人民出版社，2018年，第109頁。

生了很大的影響。[4]後來，曾國藩在成名之後，曾經多次說過：「吾兄弟秉母德居多，其好處亦正在倔強。若能去忿欲以養體，存倔強以勵志，則日進無疆矣。」[5]秉承著母親的倔強勤奮，憑藉著父親多年來的耳提面命，曾國藩經過數年的寒暑發力，勤學苦讀，終於迎來了摘取碩果的季節。

曾國藩的科舉生涯

道光六年（1826年），曾國藩到長沙府參加童子試，被取為第七名。但是直到1832年，他才開始參加科試，第一次未能如願，但上了榮譽榜。這一年，他改號為滌生，取「滌生」為號有棄舊更生之意。1833年他考中了秀才，進入嶽麓書院。他父親在經歷了17次失敗以後，這一次與他同時通過了考試。[6]第二年，他往長沙參加鄉試，考中了舉人第36名。同一年，他進京參加會試去考進士，想去試試運氣，但兩次考試均落第。1836年他設法弄到了盤纏，漫遊江南與浙江。雖然他的舉人身分在社會上給了他一些聲望，但他仍然未能滿足。據說，他在旅途中發現了一套有價值的書籍，便借來100兩銀子將其買下。他帶著這些書回到家鄉，苦讀一年，準備第三次參加會試。

1838年年初，經過一年的考試準備時間，他再次進京。他沒有路費，但他借到了32串錢做盤纏，這點錢在路上幾乎花完了，進京時只剩下3串。在那個時代，這是一段漫長的旅程，需要1個月乘船緩慢前進。一般認為，路上必需的花費約為40兩銀子。在這一年，曾國藩終

4　馬平安，《晚清殤史：大清王朝滅亡之謎》，北京：中國文史出版社，2012年，第67頁。

5　清．《曾國藩全集．家書二》，長沙：嶽麓書社，2011年版，第934頁。

6　〔美〕解維廉著，王紀卿譯，《曾國藩與太平天國》，太原：山西人民出版社，2018年，第109-110頁。

於通過了會試，他中試第三十八名貢士。4月，他又通過了科舉士子的最高級別的殿試考試，於6月23日進入翰林院，任庶起士。這一年，他剛剛28歲。

不過考試尚未完結，因為翰林院還有幾個等級。於是，曾國藩在短暫的衣錦還鄉之後，便勤奮地投身於新的崗位，逐級上升，同時得到了京城下級官位的任命。他在這個時期所寫的書信，表明了他在文人堆中，在翰林院的同事們之間，過著很有魅力的生活。他們辯論不休，友好地競賽詩文。他的收入很少，總是入不敷出。不過我們不知底裡，只知道1842年他的房租為每月15串錢。他凡有所得，都會慷慨地與家人和在京的湖南人分享。他不斷地努力於學業，因為他有大把的閒暇時間，因此他能不斷地攀升，直到1843年在宮殿裡參加了皇帝親自主持的一次特別考試。在123名翰林當中，曾國藩排名在二等第6名。[7] 這就給了他進入翰林院高級機關的機會。4月22日，他在家書中告訴父母：他是清朝獲得此項殊榮的第3個湖南人。[8]

1843年1月，他曾奉命派往四川省擔任考官，他在次年和下一年獲得了一些榮銜，以及宮中的職務。這些令人欣喜的升遷，並未給他帶來多少財政上的好處，就連他在成都當考官時，所得的1000兩銀子的酬金，也用於扶助窮親戚了。[9] 他每年的開銷增多了，1842年已多達600兩銀子，在其他年份可能也是如此。

在初期仕途道路上，曾國藩能夠一帆風順，在很大程度上可以歸結

7　〔美〕解維廉著，王紀卿譯，《曾國藩與太平天國》，太原：山西人民出版社，2018年，第113頁。
8　清‧《曾國藩全集‧家書二》，長沙：嶽麓書社2011年版，第934頁。1843年4月22日。
9　清‧《曾國藩全集‧家書二》，長沙：嶽麓書社2011年版，第934頁。1843年1月20日。

為，他深得軍機大臣穆彰阿的賞識與提拔。[10] 據史料記載：曾國藩於道光十八年（1838年）到京參加會試，道光二十三年（1843年）參加翰林大考時，都是由穆彰阿擔任總考官。翰林考試結束後，穆彰阿曾向曾國藩索取考卷底稿，曾國藩立即謄正後送往穆府，這個事件加深廣兩人之間的師生關係。而這種師生關係，使曾國藩這個出身農村的進士，很快在京城找到了靠山。後來，穆彰阿在朝廷上奏時，曾多次推薦曾國藩。在《清稗類鈔》書中，我們看到有這樣的記載：「穆彰阿嘗汲引曾文正公國藩，每於御前奏稱曾某遇事留心，可大用。」[11] 由此可見，在曾國藩的仕途上，穆彰阿起到重要的作用。

道光二十七年（1847年）六月，曾國藩遷至內閣學士，兼禮部侍郎銜。「由從四品驟升二品，超越四級，遷擢不次。」為此，他按捺不住內心的激動，在寫給叔父母寫信中說：「常恐祖宗積累之福，自我一人享盡。」。曾國藩還多次在信中說他的發達，完全「賴祖宗之積累」。[12] 其實不然，沒有穆彰阿推薦，就不會有曾國藩的快速成名。

道光二十九年（1849年）正月，遷為禮部右侍郎。八月初二日，曾國藩兼署兵部右侍郎。道光三十年（1850年）六月初四，兼署工部左侍郎。十月，兼署兵部左侍部。他從禮部調到一個又一個其他的部門，最終他在朝廷六部中，都擔任過副部長級別的侍郎。

出山從戎訓練湘軍

咸豐元年（1851年）1月，太平天國運動在廣西發生。很快，熊熊

---

10 馬平安，《晚清殤史：大清王朝滅亡之謎》，北京：中國文史出版社，2012年，第70頁。
11 清・徐柯編撰，《清稗類鈔》第三冊，北京：中華書局2020年版，第1404頁。
12 清・曾國藩，《曾國藩全集・詩文》，第188頁。

戰火便席捲了幾乎南半個中國。咸豐二年（1852年）7月，曾國藩母親江氏去世。曾國藩拋棄行李，僅攜帶一個僕人上路，晝夜兼程，回鄉奔喪守制。按照清朝的依古制，遇到父母死亡時，官吏均得在家守制3年，後始得復官。

1852年底，湖南巡撫接到北京的咸豐帝上諭，告訴他曾國藩正在湘鄉家中，令他將上諭傳達給曾國藩，其內容是令曾國藩幫助團練本省的鄉民。1月22日，咸豐帝上諭送到了曾國藩手中：

> 前任丁憂侍郎曾國藩籍隸湘鄉，聞其在籍，其於湖南地方人情自必熟悉，著該撫傳旨，令其幫同辦理本省團練鄉民、搜查土匪諸事務，伊必盡力，不負委任。

但是，曾國藩一開始不願遵旨而行。好友郭嵩燾風塵僕僕前來勸他出山，曾父也勸他「以嵩燾之言為正」。當時，武昌城的陷落及其後到處動盪不安的局面，對曾國藩有很大的說服力。從目前國家的局勢和咸豐帝的要求出發，曾國藩決計捨小家為大家出山從戎。他於1月26日離家出發，去與湖南巡撫會商。

二、曾國藩治理湘軍的謀略

自到省城長沙就職之日起，曾國藩正式擺脫了，他12年閒散無多政事的京官生活，逐漸揭開了他一生中，最為重要的人生篇章。為了能夠有效地平定太平天國，曾國藩在奉咸豐皇帝聖諭，辦理湖南團練的基礎上，又向前大大地邁出了一步。

太平軍剛剛撤圍而去，湖南土匪四起，巡撫無力對付。除了江忠源的2000人以外，羅澤南與王鑫另外組織了1000多人。當時，江忠源在

寶慶鎮壓了一次暴動時，人們顯然期待這些民兵撲滅土匪。曾國藩本人對這些鄉村志願兵部隊的價值有了印象，他認為這種武裝足以維護鄉村的社會秩序，但是由他們戰勝太平軍則不可能。為此，他從組織湘軍開始，發展到出省作戰，最終竟在清政府無兵可恃的危急狀態下毅然崛起。後來，湘軍不僅成為清政府屏障中原，剿殺太平天國的骨幹，而且成為繼八旗、綠營軍後，維繫清王朝統治的主要軍事力量。湘軍之所以能成為一股強大的政治軍事勢力，有其特殊的組織形態與發展過程。

首先，曾國藩制定了一整套煩瑣的制度，要求部隊必須遵守。這些紀律的確非常嚴格。因為曾國藩對軍隊中，嚴格執行紀律的必要性非常敏感，擔心所定的制度如同在正規軍中一樣成為一紙空文。

其次，曾國藩採取了「兵為將有」的選拔措施。原有清軍的八旗、綠營軍，將領平時各駐其府，遇事由清廷授予兵符，率兵征戰。事後則兵將各歸其所，將與兵之間並無私誼存在，因此難以結黨營私。現在，曾國藩改世兵制為募兵制。第一是層層選拔。湘軍招募士兵時，皆為統帥選統領，統領選營官，營官選哨長，哨長選什長，什長選勇丁，層層挑選以成軍。因將而募兵，遂兵歸將有，將走兵散。這與清廷綠營軍大不一樣，綠營軍規定：將皆各地選調，兵皆土著，將帥升轉時，嚴禁私帶營兵，而是接管赴任地的兵。

第二是私誼至上。由於湘軍是自行招募而成，將存兵存，將亡兵散，其上下之間的利害關係頗為一致，因此戰鬥力極強。將領在招募士兵的過程中，重視利用同鄉或家族關係，將領之間往往也是同鄉、同年或師生之類的關係。整個湘軍都是靠這種私人關係來維持運營，這就助長了湘軍的派性觀念。曾國藩本人就十分重視這一點，無論是戰時調兵遣將，還是平時向朝廷舉薦官員，他都強調從私人關係出發，舉薦與重用他所瞭解與信任的人。

曾國藩為募兵，曾經親擬〈招募之規兩條〉：

> 招募兵勇，須取具保結，造具府縣，父母、兄弟、妻子箕斗清冊，各結附冊，以便清查。募兵須擇技藝嫻熟、身強力壯、樸實而有農夫土氣者為上。其油頭滑面，有市井氣者，有衙門氣者，概不收用。（載同治年《湘鄉縣誌》）

因此，在湘軍中便養成一種風氣。除非是招募、選拔過自己的頂頭上司，其他人無論官職大小、地位高低皆拒不從命。所以，不僅湘軍以外的人無法進行指揮，即使在湘軍內部，亦必須節節鈐束，層層下令，任何人都難以越級指揮下級部隊。

其三是軍餉自籌。清軍的綠營兵由於是清廷的經制之師，故其兵餉均由政府提供。湘軍初建時，軍餉尚由官方提供若干。後來，曾國藩發現中央財政枯竭，多次索取無望，於是便決定自籌。這樣，湘軍的軍餉可隨時都可以保障到位，對於提高官兵的戰鬥士氣大有好處。

太平天國史權威學者，羅爾綱先生曾經精闢地總結過，湘軍與八旗、綠營軍的區別，他認為：

> 在湘軍以前，八旗早已衰朽，清代國家經制軍隊為綠營。綠營兵皆世業，將皆調補。國家對於士兵，本身登於名冊，家口籍於兵籍，尺籍伍符，兵部按戶可稽。國家對於將弁，詮選調補，操於兵部。至於軍餉，則由戶部撥給。故其全國綠營兵權，全握於兵部，歸於中央。湘軍既興，兵必自招，將必親選，餉由帥籌，其制恰恰與綠營制度相反，故兵隨將轉，兵為將有。到湘軍制度代替了綠營制度，將帥自招的募兵制度代替了兵權掌於兵部的世兵制度，於是兵制就起了根本的

變化，軍隊對國家的關係立即跟著改變。近世北洋軍閥的起源，追溯起來，實始自湘軍兵為將有的制度。[13]

湘軍所具備的這些特點，表明湘軍不僅是有別於清廷八旗、綠營的軍隊，而且具有很強的獨立作戰能力。在與太平軍的對抗中，湘軍地位日益提高，曾國藩集團的地位也隨之水漲船高。

到了咸豐四年初，湘軍編練成軍時，有陸師十二營，計五千餘人；水師十營，計五千餘人；快蟹船四十號，長龍船五十號，三板船一百五十號，另有裝載輜重的民船百餘號。加上長夫、隨丁、糧台、水手等輔助弁員，全軍共一萬五千餘人。與金田起義後，從永安突圍的太平軍大致相當。至同治三年攻陷天京時，各路湘軍總人數已達到四十萬之眾，與太平軍鼎盛時間，順江而下佔領南京時的兵力相同。[14]

咸豐四年（1854年）正月，曾國藩從衡州率領湘軍出發，正式與太平軍交手。同年八月，佔領武昌、漢陽。咸豐帝一時喜出望外，沒有多加考慮，即下詔讓曾國藩署理湖北巡撫，曾國藩以「母喪未除，遽就官職，得罪名教，何以自古」。婉拒關防。咸豐帝順水推舟，隨即取消任命。賞兵部侍郎虛職「毋庸置理湖北巡撫。」[15]

但是，曾國藩率領的湘軍在同太平軍的戰鬥中，並非總是一帆順利。4月28日，曾國藩親自率領一支由40艘戰船，與800士兵組成的部隊攻打長沙靖港，就吃了敗仗。當時南風大作，水流湍急，其相加的

13　羅爾綱，《羅爾綱文選》，桂林：廣西師範大學出版社，1999年，第222頁。
14　吳國瑛、吳國璋，《天局：太平天國文化與中國近代史的開端》，南京：東南大學出版社，2021年，第306-307頁。
15　李瀚章編撰，李鴻章校刊，《曾文正公奏稿・卷三》，〈咸豐四年九月十三日謝恩仍辭署鄂撫折及折後朱批〉，載《曾文正公全集》，北京：綫裝書局，2014年。

作用力致使戰船無法操控。它們被太平軍俘獲或燒毀。曾國藩在剛剛被迫從岳州撤回後，就遭到第 2 次失敗，他又羞又憤，兩次跳水自盡，但每次都被朋友們救起。由於 3 天後有了湘潭大捷，有了勝過希望之光的勝利。[16] 曾國藩可以說是幸運的，因為這是黎明的到來，太平軍終於遇到了強勁的敵手，在沒有滿族人參與的情況下遭到了慘敗。

咸豐十年（1860 年）三月，太平天國打垮了江南大營。四月，進軍常州、蘇州，綠營最大的一支軍隊被擊潰。咸豐帝悔之晚矣。同月，始賞曾國藩兵部尚書銜，署理兩江總督；六月，補授兩江總督，並授為欽差大臣，督辦江南軍務。咸豐十一年（1861 年），命統江蘇、安徽、江西和浙江四省軍務，巡撫、提、鎮以下悉歸節制。同治元年（1862 年）正月，命以兩江總督協辦大學士。此時，曾國藩身膺疆寄，大權在握，十分風光。不到四年時間，攻下天京，取得了對太平天國的決定性勝利。[17] 由此可見，在圍剿太平軍的過程中，曾國藩起到了決定性的作用。

授予曾國藩的統一集權，按照其思維方式與行為行事。在其集中統帥下，湘軍的戰鬥力無與倫比。其用人制度、管理方式、和激勵行為，均超過了用「拜上帝」的理論，以「天父天兄」等宗教思維武裝的太平軍。與其說是湘軍的戰力超過了太平軍，不如說是湘軍的理論武裝似乎比太平軍更強大。

三、曾國藩與洪秀全的成敗原因

太平天國運動能夠維持 14 年，橫跨中國南部的半壁江山，固然有其可取之處。但是，在曾國藩領導的湘軍崛起之後，洪秀全領導太平軍

16　〔美〕解維廉著，王紀卿譯，《曾國藩與太平天國》，太原：山西人民出版社，2018 年，第 126 頁。
17　羅爾綱，《湘軍兵志》，北京：中華書局，1984 年 1 月版，第 52、53 頁。

的缺陷就逐漸暴露出來。從本質上講，湘軍與太平軍一樣，都是一支有靈魂的軍隊。但是，湘軍與太平軍的首領卻有著不同的志向追求，以及完整與欠缺處事謀略。

不同的志向追求

洪秀全的失敗，曾國藩的成功不是偶然的因素。兩個人的勝負命運從某種意義上講，在開戰前就已經決定了下來。僅僅是決勝出高低的時間尚未確定。

他們兩人都在五六歲入私塾，讀的都是孔孟之道與聖賢之書，《四書》、《五經》是其主要課本。他們學的都是八股文，走的都是參加科舉考試，以求進入仕途的道路。但是，洪秀全從十六歲到三十一歲，曾經四次參加鄉試，最後都名落孫山，大敗而歸，僅僅是一個落第秀才。而多年來的讀書生活，已經使他喪失了下田種地，進行農耕的能力與信心，僅能做一個私塾先生來維持生活。

相比而言，曾國藩二十三歲中秀才，二十四歲成舉人，二十八歲得進士，以個人之真才實學，躋身仕官的行列。同時，他又逢佳運與貴人相助，仕途步步高升。洪與曾有相同的經歷，卻導致了不同的結果。他們兩人對於《四書》《五經》及其注疏，一個是不通不透，另一個是滾瓜爛熟；一個是做文、做詩流於粗俗，另一個是嚴於律己、文章詩文均稱得上是上乘之作。

同樣都是書生背景，最後走上軍事對抗的道路。太平軍與湘軍，看起來是兩軍對峙，實際上是讀書人文化背景與不同志向的較量。因此，導致一個是立志造反，另一個是志在聖賢功臣；一個是有機會就貪圖享受，生活糜爛，另一個則是嚴格理性，生活自律。兩人因學識與修養不同，在學業過程中結交的朋友與同僚也有很大文化差異。

縱觀曾國藩的一生，他能夠在官場上取得了巨大的成功，這在很大程度上得益於讀書對於他的幫助。他通過讀書，領會官場興衰之道。在走上仕宦之途伊始，他便樹立了「為官，為國及為大同」的遠大理想。曾國藩在京師供職的時候，正是中國天災氾濫、內憂外患交加的時候。因為天災有黃河決口，內憂有太平天國，加上各地暴動此起彼伏；外患有「列強」虎視眈眈。所以在閒暇時刻，曾國藩閱讀了大量的古代史籍，琢磨古人的為官處事之道，一旦遇到具體的問題，便能把平時讀書所得知識，拿出來應用。

在戰亂頻繁、政務纏身的歲月裡，曾國藩始終手不釋卷。在他讀書榜樣的示範下，湘軍將帥們也積極加入到讀書的行列中來。尤為可貴的是，曾國藩把讀書學習作為一生之事，相伴終生。1871年，曾國藩的身體一天不如一天，為鞭策和警示自己讀書不要放鬆，他寫了幾句箴言：「死中求活，淡極樂生。」

在初次出山舉辦團練時，曾國藩便標榜「不要錢、不怕死」。他寫信給湖南各州縣公正紳耆說：「自度才能淺薄，不足謀事，惟有『不要錢，不怕死』六字時時自矢，以質鬼神，以對君父，即藉以號召吾鄉之豪傑。」曾國藩說過：「予自三十歲以來，即以做官發財為可恥，以宦囊積金遺子孫為可羞可恨。故私心立誓，總不靠做官發財以遺後人。神明鑒臨，予不食言。」[18]

不僅如此，他在戰爭閒暇之餘，還用多次採用家書的方式，教育他的兒子們。咸豐六年（西元1856年）九月二十九夜，曾國藩在江西撫州征戰的空餘時間，寫給兒子曾紀鴻的信中，他以一種較為少有的溫婉

18　馬平安，《晚清殤史：大清王朝滅亡之謎》，北京：中國文史出版社，2012年，第76-77頁。

語氣，諄諄告誡兒子要「勤儉自持，習勞習苦」，不要沾染官家氣息，保持寒素家風；讀書寫字不能間斷，早上要早起，以此培養勤奮的習慣。這封信可稱得上曾氏上千封家信中，最為銘記傳頌的一篇。

> 字諭紀鴻兒：
>
> 家中人來營者，多稱爾舉止大方，余為少慰。凡人多望子孫為大官。余不願為大官，但願為讀書明理之君子。勤儉自持，習勞習苦，可以處樂，可以處約。此君子也。余服官二十年，不敢稍染官宦氣習，飲食起居，尚守寒素家風，極儉也可，略豐也可，太豐則吾不敢也。凡仕宦之家，由儉入奢易，由奢返儉難。爾年尚幼，切不可貪愛奢華，不可慣習懶惰。無論大家小家、士農工商，勤苦儉約，未有不興，驕奢倦怠，未有不敗。爾讀書寫字不可間斷，早晨要早起，莫墜高曾祖考以來相傳之家風。吾父吾叔，皆黎明即起，爾之所知也。[19]……

曾國藩的小兒子曾紀鴻，此時年方九歲。曾氏在一連生了四個女兒後，到38歲才生有紀鴻，他對這個兒子自然極為疼愛。信中所述：「凡人多望子孫為大官，余不願為大官，但願為讀書明理之君子」、「仕宦之家，由儉入奢易，由奢返儉難。」

這兩句話，特別是後一句，百餘年來廣為傳頌在士人之間。他自己身為大官，卻不願兒子做大官。曾國藩這種家教言語，啟迪了千千萬萬望子成龍家長的心扉。

19　清‧曾國藩，《曾國藩全集‧家訓》卷四，「諭紀鴻：讀書重在明理」，西安交通大學出版社，2015年，第215頁。

正因為曾國藩講究道德和功業，教育子女流風所習，他身邊也逐漸集聚了一大批，有志於治國安天下的，兩湖籍知識界精英和將士。在曾國藩的率領下，湘軍官兵精誠團結，共赴國難，奮勇殺敵。

而洪秀全集團定都天京伊始，他就帶頭就大興土木，製造豪華的宮殿；創業伊始，他就開始大規模選美女。天王在金田起義，為了慶祝建國，迎娶了十五或十六名妻子。到達永安時，他聲稱有三十六名妻子。到達南京後，他妻子的數量增加到了八十八人。[20] 他的這種立足未穩，就開始講享樂的小富即安思想，帶動其他諸王之間相互攀比。後期，為爭奪王位又同室操戈，相互廝殺。在志向最求方面，曾國藩與洪秀全相比，真不知高出了多少倍。

民國時期的軍事戰略家、教育家，蔣百里認為：

> 湘軍，歷史上一奇跡也。書生用民兵以立武功，自古以來未嘗有。諺有之，秀才造反，十年不成，而秀才既咸矣。雖然書生之變相，則官僚也，民兵之變相，則土匪也。故湘軍之末流，其上者變而為官僚，各督、撫是也，其下者變而為土匪，哥老會是也。[21]

按照蔣百里所述，曾國藩與洪秀全都曾經是書生出身，並非有絕對的不同。湘軍可成為太平軍，太平軍亦可成為湘軍。兩軍之間，並無太大區別，成敗的關鍵，在於統帥人物的立志與「變相」。曾國藩立志高遠，嚴於律己，因此成為「上者」；洪秀全貪圖享樂，生活腐化，因此成為「下者」。湘軍也成為歷史上一大奇跡。

20　洪天貴福（幼天王）狀。轉引自簡又文《太平天國革命運動》，第128頁。
21　吳國瑛、吳國璋，《天局：太平天國文化與中國近代史的開端》，南京：東南大學出版社，2021年，第304頁。

由於受到過儒家思想的薰陶，曾國藩管理湘軍，首先制定的是一套「辨等明威」的軍禮，把尊卑上下的封建等級貫穿到營制組織中去。他訓練軍隊，重在思想性的訓練，技術性的教練倒在其次。湘軍之訓又分為「訓營規」「訓家規」兩種。其家規之中，「三綱五常」又是主要線索，把禮教放在了法律和命令之上。這與太平軍的「上帝」之訓，則有異曲同工之妙。[22]

隨時應變的處事謀略

　　如果說，洪秀全在太平天國起義初期，十分清楚自己是在拿宗教作為號召，發動人們進行反清鬥爭工具的話。那麼，在太平天國後期，有材料表明他真的沉迷於宗教，真的相信自己編造的謊言和鬼話，真的把自己看成了天父的第二子。

　　太平天國末期，天京被圍並難於防守，形勢極為危急。李秀成、李世賢多次提議，主張放棄天京，衝出重圍，佔據西北或進軍中原。對此唯一可以救亡圖存的良策，洪秀全卻聽不進耳。他頑固堅持「靠實於天，不肯信人」，偏執地認為「萬事俱是有天」助他。他斥責李秀成：「朕奉上帝聖旨、天兄耶穌聖旨下凡，作天下萬國獨一真主，何懼之有？」[23] 此時的洪秀全，完全不具備隨時應變的處事謀略。已經到了臨近敗亡的境地，他還一味靠天行事，以其錯覺、幻覺來鼓舞與激勵自己。他一直到臨死，還在勸導人們要相信皇上帝把幸福賜給天朝臣民，指望天父來保護天朝萬萬年。

22　吳國瑛、吳國璋，《天局：太平天國文化與中國近代史的開端》，南京：東南大學出版社，2021年，第307頁。

23　馬平安，《晚清殤史：大清王朝滅亡之謎》，北京：中國文史出版社，2012年，第76頁。

到太平天國後期，太平軍紀律廢弛是無可諱言的事實。許多官兵把擄獲的財物不歸公而私吞，並因劫掠而濫殺無辜，這些本是太平天國所嚴禁的事。賭博、抽鴉片的惡習也在軍中出現了。[24] 這些現象使軍隊的作戰力降低，也嚴重損害了軍民關係。太平軍不但要對付清朝的軍隊，而且連自己統治地區內的「土匪」也成了它所難以戰勝的敵人。因此，洪秀全敗給曾國藩，就是註定的事。

與洪秀全相比，曾國藩的人格更加健全，更能適應不同的環境。曾國藩的朋友，歐陽兆熊曾總結出曾氏的「一生凡三變」：即做京官時，以「程、朱」為依歸；至出而辦理軍務，又變為「申、韓」，自稱要著《挺經》，說明他強硬的手腕；咸豐七年從江西回家奔喪，又感悟「黃、老」處世的法則；到咸豐八年，再次出山後，改用「柔道」行之，這是第三變。[25] 曾國藩以這種一變再變，讓自己的內心去適應變化了的形勢和環境，以自己強大的統治能力，去調整自己的行事方針與策略，這是曾國藩的取勝之道之二。

歐陽兆熊（1807-？），湖南湘潭縣人，清末書法家、醫學家。道光十七年（1837）舉人。1838年初，曾國藩會試落第，路過湘潭時，曾因病居住在旅舍。歐陽兆熊諳熟醫術，留住旅店月餘，直至曾國藩病癒始去，以後兩人成為布衣之交。著有《水窗春囈》《四柏山房文集》、《兵法集覽》等書。

曾國藩在《挺經》一書中，詳細記錄了他在宦海沉浮中，總結出來的為人處事之道。是其從自身的成敗得失中，總結出來的一套獨到的，

24　胡繩，《從鴉片戰爭到五四運動》，上海：華東師範大學出版社，2021年版，第178頁。
25　清・歐陽兆熊，清・金安清撰，謝興堯（點校），《水窗春囈》，北京：中華書局，2007年。

為人、為官的基本原則和理論。所謂「挺」，即表示「事不可用盡，功不可獨享」。他在《挺經》中主要論述：大名面前要推讓幾分；盛時要為衰時著想；剛柔相濟，無為而無不為；百尺竿頭，不可再進一步；欠缺本身就是完美。

　　曾國藩以蓋世之功，而能於眾說詆毀中安然保全自身，全賴這一個「挺」字。他在國家遇到危難之時主動、積極參與，但以淡泊的出世之心來入世，在困厄中求出路，在困苦中求挺直。如此方能在前有猛虎，後有毒蛇的情況下，不受其左右，氣定神閑地享受人生之至高境界。

　　以「程、朱」之名為其增強讀書人的資本，再以法家的霸道，去推行自己的施政理念。與此同時，長袖善舞地周旋於複雜、陰暗的上層官場，包括在終結太平天國之後，面對眾人質疑他就地處死李秀成，以及打下被稱為「金銀如海，百貨充盈」太平天國都城後，卻沒有絲毫銀兩上繳國庫的疑問時。他一方面即刻解散湘軍，並令其九弟曾國荃返鄉。同時，向同治帝上奏「曾國荃因病請開缺回籍調理折」，[26] 力圖取得皇上的諒解。

　　另一方面，他又令李鴻章擴充淮軍，使自己仍能擁有一手對付朝廷、對付皇帝的好牌。這種權謀手腕的靈活切換，恐怕是洪秀全、楊秀清都不曾想到的。他們至死也不會明白，是太平天國的戰火培養了這位權力達人，也是太平軍將士的鮮血，成就了這位所謂的「古今完人」。[27]

　　李鴻章（1824-1901），雖然早在道光二十七年（1847年）中了進士，但長期間沒有得到什麼官職。太平天國戰爭前期，他只是在安徽巡

26　唐浩明：《唐浩明評點曾國藩奏摺》，濟南：山東人民出版社，2018年，第215-218頁。

27　吳國瑛、吳國璋，《天局：太平天國文化與中國近代史的開端》，南京：東南大學出版社，2021年，第309頁。

撫福濟手下任職。到了咸豐八年（1858年），他才當了曾國藩的幕僚。所以他和湘軍的關係並不深。不過他曾師從曾國藩，受到曾的賞識。在咸豐十一年冬，曾國藩決定派軍隊到上海方面去的時候，推薦李鴻章為江蘇巡撫，擔當這方面的主帥。

李鴻章受命到他的家鄉安徽廬州（合肥），依靠當地辦民團的地主們招募士兵，再加上曾國藩從湘軍中撥出若干兵營，李鴻章自成一軍，號稱為「淮軍」。淮軍的軍制完全按照湘軍的傳統，它是從湘軍所派生出來的。在太平天國戰爭結束以後，湘軍逐步遣散，李鴻章的淮軍成了最大的實力派。

四、太平軍在軍事戰略上的失誤

1853年3月，在建都天京後，太平天國的領袖們就設計了一個長期的軍事行動規劃，將規模已經達到500萬之眾的太平軍分為三個方面軍，分別為：中央軍、北伐軍和西征軍，由楊秀清（正軍師銜）統一全權領導，太平軍的領袖們以此為基礎，規劃了一個三線攻防的作戰戰略，每一方面軍隊分別執行一項任務。

如果北伐軍和西征軍，兩支遠征軍可以順利完成任務，並在四川會師，清帝國未被攻佔的省分就會一個接一個地被輕易佔領，太平天國也就可以統一中國。簡又文指出：他們的軍事規劃有三處根本性的戰略錯誤，決定了太平天國的革命者們最終覆亡的命運。

第一個戰略錯誤是，他們放任欽差大臣向榮和琦善在天京的前後門安營紮寨，不斷干擾他們的軍事行動。在遠征之前，他們應該傾全力消滅或者驅逐駐紮在附近的清軍；第二個戰略錯誤是，他們派遣兩路遠征軍同時出擊，而不是在攻佔北京前把力量集中在北伐上。最終的結果

是，北伐軍被切斷了和天京的聯繫，喪失了一切得到增援的機會，孤軍奮戰，前有阻截，後有追兵，成了清軍的盤中之餐，全軍最終被分割殲滅；第三個戰略錯誤是他們低估了上海對於革命的重要性。他們曾經做過佔領上海的假設，但當天地會（小刀會）回應太平天國革命，控制了這座城市的時候，太平天國則疲於西、北兩線作戰，無暇向東派出佔領軍，因此失去了佔領上海的唯一契機，同時也導致天地會在上海最終遭到鎮壓。[28]

胡繩也指出：太平軍進攻上海，犯了沒有一開始就集中足夠優勢的兵力的錯誤，所以在同治元年正月間，雖然已經迫近上海，卻沒有取得決定性的勝利。[29]

還有浙江省的研究學者指出：太平軍攻克寧波後，沒有派重兵去攻打定海（今舟山市），只用千餘兵力，以致進攻定海沒有成功，使定海成為清軍在浙東的重要基地，這是軍事戰略上的錯誤。後來，清軍就是從定海出發進攻鎮海（今寧波市鎮海區）、寧波，與外國侵略者相勾結，很快奪得寧波和浙東各地。寧波重鎮失守，對太平天國在浙江的局勢影響很大，從此，太平天國在浙江漸漸失勢，導致太平天國在浙江的革命活動最終被鎮壓。[30]

綜上所述，初期的湘軍與太平軍一樣，都是一支有靈魂的軍隊。湘軍之勝，並非勝在軍事能力；太平軍之敗，並非敗在其戰役素養。根本原因體現在領導人的決策能力與文化素養。太平天國革命運動雖然失敗

---

[28] 簡又文著，王然譯，《太平天國革命運動》，北京：九州出版社，2020 年，第 153-154 頁。

[29] 胡繩，《從鴉片戰爭到五四運動》，上海：華東師範大學出版社，2021 年，第 163 頁。

[30] 王興福，《太平天國在浙江》，北京：社會科學文獻出版社，2007 年，第 180 頁。

了，但是它極大地擾動了封建社會的舊秩序，促進了清代封建社會的崩潰。它向外國資本主義侵略者彰顯出來，中國廣大勞動人民中蘊藏著的不可估計的強大的革命力量，起到了阻止中國殖民地化的作用。

第十章：民眾基礎變遷與太平天國興亡

在國家發展與興亡的過程中，民眾基礎是一個極其重要的因素。它不僅是對政權穩定有很大的影響，同時也是各領域發展的基礎和保障。太平天國的民眾基礎，從最初階段軍民關係融洽，促進與繁榮經濟發展，到後期實踐上背離〈天朝田畝制度〉的基本主張，未能很好解決土地問題，導致民變情況不斷發生，從而喪失了民眾的基礎與支持。

一、初期建立良好的民眾基礎

太平天國初期的民眾基礎，主要體現在嚴格的軍紀管理紀律，創立「講道理」的宣傳教育活動，實施促進與繁榮經濟發展措施等方面，從而得到了佔領區市民的廣泛擁護與支持。

太平軍初期的軍紀問題

在太平天國初期頒布法令中，曾有不少是關於嚴格官兵紀律的條文。如太平軍制定的〈行營規矩〉裡，就有「令內外強健將兵不得亂拿

外小（即老百姓）」,「不得擄掠財物」,「不得焚燒民房」和「不得枉殺老弱無力挑夫」,等諸多條文和嚴格規定。[1]再如,在〈行軍總要〉中,有「不准兵士強姦民間婦女。一經拿獲,斬首示眾」。[2]這樣十分嚴厲的懲罰措施。

在太平天國初期,東王楊秀清就曾下令:「凡安民家,安民之地,何官何兵,無令敢入民房者斬不赦,左腳踏入民家門口,即斬左腳,右腳踏入民家門口者,斬右腳。」[3]其法令措施也十分嚴厲。1853年3月,太平軍在攻克南京城時,起初南京市民,特別是民女們人心惶惶。但見太平軍軍紀嚴明,「但擄掠而不姦淫,見女館則不敢入,於是覓死之念遂息」。[4]於是,南京民女們放棄了覓死的念頭。

太平天國各路將領在攻打每座城市時,都事先以發佈檄文的形式,告誡民眾與市民。如:1861年4月,在侍王李世賢率部進入浙江時,沿途頒佈檄文,檄文中說:「凡我軍所到之處,無不體恤民情,嚴禁滋擾……既未妄戮無辜,更不燒毀民屋。」[5]

李世賢(1834-1865),廣西藤縣大黎鄉人,出生於道光十四年(1834年),忠王李秀成的堂弟。1851年李世賢參加太平軍,1857年升為左軍主將。次年駐軍蕪湖,在寧國府灣沚鎮(今屬宣城)殲滅清浙江提督鄧紹良軍。1860年與陳玉成等合力消滅清軍江南大營,封為侍王雄千

---

[1] 太平天國〈行營規矩〉,中國史學會主編,《太平天國》第1冊,上海:神州國光社,1952年,第156頁。
[2] 太平天國〈行軍總要・禁止號令〉,中國史學會主編,《太平天國》第2冊,上海:神州國光社,1952年,第428頁。
[3] 〈李秀成自述〉,太平天國歷史博物館編,《太平文書彙編》,北京:中華書局,1979年,第486頁。
[4] 陳作霖,〈可園備忘錄〉,《太平天國史料叢編簡輯》第2冊,第368頁。
[5] 〈侍王李世賢勸四民投誠歸順諄諭〉,太平天國歷史博物館編,《太平天國文書彙編》,北京:中華書局,1979年,第133頁。

歲，爵稱「天朝九門御林軍忠正京衛軍侍王」，是太平天國後期重要將領。

1862年1月7日，李秀成第二次攻打上海之前，曾向上海松江人民、清朝兵勇及上海諸外國人等發出一份諄諭：「爾等試看我師一路而來，撫恤各處投誠之人，著即放膽，亦照該等急早就之如日月，歸之如流水，自當於純良之百姓加意撫安，其於歸降之兵勇留營效用。」[6]太平軍在法規和告示中是這樣宣傳的，實際情況也確實是這樣做的。

關於太平軍的軍紀，即使在封建統治階級和封建文人撰寫的史籍中，也透露出一些真實情況。[7]奉曾國藩之命，張德堅撰寫的〈賊情匯纂〉是千方百計搜集太平天國情報編纂而成的官書。在這部官書中也曾提到：「姦淫之禁，賊令甚嚴，謂之犯天條，和奸駢誅，強姦則殺行姦者。」[8]沈梓在〈避寇日記〉中曾記載，太平軍攻克杭州後，他向從杭州出來的人，詢問有關城內景象，來人說：「（杭州城內，滿營）將軍自刎，滿營官兵放火自燒而死，其餘官員之自刎者不少。城中百姓不甚傷。」[9]在這本日記中，沈梓還記載：「因忠王有令不許傷百姓一人，故（杭州）百姓並不加兵。」[10]作為湘軍首領，曾國藩在他撰寫的〈沿途察看軍情賊勢〉中也承認：太平軍「禁止姦淫，聽民耕種，民間耕獲，

---

6 〈李秀成諄諭〉，轉引盛巽昌，《實說太平天國》（增訂本），上海：上海書店出版社，2023年，第449-452頁。

7 王興福，《太平天國在浙江》，北京：社會科學文獻出版社，2007年，第102頁。

8 張德堅，〈賊情匯纂〉，中國史學會主編，《太平天國》第3冊，上海：神州國光社，1952年，第317頁。

9 沈梓，〈避寇日記〉，載《太平天國史料叢編簡輯》4冊，北京：中華書局，1963年，第98頁。

10 沈梓，〈避寇日記〉，載《太平天國史料叢編簡輯》4冊，北京：中華書局，1963年，第99頁。

與賊各分其半，傍江人民亦且安之若素。」[11]

當時與太平天國革命有過接觸的一些外國人，也留下類似的記載。在一些誦訊、報告中，他們也不得不承認太平天國軍紀律嚴明。例如，英國駐寧波領事夏福禮，在寫給英國駐北京公使卜魯斯的報告中說：

> 我曾親自秘密地、仔細地訪問過在杭州陷落後，去該城與在杭州陷落前的歐洲人，他們都很肯定地聲稱：「一切謠傳的大屠殺都不真實，那裡並沒有任何屠殺（除交戰時被殺的滿人以外）。在街上看不見死屍（只有很少幾個屍首躺在那裡，但也早被叛軍裝殮抬走了）。總之，杭州的情形，並不比目下寧波的情況壞。」[12]

作為親自參加過太平天國運動的英國友人，吟唎在他所著《太平天國革命親歷記》一書中，則介紹得更加明確。他寫道：

> 太平軍攻克杭州後，那些竭力狂吠太平軍殘暴而忘記了清軍殘暴的反太平軍者，大肆叫囂，用他們歪曲事實的狂想，醜詆太平軍濫行殺戮。不錯，許多人喪失了生命，可是除了在陣地戰歿以外，沒有一個人被殺，除了餓斃和自戕以外，也沒有一個非戰鬥員被害。[13]

形成鮮明對比的是，1864年6月，湘軍在攻破南京城後，「貪掠

---

11 曾國藩，〈沿途察看軍情賊勢片〉，轉引自范文瀾《中國近代史》，北京：人民出版社，1953，第439頁。
12 王崇武、黎世清，《太平天國史料譯叢》，上海：神州國光社，1954年，第9-10頁。
13 〔英〕吟唎，《太天天國革命親歷記》下冊，王維周譯，上海：上海古籍出版社，1985年，第404頁。

奪，頗亂伍」，致使本已殘破的南京城雪上加霜。據曾國藩機要幕僚，趙烈文在《能靜居日記》中記載：湘軍「亦四面放火。賊所焚十之三，兵所焚十之七，煙起數十道屯結空中，不散如大山，紫絳色」。此外，湘軍還肆意姦淫殺戮，連老者與2-3歲的幼兒也不能倖免，演變成殺人的遊戲。「搜曳婦女，哀號之聲不忍聞」，「沿街死屍十之九皆老者，其幼孩未滿二三歲者亦斫戮以為戲，匍匐道上。婦女四十歲以下者一人俱無，老者無不負傷，或十餘刀、數十刀，哀號之聲達於四遠」。就連曾國藩機要幕僚，趙烈文也認為「其亂如此，可為髮指」。[14]

基於以上史實，太平天國史專家簡又文先生在《太平天國全史》中評論這一事例說，太平軍初期「軍紀優良，斯為鐵證。」[15] 簡先生的評論是公允正確的。

由於太平軍紀律良好，為當地市民樹立了太平天國的良好形象，並建立起軍民於水情的親情關係。沈梓在〈避寇日記〉中寫道：「鎮守嘉興的將領廖發壽所部，軍民往來如水之平。」[16] 在浙江蘭溪，當老百姓前來向太平軍慰勞時，太平軍「答以衣服等物」[17]。由此可見，當時的軍民關係之融洽程度。

創立「講道理」的宣傳教育活動

為了建立良好的民眾基礎，太平天國創立「講道理」的宣傳教育形式，並傳令將軍與戰士，經常對當地群眾進行宣傳教育。當時，太平天

14　趙烈文，〈能靜居日記〉卷20，轉引自夏春濤，《太平天國與晚清社會》，北京：北京師範大學出版社，2018年，第45頁。
15　簡又文，《太平天國全史》下冊，香港：猛進書屋，1962年，第1729頁。
16　沈梓，〈避寇日記〉，《太平天國史料叢編簡輯》第4冊，北京：中華書局，1963年，第182頁。
17　光緒，《蘭溪縣誌》卷八，第27頁。

國對「講道理」非常重視，在律法中明確規定，「凡傳令聽講道理，如各官有無故不到者枷七個禮拜，責打一千，再犯斬首不留。」[18]

太平天國規定，凡是在徵收錢糧，鼓舞戰士鬥志，或鼓勵群眾去做艱巨的工作時，等等方面都要事先「講道理」，並對群眾進行各種思想教育，決不可強迫進行。在現存檔案中，保存有太平天國在浙江省進行「講道理」宣傳教育的記錄。例如：在湖州烏青鎮，太平天國地方官員每月定期「講道理」的活動。講道理時，太平軍戰士齊集「列坐聽講」。[19] 太平軍在杭州城內大方伯裡廣場，築有「講道理」用的高臺，講道理時，「堂下萬人來聽講」，[20] 說明當時聽講的人十分踴躍。在海寧花溪鎮，駐硤石的太平軍守將為徵集錢糧事宜，曾設立演講台，「並催完銀」。[21] 以此，來宣講征納錢糧的道理。

在浙江嘉興，太平天國駐當地行政長官輪流到各所屬各鎮，通過開展「講道理」的活動，來解決各種問題。有一次，在嘉興新塍鎮，因捐稅問題引發商人集體罷市。太平天國官員符天燕鄧專程前往嘉興，進行「講道理安民，於是開店」，不再罷市，說明這次宣講很有成效。[22] 在寧波，當外國侵略者進行種種挑釁，妄圖武裝侵犯時，太平軍將領戴王，黃呈忠集合寧波太平軍戰士，開展「講道理」活動，揭露外國侵略者的

---

18 張德堅，〈賊情匯纂〉，中國史學會主編，《太平天國》第 3 冊，上海：神州國光社，1952 年，第 231 頁。
19 甫裡，〈寇難紀略〉（抄本）。轉引自王興福，《太平天國在浙江》，北京：社會科學文獻出版社，2007 年，第 227-228 頁。
20 丁葆和，〈歸里雜詩〉，《太平天國史料叢編簡輯》第 6 冊，北京：中華書局，1963 年，第 462 頁。
21 馮氏，〈花溪日記〉，中國史學會主編，《太平天國》第 6 冊，北京：科學出版社，1959 年，第 691 頁。
22 沈梓，〈避寇日記〉，《太平天國史料叢編簡輯》第 4 冊，北京，中華書局，1963 年，第 67 頁。

種種罪惡行徑，動員戰士準備抗敵。[23] 從上面這些史料記載，我們可以看出，太平天國創立「講道理」的宣傳教育活動是經常進行的，並且也是有成效的。由此也激發了，當地更多青年人加入太平軍的熱情。

此外，洪秀全一貫厭惡鴉片。為整肅軍紀、扭轉頹廢奢靡的社會風氣，南京及太平軍佔領地均嚴禁吸食鴉片和黃煙，嚴禁飲酒、賭博。賣淫嫖娼現象查禁尤嚴，且貫徹始終，收效顯著。清人陳慶甲在〈金陵紀事詩〉中描述「莫道桑間舊染漸，煙花禁令卻森嚴」。[24] 出於讓民女從事後勤勞務的考慮，還禁止女子纏足。全城居民均改換或仿照太平天國軍服，其中男子一律用紅巾紮額。簡又文指出：太平天國施行的社會改良中最有價值的，便是將婦女從傳統社會被壓迫的底層中解放出來。

扶植工商業發展與製造錢幣

目前，國內學術界多從政權建設、思想意識等領域，對太平天國的成敗與階級局限性展開論述。但是，關於太平天國的經濟基礎，特別是農村的經濟秩序建立與運轉則亟待深入研究。

在太平天國時期，由於始終處於戰爭狀態，太平軍與清軍的戰鬥沒有停止過。為了軍務和安全的需要，在軍事要害的城市，太平天國是禁止商人在城內經商的。但是，在城市外和各鄉市鎮，太平天國對工商業卻採取保護和鼓勵的政策。[25] 如在湖州烏鎮，太平軍守將就發佈告示說：「各店鋪盡開，照常貿易。」[26] 在桐鄉濮院，太平軍將領也發告示：「爾

23　郭廷以，《太平天國史事日誌》下冊，上海：商務印書館，1946年，第888頁。
24　清・陳慶甲，〈金陵紀事詩〉，《太平天國史料叢編簡輯》第6冊，北京：中華書局，1963年，第403頁。
25　王興福，《太平天國在浙江》，北京：社會科學文獻出版社，2007年，第194頁。
26　甫裡，〈寇難紀略〉（抄本）。

等子民勿必驚疑，通商貿易。」[27]

忠王李秀成屬下一位部將，曾在杭州一帶張貼安民告示，要求「工商者復其工商，各安其舊，無忘故業」[28]。鎮守桐鄉的符天燕鐘良相貼告示中列出 13 則規條，其中一條是「商賈販賣，平價交易。」[29] 這些史料說明，太平軍在浙江是重視工商業的發展，鼓勵買賣。其它城市也有類似情況。吳熒愷在《劫難備錄》載，紹興「此時做生意者，到（倒）大發其財」，[30] 由此說明，當年從事經營商業者收入很大。

太平軍在城外往往劃定一定區域作為交易場所，叫做買賣街。如〈避寇日記〉中記載：「嘉興塘匯、南堰等處百姓開店，與長毛交（易），長毛稱為買賣街。」[31] 張爾嘉也在〈難中記〉中說，他被太平軍俘後，曾和太平軍老兄弟一起把十數車絲運到杭州郊區買賣街去出售，再買些魚、肉等食物回來。在一天裡，十數車絲能賣得出去。[32] 由此看來，當時杭州郊區的買賣規模還相當大。當年的《上海新報》記載道：「杭州城外，百姓生業，大為熱鬧」。[33] 由此說明，太平軍扶植工商業發展是有成效的事，並且受到當地百姓極大歡迎。

27　沈梓，〈避寇日記〉，《太平天國史料叢編簡輯》第 4 冊，北京：中華書局。1963 年，第 65 頁。
28　太平天國發佈，〈安民告示〉，中國史學會主編，《太平天國》第 2 冊，上海：神州國光社，1952 年，第 704 頁。
29　沈梓，〈避寇日記〉，《太平太平天國史料叢編簡輯》第 4 冊，北京：中華書局，1963 年，第 73 頁。
30　吳熒愷，〈劫難備錄〉（抄本）。
31　沈梓，〈避寇日記〉，《太平天國史料叢編簡輯》第 4 冊，北京：中華書局，1963 年，第 106 頁。
32　張爾嘉，〈難中記〉，中國史學會主編，《太平天國》第 6 冊，上海：神州國光社，1952 年，第 639 頁。
33　據壬戌年間八月二十八日《上海新報》新聞，轉引羅爾綱，《太平天國史》第 2 冊，北京，中華書局，1991，第 943 頁。

錢幣是促進商品經濟的流通手段，為了適應商業交易的需要，太平軍在浙江有些地方曾開爐鑄造錢幣。如丁葆和在〈歸里雜詩〉中描述：在杭州「以郡庠為硝館，兼鑄偽錢，其文曰『太平天國聖寶』，克復後，藥臼泥爐棄置滿地。」[34] 可見，平軍在杭州鑄造過大量錢幣。在記述太平天國在紹興情況的〈越州紀略〉中，也曾記載：「自號天朝，鑄太平天國錢」。[35] 另據簡又文考證：「太平天國在浙江各地鑄錢的不少，他在《太平天國典制通考》中說：「無論如何，浙江各王自行鑄錢，可稱定論」，[36] 馬定祥、馬傳德的《太平天國錢幣》一書中說，太平天國時期，浙江地區某一天地會組織在浙江也鑄造和使用過錢幣。[37] 鑄造太平天國錢幣，對於促進商品流通，繁榮經濟起到重要作用。

　　在金田起義時，太平軍共約 2 萬人，其中有戰鬥力的不足萬人。它的兵力逐步擴大。太平軍到達永安時，全軍有 4-5 萬人，有戰鬥力的人約近 2 萬。經過蓑衣渡一戰的損失後，進入湖南時剩下不到 1 萬。他們在湖南、湖北逐步有了十幾倍的擴充，從武漢東下時已經號稱擁有 50 萬之眾了。[38] 這是與太平軍初期嚴整的軍紀，以及創立「講道理」的宣傳教育活動，以及扶植工商業發展密切相關。

34　丁葆和，〈歸里雜詩〉，《太平天國史料叢編簡輯》第 6 冊，北京：中華書局，1963 年，第 461 頁。
35　隱名氏，〈越州紀略〉，中國史學會主編，《太平天國》第 6 冊，上海：神州國光社，1952 年，第 768 頁。
36　簡又文，《太平天國典制通考》上冊，香港，猛進書屋，1958，第 576 頁。
37　馬定祥、馬傳德，《太平天國錢幣》，上海人民出版社，1983 年。該書的附錄中有一節「浙江地區的天地會錢幣。」
38　胡繩，《從鴉片戰爭到五四運動》，上海：華東師範大學出版社，2021 年，第 78-79 頁。

二、土地問題與腐敗現象導致民眾基礎變遷

　　1853 年冬季，太平天國定都天京後不久，就頒佈了〈天朝田畝制度〉，這是太平天國的綱領性文件。其主要內容以解決土地問題為中心，包括社會組織、軍事、文化教育、司法等多方面內容。它主張「凡天下田天下人同耕」，和「凡分田照人口」。[39] 這是對封建土地所有制的根本否定，是要把封建土地所有制變為農民土地所有制。但是，由於種種主客觀原因，〈天朝田畝制度〉中規定的平分土地沒有可能付諸實現。相反，大量文獻資料表明，太平天國仍然維護舊的封建土地所有制。

　　太平天國在各省普遍推行鄉官制度。鄉官是縣以下太平天國的地方基層政權，設立軍帥、師帥、旅帥、卒長、兩司馬和伍長等官，全部由本鄉人出任，負責管理民事。按太平天國制度規定，軍帥之上還有縣一級的監軍，相當於清制的縣令；監軍之上還有郡一級的總制，相當於清制的知府。太平天國前期，總制和監軍等官職原則上由太平天國中央政府委派，太平軍中的軍官出任，直接領導各級鄉官，管理各地方民事事務，稱為「守土官」，不由本地人擔任。但是，到了太平天國後期，各省的情況就不同了，總制、監軍也由本地人充任，降為鄉官了。如許瑤光在〈談浙〉中明確地說：太平天國在紹興「設偽總制、監軍、軍帥、旅帥，謂之鄉官」。[40] 王彝壽在〈越難志〉中也說：在紹興，太平天國「官之在鄉者，鄉之人為之……最尊者曰總制，轄一郡；次曰監軍，轄一邑。」[41]

39　太平天國〈天朝田畝制度〉，中國史學會主編，《太平天國》第 1 冊，上海：神州國光社，1952 年，第 321 頁。
40　許瑤光，〈談浙〉，載中國史學會主編，《太平天國》第 6 冊，上海：神州國光社，1952 年，第 585 頁。
41　王彝壽，〈越難志〉，載邢鳳麟、鄒身城，《天國史事釋論》，上海：學林出版社，1984 年，第 359 頁。

太平天國後期，太平軍隊伍的組成比較複雜，收降了一批清軍和吸收一些遊民參加太平軍，這些人的紀律性往往較差。像嘉興、湖州一帶的「槍船」、台州的「十八黨」成員多數是遊民，參加太平軍後紀律鬆懈。太平軍收編他們之後，並沒有對於他們進行過改造工作，這是有很大責任的事。

　　另外，各地將領執行政策時，往往因人而異。在浙江的部分地方，竟然出現公開保護地主階級利益的情況。如在1862年，桐鄉濮院鎮太平軍守將鐘良相出告示說：「住租屋，種租田者，雖其產主他徙，總有歸來之日，該租戶仍將該還錢米繳還原主，不得抗欠。」[42] 這是完全站在地主階級的立場說話，太平軍保護地主利益的做法。還有一些太平軍將領甚至替地主設局催租，如嘉善有一地主寫信給人說：「據議此次收租，無論向例遙討限收，各業戶送票至局，由局蓋戳，發旅帥等著佃親送到業戶處」，由此他聲稱「以長毛之威，不怕租米不還也。」[43] 從而導致有些地方地主的反動氣焰十分囂張。

　　特別嚴重的事件是，太平軍鎮守杭州石門的負責人，鄧光明發給地主的「護憑」，並為其保護人。鄧光明，湖南人，參加太平軍後，為忠王李秀成部將。1860年隨軍轉戰江浙，1861年參與攻克杭州的戰役，與聽王陳炳文同駐杭州。1862年鎮守石門。站在地主立場上，鄧光明竟然對沈慶餘等地主的處境感到「可憐」，對農民打擊地主的行動感到「可恨」。他發給沈慶餘「護憑」，作為「永為保家之實據」。如果以後遇到什麼事，叫沈慶餘「放膽持憑即赴監軍衙門控告」，[44] 如監軍等

42　沈梓，〈避寇日記〉，《太平天國史料叢編簡輯》第4冊，北京，中華書局，1963，第73頁。

43　《趙氏日記》中〈復秋曉表弟〉、〈又致曉秋表弟〉。轉引自羅爾綱《太平天國史事考》，北京：三聯書店，1955年，第215頁。

44　〈匍天福李吏政書舒給沈慶餘會諭〉。太平天國歷史博物館編，《太平天

人不理，可來城向鄧光明本人控告，他一定會為其追究，「一洗沉冤」。此時，鄧光明及其部下，甸天福李某等人完全成為地主階級利益保護人了。

除了向當地居民徵收門牌捐、田捐等稅收之外，太平天國在浙江還有許多其他雜捐，如在嘉興一帶徵收房捐、火藥捐和柴捐等額外的稅收。同時，在洪秀全的帶領下，太平天國的各級將領紛紛仿照，在佔領區建立各自的王府。如南京的天王府十分壯麗，可惜天京陷落後，被清軍放火燒毀，「十年壯麗天王府，化作荒莊野鴿飛」；聽王陳炳文在攻克嘉興後，在主要城中心位置，建造其聽王府規模很大。自1861年動工興建，到1864年3月太平軍退出嘉興，還沒有竣工。其徵收經費浩大，均由當地百姓負擔。沈梓在〈避寇日記〉中記載：在嘉興「海塘費每田二十畝派費三千文，造聽王府費亦如之」[45]。可見當時徵收數目之大。

此外，在浙江一些太平天國官員和將領的生日壽慶、晉升開印也要向民間派費。在〈避寇日記〉還記載：「偽忠王做生日，濮院派費六百兩」；嘉興新塍鎮也有「辦忠王壽禮，惟人參、燕窩、蠟燭等物。」[46]這種名為賀禮之份，實為斂錢之舉。從官員生日壽慶、將領晉升開印等派捐中，可看出太平天國後期，各級政權的腐敗和嚴重封建化。正是這種腐敗和嚴重的封建化行為，加上農民階級不可克服的局限性和種種缺點，最後導致革命失敗。

受時代和階級的局限性，太平天國提不出新的社會改造方案，始終

國文書彙編》，北京：中華書局，1979年，第262頁。

45　沈梓，〈避寇日記〉，《太平天國史料叢編簡輯》第4冊，北京：中華書局，1963年，第237頁。

46　沈梓，〈避寇日記〉，《太平天國史料叢編簡輯》第4冊，北京：中華書局，1963年，第146頁。

難以突破前朝舊制，各項措施卻愈加繁雜無序，苛捐雜稅不勝其濫。北大研究學者劉晨指出：太平天國雖有後方基地，但將戰略重心置於「取民」。他們既不致力於恢復和保障農業生產以開源，又不精兵簡政以節流，一味依靠鄉官榨取資源，以致轄區居民民窮糧盡。不重視發展農業生產以支援軍需，也是絕大多數舊式農民起義的常見問題。太平天國領導層淡忘了農民利益，〈天朝田畝制度〉中「天下一家」理論構想也就難以繼續彙聚人心。[47]

歸根結底，太平天國沒有真正解決農民的土地問題，沒有真正打破封建土地制度對農民的束縛並動員農民，也就無法建立穩固的基層政權，找到走出農民戰爭失敗宿命的新路。加之太平天國領導階層腐敗日益嚴重，最終導致失敗。而在當時缺乏先進階級領導和先進理論指導的前提下，農民階級是無法解決這一關鍵問題。

三、民變事件頻發與政權根基動搖

太平天國後期，包立身事件、沈掌大事件和「蓋天王」事件是太平軍佔領浙江後，所發生的三起較大規模的，由平民領導民眾反抗太平軍事件，其規模均在萬人以上。它們與一般地主階級武裝的破壞活動不同，三位領導者均是平民出身，起事之因大都反映了民眾的主張與訴求，即反抗動因是與民生相關的經濟問題。它們聚眾起事與清政府沒有直接的組織聯繫。由此說明，後期太平天國的基層社會治理出現了嚴重問題，直接影響到太平天國政權的穩定。

---

47 劉晨，〈太平天國轄境蘇浙農村社會經濟秩序探析〉，載《歷史研究》2022年第 5 期。

持續數年的包立身事件

以往研究學者將包立身事件，歸結為地主階級的破壞活動。[48]實際情況並非如此。據史料記載，包立身（曾用名包立生），農家子，年20餘。有史料記載稱他「嘗往來肩販石灰」，可見其起身微末，很可能是一名自耕農。他的家世也不顯赫，全家17口人均在鄉務農，親屬中較有身分的是其姑表兄弟馮仰山，身在佐雜班，僅是個未入流的小吏。[49]所以基本上可以認定，包立身及其家族均屬於平民階層。

包立身曾經遇到過仙人，得到仙人的指點，常焚香默坐，預言吉凶之事，常被言中。大部分史料都認為，他曾經練習過「奇門遁甲」之術。因此鄉人稱他為「包神仙」。包立身還得到了一些中小知識分子的支持，在《浙江忠義錄》中記載的朱之琳、余觀瑩、傅觀濤、沈方頤均是士紳身分。但是，這些文人僅供驅使，大部分「文弱者亦揮戈從事」，少數類似於幕僚者參贊軍機則有之，統領大局、令行禁止的只有包立身一人。[50]包村的武裝是以包姓親族為各營總制的私人武裝集團，連負責軍資器械的文局，也設在其親信包尚傑家中。所以「平民精英」包立身的領導地位是無可動搖的。

關於包立身起事之因，可從現存的兩篇檄文中分析。這兩篇檄文是包氏反抗太平天國的綱領性文獻，反映他對抗太平天國的初衷。

第一篇為〈包立身討粵匪檄文〉。[51]這篇檄文中，揭示了包立身起

---

48 王興福，《太平天國在浙江》，北京：社會科學文獻出版社，2007年，第151頁。
49 毛祥麟，《墨餘錄》，包祖清輯，《義民包立身事略》，第16頁。
50 劉晨，〈太平天國後期浙江地區的民眾反抗事件〉，載《史學月刊》2020年第7期。
51 包祖清輯，《義民包立身事略》，國家圖書館藏書，清宣統三年（1911年）鉛印本，第25-26頁。

事的主要原因：一是太平軍軍紀敗壞；二是太平軍滅絕文化、踐踏風俗。該文署名「杭州王小鐵撰」。其形成時間在咸豐十一年（1861年）底，至同治元年（1862年）初。

1861年10月，太平軍先後佔領紹興、諸暨。包立身利用「邪術」托詞誓師，自稱「白鶴真人」傳人，創辦「白頭軍」，與太平軍大小數十戰，鄰近各縣百姓紛紛舉家來投。同治元年（1862年）五月，太平天國將領侍王李世賢、戴王黃呈忠、梯王練業坤、首王范汝增、來王陸順德等，率領10餘萬太平軍再次圍包村。7月27日，由梯王練業坤率大軍進攻，最終打下這個頑固的堡壘。包立身率殘兵突圍至馬面山時，被太平軍擊斃。

第二篇為〈東安義軍統領包為播告同仇齊心殺賊共襄義舉事〉，在海寧馮氏〈花溪日記〉和沈梓〈避寇日記〉中均有收錄。這篇檄文的形成時間或較第一篇略晚，大約在同治元年（1862年）三月前不久。此時，包村民眾已與太平軍進行了數次較大規模的戰鬥，雙方互有死傷。檄文言辭難免有不實之處，像「不論」、「無論」、「悉被」、「皆為」、「處處」、「均行」、「盡絕」這類絕對化的控訴，可能有所誇大。如補充兵源的方法，而太平天國「擄兵」的現象貫穿始終，實是早期普遍徵兵制的貽害。但是，太平天國在原則上奉行募兵制，各地均有不同程度的執行。故檄文所稱「不論工商農士，擄以當兵」，有所誇大。[52]

這篇檄文宣佈了太平軍十二大罪狀：煽惑邪教；濫殺無辜；姦淫婦女；索貢劫掠；焚燒屋宇；肆意擄兵；橫徵暴斂；嚴刑酷法；滅絕文化；僭越名號；殘害忠良；踐踏風俗。

---

52 劉晨，〈浙江的三起平民對抗事件〉，上海：《澎湃新聞・私家歷史》，2021年4月23日。

十二大罪狀可分為三個方面：第一是對太平軍後期軍紀敗壞的控訴（濫殺無辜；姦淫婦女；索貢劫掠；焚燒屋宇；肆意擄兵）；第二是對太平天國經濟政策的控訴（橫徵暴斂）；第三是對太平天國移風易俗社會改造的控訴（滅絕文化；踐踏風俗）。這說明引發包氏起事的主要原因，在於太平軍後期出現的軍紀不良問題，以及太平天國在社會、經濟政略方面的過失。而其餘善於煽惑邪教、嚴刑酷法、僭越名號、殘害忠良等罪名，帶有站在正統立場對異端邪說敵視之色彩，這應是包立身軍中的知識分子對檄文修飾潤色的結果。

在內容上，兩篇檄文均強調與反映包立身起事的重要原因——太平軍軍紀敗壞和破壞風習。而第二篇著重強調了第一篇幾乎全部遺漏的經濟因素，這可能對普通農民出身的包立身來說，則是重中之重。在包立身的第二篇檄文中，有大段的文字控訴的是太平天國捐費雜稅之繁重。因此，這場太平天國佔領區規模最大、持續時間最長、鬥爭最為激烈的農民反抗運動的失敗，具有綜合性的因素。其中，民眾抗爭的根源，在於對太平軍徵收重稅、軍紀敗壞和破壞風習等社會、經濟方面的問題。當時太平天國雖已佔領紹興府城及諸暨縣城，但實際並未完成對廣大鄉村地區的建政工作，大部分社會經濟政略還未及在包村及附近地方展開，包村民眾的對立主要起源於恐慌而非切實感受。

為民請願的沈掌大與「蓋天王」

沈掌大，嘉興海鹽縣澉浦鎮人，在各種史料中唯〈花溪日記〉作「沈長大」。他以「灌園為業」，家「赤貧」，是一位菜農，起事時已61歲；光緒《海鹽縣誌》在「殉難紳士兵民姓氏」表中錄其姓名，特意標明「民人」身分，以示不同，確屬平民層。咸豐十一年（1861年）5月11日，沈掌大先聚集千餘鄉民，至澉浦鄉官局質問鄉官姚成初，恰遇黃灣數百

鄉民亦來控訴。於是，眾人共同拆毀局屋、捆縛姚成初，又沿途再次捉打鄉官。至 5 月 13 日，反抗隊伍已聚集萬餘人，還配合清軍攻打海鹽通元、嶼城等鎮，後失利而返回。18 日，太平軍開始圍攻澉浦鎮，並索要首事諸人，沈掌大於 26 日挺身而出，後就擒被殺。

以沈掌大為首，海鹽農民反抗太平軍的原因，可概括為太平天國經濟政策的苛刻和鄉官政府的腐敗。與包立身起事不同的是，沈掌大起事的根源在於民眾對太平天國社會經濟政略的切實感受。在上述兩點內容中，民眾更加痛惡太平天國的橫徵暴斂。同時，鄉官政府雖然腐敗，對民變有促發性，但他們的作為也是執行太平天國經濟政策的體現。

劉晨指出：太平天國經濟政策體現在四個方面：勒貢、徵稅、完糧和收租。其中，勒貢是引發海鹽民眾對立行為的關鍵因素。光緒《海鹽縣誌》載「時有賊首號葵天豫來城安眾，號召吏民，旋令縣差高掌三邀人辦事，詭言必不擾害地方。未幾，責令四鄉貢獻，追呼無虛日。章賊復向南鄉逼勒鉅款，婦女悉脫簪珥以畀之，士民莫不飲恨」。由此可見，完糧和收租不是引發海鹽農民反抗的主要因素，雖然咸豐十一年春、冬太平天國海鹽當局有試圖恢復傳統社會經濟秩序的努力，但受主客觀環境掣肘，海鹽地區的田賦徵收工作直到同治元年十二月才得以全面展開。然而執行情況不佳，傳統社會經濟秩序未能成為太平天國施政的主流。在沈掌大起事前夕的咸豐十一年四五月間，太平天國官方的田賦地租政策還未正式頒布，徵收工作也未全面展開。

「蓋天王」事件，同樣是參加者因切實的生活所迫。同治二年（1863）八月，鹽梟陳三丫頭聚眾起義，人數約有一萬餘人。「蓋天王」並非首領代號，而是起事隊伍的精神象徵，起事者於海寧黃灣三神廟聚議，推廟中三神像為王，「所謂蓋天王者，廟中元武帝也」。至九月，民間就有「蓋天王」在紹興被清軍招安的傳聞。太平天國嘉興和海寧當

局對起事者展開抓捕，但成效不大。直到十月，饑民愈聚愈多，「招集饑民，投者無算，共萬餘」，太平軍「亦畏勢不敢動」。[53] 直到太平天國統治結束，這支主要由饑民組成的地方勢力仍然沒有被徹底驅散。

「蓋天王」事件，是太平天國佔領區農民因災荒與饑寒所迫，起身反抗太平軍的典型案例。同治二年十二月，太平天國桐鄉當局逮捕了3名「蓋黨」，經軍帥姚福堂審訊，錄有如下供詞：「我等本良民，饑寒所迫，故為行劫之計。……我等奉義而行，故所劫皆至公無私，本係饑民，不劫則死，死固分內事，子欲殺，則競殺之可也；若根究主使，則天神也，不可得也；若誅黨與，則隨地皆在，不啻數萬人，不可勝誅也。」[54] 這篇名為「民不畏死奈何以死懼之」的慷慨陳詞，反映了太平天國後期，對於統治區居民的橫徵暴斂行為，導致桐鄉地區數以萬人，民不聊生的真實寫照。

由此可見，將農村地區成功改造成為革命根據地，是贏得近代中國革命勝利的關鍵問題。而太平天國在構建農村社會經濟秩序混亂，民變事件頻發，導致政權根基動搖。這種失敗教訓值得深刻揭示，並引以為鑒。太平天國後期橫徵暴斂，腐敗亡國的經驗教訓是孫中山、毛澤東治國理政的歷史鏡鑒，也為當下的反「四風」運動提供了極好的反面教材，給執政黨的作風建設敲響了警鐘。

53　海寧馮氏，〈花溪日記〉，中國史學會主編，《太平天國》（六），第713頁。
54　沈梓，〈避寇日記〉，羅爾綱、王慶成主編，《太平天國》（八），第227頁。

第十一章：美國與太平天國興亡

　　1851年初，太平天國運動爆發後，由於其具有濃厚的宗教色彩，又以基督教相標榜，因而引起了美國政府、商人，尤其是美國傳教士的強烈關注。隨著形勢的發展和西方世界對這一運動的逐漸瞭解，美國政府的態度和政策也發生了明顯變化。通過對美國對太平天國態度及政策的變化發展的研究，可以分析美國與太平天國興亡的關係。

一、太平天國前的中美關係

　　1851年初太平天國建制立國，1853年3月迅速佔領南京，並定都為天京，形成與清政府南北對峙的政權局面。對此事件而言，西方傳教士也會陸續通過北京的《京報》，中國基督教徒，馬路新聞、謠言等對太平天國的奇特宗教性質的報導，從而對太平天國形成了大概的初步印象。

　　1851年之前，美國人在華以開展商貿活動和傳教工作為主。在商業領域，早期的美商貿易處境困難，不僅缺乏本國政府的軍事外交支

持，還面臨著滿清頑固排外態度的挑戰，但可觀的利潤仍然吸引了眾多美國人冒險前往。1844年《望廈條約》簽訂後，美國人利用所獲特權加速發展對華貿易。在對於中國的傳教領域，19世紀20年代，美國海外傳教興盛起來，然而受政策、語言和文化等條件的阻礙，傳教工作在中國進展得並不順利。對於金田起義爆發前的拜上帝會活動，包括傳教士在內的美國人並沒有引起足夠重視，受清政府當局和英國人看法的影響，他們只是將太平天國運動認定為一般性質的會匪活動。

美國擺脫英國殖民統治，獲得獨立後不久便開始向中國進發。1784年2月，一艘載重三百六十噸的商船「中國皇后號」駛離紐約港，經過整整半年的艱苦航行，於8月間抵達廣州，此次歷史性航行揭開了美中關係的序幕。自「中國皇后號」首航成功，到1844年《望廈條約》的簽訂，這段時期被視為美中關係史上的早期階段。[1]

在與中國的早期交往中，美國不僅涉足了商業領域，而且出於一種人道主義的驅動，還進入了宗教領域，以此來傳播基督教福音，為中國人在上帝的天國裡找一席之地。1829年，裨治文（E. C. Bridgman）接受宣揚基督福音的使命，成為第一個前往中國的傳教士，由此開啟了美國人一個多世紀的在華傳教活動。

然而，傳教士在中國的傳教事業進行得舉步維艱，他們一方面苦於語言的不通，一方面又受到清政府禁教法令的限制。為了合法地居留在中國，很多傳教士甚至喬裝成商人開展秘密活動。衛三畏（Samuel Wells Williams，1812-1884）給美部會秘書的信中寫道：「我是被作為一個貿易商報告給行商們的，並被安排在廣源行，這個商行的主人為

---

[1] 高靜，《美國對太平天國運動態度及政策的演變（1851-1864）》，山東師範大學碩士論文，2016年，第10-12頁。

我的遵紀守法提供了擔保，雖然我們從來沒有見過面。」[2] 令傳教士更為苦惱的還是文化上的障礙。中國是一個國民宗教意識淡薄的國家，泛神論與基督教具有強烈排他性。而且，以儒家道統學說為核心的中國傳統文化千百年來早已根植於中國人的內心，這種傳統文化意識以及道德習俗與基督教神學的劇烈碰撞，必然會引起中國社會對傳教士的抵觸情緒。在中國，普通信教甚至會遭到周圍同胞的孤立和歧視。

儘管阻礙重重，遠渡重洋的美國傳教士們仍然以極大的宗教熱情，投入到傳教活動中。臺灣研究學者鄧元忠指出：「太平天國興兵的前數年，到中國來的基督傳教士人數每年增加，並且多來自美國。例如，在1844年1月時，只有一位德國籍、十位英國籍和二十位美國籍的傳教士；在1848年有兩位瑞士籍、兩位德籍、十九位英籍和四十四位美國籍的傳教士」。[3] 在44位美國傳教士中，以羅孝全最為知名，並且與太平天國的關係最為深厚。

羅孝全（1802-1871），原名Issachar Jacob Roberts，美國浸禮會牧師。1802年，他出生於美國田納西州，1821年加入美國浸禮會，1833年被安排為牧師。1837年他被派到澳門，開始在中國的傳教生涯。他也是第一位來香港的傳教士。另外，他還因為與太平天國有著特殊的關係而聞名於世。

1842年，他在澳門學中文後，來到香港出席了聖經翻譯會議。1844年到廣州，開始改穿中國式的服裝，1846年還在那裡建立了一所小教堂。1847年，他認識了洪秀全，這對他以後的經歷產生了重大影響。

2　〔美〕衛斐列，《衛三畏生平及書信》，顧鈞、江莉譯，桂林：廣西師範大學出版社，2004年，第21頁。

3　鄧元忠，《美國人與太平天國》，臺北：華欣文化事業中心，1983年，第8頁。

在 1847 年，洪秀全曾去過廣州，師從羅孝全念《聖經》，終日鞠躬維謹。學道兩個多月，他想受洗禮；更希望受洗禮後，能在教會裡，求得一個固定的職業。美國華裔學者，著名歷史學家鄧嗣禹研究指出：若是成功，洪秀全可能成為傳教士的助手，過著平淡的生活，用不著革命了。不幸這位教士，自己未受過良好的教育，而且他生性孤僻，一生難與其他傳教士及美國教會合作。所以，當羅孝全一聞洪秀全想在教會中找工作，作為受洗禮的條件，馬上斥責他為謀求飯碗的基督徒。不給他施洗禮，叫他離開教會。此舉對於洪秀全的影響很大。假如他繼續研究《聖經》二三年，他後來的太平天國，可能符合教義，得著國際輿論的景仰與援助。[4]

太平天國前期，儘管美國傳教士舉步維艱，然而在 19 世紀 50 年代初，爆發的太平天國運動，讓他們看到了在中國傳播基督事業的希望。

二、美國傳教士的參與和影響

美國對太平天國運動政策的制定及執行過程中，傳教士扮演了非常重要的角色。由於美國較其他歐洲國家來說，與中國的接觸時間較短，對中國的政治經濟、歷史文化等方面的瞭解不足，所以美國在華傳教士對於美國與中國關係的影響更為重大。

值得注意的是，傳教士的確具備參與決策制定的能力。他們中的相當一部分人畢業於神學院，受過高等教育，具有神學、醫學或哲學博士學位，有著高於普通在華人士的觀察分析能力。不同於頻繁更替、不懂中文的外交官員；也不同於以盈利為目的、疲於奔波的商人，傳教士

4　鄧嗣禹，〈太平天國興亡與美國的關係〉，載彭靖編，《家國萬里：中國歷史的海外觀察》，北京：北京師範大學出版社，2018 年，第 63 頁。

們出於傳教事業的需要，常常久居中國，調查各地的風俗文化、人文地理等特徵，廣泛地接觸中國社會的各個階層。[5]因此，他們擅長調查、搜集和分析各種情報，然後以書信或者回國述職、演講和發表文章等方式，將其瞭解的情況進行彙報和公佈。

美國傳教士常常是根據，他們自己對太平天國的宗教、政治、軍事、社會經濟和道德風俗等方面的認識而進行論述。但是，隨著時間的推移，及對太平天國佔領區深入調查與瞭解程度，傳教士對太平天國的認識及態度的具體表現，經歷由間接到直接，從淺面到深入，由希望到失望的過程。隨著西方對華政策變化向清政府一方傾斜，且與之交戰，傳教士與太平天國的聯繫也隨之終結。

早期的印象與宣傳

從 1851 年到 1853 年，傳教士的認識主要呈現出間接性、無實質性的特點。他們與太平天國沒有直接的接觸，但是對其宗教充滿美好印象，流露出讚美的情感，極少數反對。1851 年 10 月 6 日，美國傳教士羅孝全提出洪秀全的大名，報告他的宗教歷史，在天堂見上帝的故事，並嚴正的指出，說洪秀全是基督教徒的革命運動者。並認為「在中國出現了比較開明的文明的曙光」的代表人物。同時，他興奮地說：「中國要革命了，要基督教化了，廣大的人民群眾要得救了。全世界各國的教徒，當用最大的努力，助主完成這個大革命。」[6]

經過羅牧師的宣揚，太平軍在軍事上的實際發展，太平天國的基督

---

5 高靜，《美國對太平天國運動態度及政策的演變（1851-1864）》，山東師範大學碩士論文，2016 年，第 66-67 頁。

6 鄧嗣禹，〈太平天國興亡與美國的關係〉，載彭靖編，《家國萬里：中國歷史的海外觀察》，北京：北京師範大學出版社，2018 年，第 63 頁。

教運動引起很多外國人的同情。好幾位傳教士，皆冒險去南京未成功；他們曾經在鎮江逗留幾天，覺得很滿意。經過鄧嗣禹研究後指出：冒險觀光南京的美國傳教士之一，是丁韙良（W. A. P. Martin），美國印第安那大學畢業生。他寫過三、四封信，要求美國政府承認太平天國。第一封信，要求美國嚴守中立；第二封信，他把太平天國運動與英國克倫威爾（Cromwell）的清真基督徒相比較，預言洪秀全在兩三年內一定成功，中國可成為美國最大的商場。所以，美國與其他國家一定不要援助清朝。為廣泛宣傳起見，他將他的信件在上海《華北先驅報》發表。[7]

丁韙良（1827-1916），美國基督教長老會傳教士。1846年畢業於印第安那州立大學，後入新奧爾巴尼長老會神學院研究神學。1849年被按立為長老會牧師。他於1850-1860年期間，曾在中國寧波傳教。由於他熟諳漢語，善操方言，1858年中美談判期間，曾任美國公使列衛廉的譯員，參與起草《天津條約》。1898年，京師大學堂成立，光緒皇帝授丁韙良二品頂戴，並任命他為京師大學堂首任總教習（現為北大校長）。在他89年的生命中，有62年生活在中國。據不完全的統計，他一生出版了中文著譯作42部、英文著述8部，並且在各種報紙雜誌上至少發表了153篇文章。

丁韙良在起義爆發後，就對太平天國表現出了一種濃厚的興趣。在晚年撰寫的回憶錄《花甲記憶》中，他說道：太平天國起義，傳教士們在討論這一運動對於傳播基督教信仰可能帶來的機遇。因而，他們都在通過各種努力來調查南京的事實情況。1853年6月的一天，他出發時頂風冒雨，決心冒險親眼看一下被太平軍佔領的南京。

7　鄧嗣禹，〈太平天國興亡與美國的關係〉，載彭靖編，《家國萬里：中國歷史的海外觀察》，北京：北京師範大學出版社，2018年，第64頁。

> 在一位中國基督教徒的陪伴下，我登上了一艘沿海岸航行的小船，途中遇上了暴風雨，我們被迫在一群島嶼之間躲避了一段時間。在上海，我雇了一條平底帆船，並買了一條小划艇；前者將我們載到了鎮江下游的清軍水師艦隊處，後者使我能越過封鎖線，以進入太平軍控制的區域。這些準備工作都是以極其秘密的方式進行的，美國公使已下令禁止美國人跟叛軍聯繫。為了避開美國聯邦司法區執法官的警戒線，我頂風冒雨，從吳淞口登上了（開往南京）船。[8]

經過艱難的航行，丁韙良終於到達了鎮江附近。但是，但由於有清軍攔阻以及河盜的騷擾，不得不中途又折回了上海。他希望拜訪太平天國的願望並沒有實現。在清軍與太平軍對壘的險要形勢下，太平軍對一切可能進入控制區的人和行船都要進行嚴格的檢查。所幸，丁韙良在去南京途中，遇到了幾個曾經參加過太平軍的當地百姓，這幾個人曾經參加過許多戰鬥。

不幸的是，他們是厭倦戰爭的人，所以悄悄地逃離了太平天國。儘管他們的行為是一種逃跑行為，但他們還是對丁韙良描述了大多數戰士的信心和勇氣。由於他們相信太平軍領袖是「上帝」的兒子，肩負著神聖的使命，所以，他們即便是面對清軍的圍堵也不會絕望。

在這一時期，無論西方傳教士是對太平天國的傳教事業期許或讚賞；或是對其保持平緩的態度，他們並未真正與太平天國接觸。他們只是道聽塗說，對太平天國流行的宗教傳說存在著某種不確定性，只是認為太平天國是與基督教有著某種聯繫。總而言之，這個時期美國傳教士

8　〔美〕丁韙良著，沈弘、惲文捷、郝田虎譯，《花甲記憶》，上海：學林出版社，2019年，第123頁。

對太平天國瞭解是間接性，其內容存在單一和片面性，同時還有著比較大的猜測性。

中期的拜訪與升溫

第一位前往太平天國統治區的傳教士，是美國南方衛理公會的戴作士牧師（Dr. Charles Taylor）。1853年6月2日，戴作士帶著兩大箱《聖經》和其他宗教冊子從上海出發，四天後到達鎮江。他在鎮江受到了熱烈歡迎，並被稱為「洋兄弟」。他通過對太平軍營地中所見聞，觀摩了太平軍的禮拜儀式，並有過這樣一段記述：

> 清晨和黃昏，讚美詩的聲音從這座被圍困的城市飄逸出來，我相信他們正在做晨禱，唯一不夠莊重之處是唱讚美詩的有民間樂器做伴奏，他們不做飯前禱告，卻用牲醴茶飯供奉上帝，就此推斷太平軍對《新約》教義仍一無所知。[9]

於是，他返船去取他帶來的宗教書冊。當他穿過清政府的封鎖線時，恰巧碰到清軍發動的攻擊，這使得太平軍誤以為戴作士是間諜。由此，戴作士被迫離開鎮江返回上海，無法再作深入調查。戴作士牧師通過與太平軍的短暫接觸，認為太平天國對基督教義並沒有深切的瞭解，其宗教因雜糅了迷信，領導者成為了絕對的權威。[10]他對於太平軍在鎮江的軍營、軍事部署情況，以及其禮拜儀式作了較詳細的描述。其中有讚美的態度，同時也指出其宗教參雜有迷信的成分。

進行太平軍佔領區的，第二位和第三位美國傳教士，是裨治文（E.

---

9 羅爾綱、王慶成主編，《太平天國》第九冊，桂林：廣西師範大學出版社，2004年，第77-78頁。

10 高靜，《美國對太平天國運動態度及政策的演變（1851-1864）》，山東師範大學碩士論文，2016年，第10-12頁。

C. Bridgron）和克陛存（M. S. Culbuston），他們分別是美國公誼會和長老會的牧師。1854 年 5-6 月期間，兩人結伴前往太平天國的都城南京，以及鎮江和蕪湖等佔領區進行長達二個月的考查。[11] 裨治文對太平天國政治、軍事和宗教方面作了仔細的分析和報導，認為他們只是名義上的基督徒。

克陛存對南京城的各方面作了詳細的勘察。他對太平天國宗教基本持擔憂與悲觀的態度。他認為洪秀全自稱是耶穌胞弟，東王楊秀清被視為「聖神風」，這是荒謬的。在南京期間，他看不見太平天國首領對「三位一體」教義有正確理解，神聖名詞只是作為他們無知，以及惡劣行為的藉口。他還認為，太平天國實際情況「只能增加我們隊這場革命之直接影響的擔憂，並不是增加曾經抱有的期望」；更是進一步表明「我並不認為去南京傳教的道路目前已經打開。」

裨治文（1801-1861）出生於麻塞諸塞州。1826 年大學畢業後到神學院進修，畢業後被封為牧師。受公理會聘請，於 1830 年赴廣州，成為第一位來華的美國傳教士。1832 年 5 月創辦《中國叢報》，並任主編 15 年。1839 年他曾到虎門，擔任林則徐的譯員。鴉片戰爭期間，曾任美侵華海軍司令的翻譯。後隨美國使團參與《望廈條約》的簽訂。

他曾在廣州及周圍活動長達 17 年，1847 年轉赴上海傳教，1861 年 11 月 2 日病逝於上海，享年 60 歲。裨治文是第一位來華美國新教傳教士，號稱「美國來華傳教之父」，更是美國漢學的早期奠基者、近代中國啟蒙的海外源頭之一，對近代中外交往產生重要影響。基於他在美國漢學界的影響力，1864 年出版《裨治文傳記》，介紹裨治文的生平事蹟。

11　高靜，《美國對太平天國運動態度及政策的演變（1851-1864）》，山東師範大學碩士論文，2016 年，第 55 頁。

因此，他的言論對西方列強在華政策的制定有一定影響。

從1853到1859年，自太平天國定都南京後，西方傳教士紛紛想與其發生進一步接觸，而當時太平天國並沒有表現出與西方人接觸的意向。另外，按條約規定，傳教士時仍被限於通商口岸活動傳教，赴內地仍屬違法行為，加之清軍的嚴密防守，傳教士與太平天國近距離接觸並非易事。因此，傳教士能夠與太平天國直接接觸的人數仍為少數。訪問的方式也多為走馬觀花式，訪問觀察對象多為民眾士兵等普通階層，並且多以口述、轉述等方式完成的。[12] 他們並沒有直接，或者是深層次接觸到太平天國高層首領們。因此，這一時期傳教士們對太平天國的教義、宗教儀式等方面雖有一定的認知，但對其宗教認識仍停留在表面的觀察，有較多的不確定因素，但其主調仍是抱有幻想。

1860年春，太平軍打了幾次大勝仗，消滅了清軍的江南大營，天京第二次獲得大解圍。6月2日，太平軍佔領蘇州，隨後又相繼攻克昆山、太倉和嘉定等地，與上海近在咫尺。於是有些趨炎附勢的外國人，對於太平天國又刮目相待。

最早從上海去蘇州的，是三位來自美國南浸傳道會的傳教士，哈特威（J. B. Hartwell）、花穆斯（J. L. Holmes）和克勞佛（T. P. Crawford）牧師。1859年，哈特威和花穆斯曾經首次抵達中國。他們試圖查明太平軍的所作所為和宗教信仰，以及對外國人，特別是對傳教士的態度如何。

1860年6月23日，三位牧師到達蘇州，在由50名騎馬和徒步士兵組成的隊伍護送下入城。守城主將劉瑲琳親自拜訪，並以西方的禮節

12　唐瑋婷，《西方傳教士的太平天國觀（1853-1864）》，吉林大學碩士論文，2016年，第6-7頁。

與他握手表示歡迎。傳教士們告知了劉主將上海方面的清方軍事實力，以及外國決心保護此商埠等情況，並以只談基督教義為由，婉拒了為其購買軍火的請求。劉瑲琳表示，若教士能替太平軍在洋人中疏通，他願意付給很大的報酬。[13]並指出目前城內情況尚未穩定，不宜傳教士們居住，但天朝十分歡迎外國傳教士和商人前來。

在經過交流詢問以及觀察後，傳教士們對太平天國宗教充滿著希望，說他們的政治軍事，比較大清帝國要進步。[14]克勞佛曾經二次到蘇州活動，帶回太平天國致上海各總領事書信 1 份。在天京活動時，他多次得到太平天國高級領導人接待；在蘇州之行時，花穆斯肯定了太平軍對基督教教義有基本正確認識。而後，他訪問南京時，卻表現出對上帝教的失望，轉而攻擊太平天國。

花穆斯牧師在訪問蘇州後，鼓足其餘興，從蘇州至南京，住了八天（8 月 7 日至 15 日）。他要求以私人的資格面見天王，未被批准，改由章王林紹章接待。在私人閒談中，章王又提出關於購買外國軍火的問題。花牧師不高興，以為章王瞧不起他；凡是外國人就是製造軍火或修理武器者。又因為天王的詔書中，稱他們為外族（utertribe），也使這位青年牧師不高興。他看見太平天國的官員，用烤豬肉祭上帝。在做禮拜、祭祀之後，大飽其口福，更不高興。於是他離開南京，寫一封長信，刊登在《華北先驅報》上面。他說「我此次到南京訪問，本預期得到良好的印象。其實上次到蘇州所得的良好印象，是引起我到南京一行的興趣。我離開南京，觀點大變了。我很傷心地找出他們毫無耶穌教的色彩，

---

13 高靜，《美國對太平天國運動態度及政策的演變（1851-1864）》，山東師範大學碩士論文，2016 年，第 46 頁。
14 鄧嗣禹，〈太平天國興亡與美國的關係〉，載彭靖編，《家國萬里：中國歷史的海外觀察》，北京：北京師範大學出版社，2018 年，第 65 頁。

徒擁虛名與假冒行道而已」[15]。

鄧嗣禹評論道：這一篇文章，給太平天國一個很大打擊。這時候，洪仁玕正在寫作〈資政新篇〉，企圖將中國現代化。並預先將幾部抄本送給西方外交官，以更新他們的耳目。剛剛把國際輿論改善一點，想不到花牧師戳穿紙老虎，給了天國一個很大的反宣傳。[16]

1860年10月到1862年1月，經過幾次失敗後，羅孝全終於到達南京，並在此居住了15個月。洪秀全優待老師，使他豐衣足食，並聘他作太平天國外務丞相、洪仁玕的翻譯，並與首領們多次展開宗的辯論。最初，他與洪秀全對宗教的見解交談後，仍寄予希望：「天王的教義並不十分正確，但只要給我時間和機會，我會努力去改正它。」[17]勸其改信奉上帝教。

住了一年多之後，兩人關係日趨惡劣。羅牧師藉故離開南京，指責洪秀全隨意修改《聖經》，對於太平天國天國大事攻擊，造謠言說太平天國反對國際貿易，所以，羅氏請求凡是歐美各國想在中國發展商業的，應及早設法把太平天國消滅。

而羅孝全發表這個惡劣的宣傳，對於太平天國的打擊，遠較花牧師為甚。因為他是洪秀全的宗教導師，一向是太平天國的熱心贊助者，最近在南京住了15個月，深知宮廷內幕，故他的惡言，非常有效力，使人信以為真。1860年8月，太平軍進攻上海，擾亂英國在華的商業中心，

---

15 簡又文，《太平天國典制通考》中冊，香港：簡氏猛進書屋，1958年，第932-933頁。
16 鄧嗣禹，〈太平天國興亡與美國的關係〉，載彭靖編，《家國萬里：中國歷史的海外觀察》，北京：北京師範大學出版社，2018年，第66頁。
17 羅爾綱、王慶成主編，《太平天國》第九冊，桂林：廣西師範大學出版社，2004年，第244頁。

英國早想撕破中立政策的假面具，實行武裝干涉，苦於國內輿論不甚贊成。羅孝全主張西方進攻太平天國的宣傳，正可謂洽合孤意。

這一時期，美國傳教士們近距離與太平天國首領們接觸，討論宗教問題。因此，傳教士對於太平天國宗教觀的認為更為全面，更加深化。

後期的不滿與詆毀

1861年，成為西方傳教士對太平天國宗教態度的轉捩點，也是其與太平天國認識結束的界點。太平天國的關鍵人物，干王洪仁玕則是引起這一變化的導火索。1861年2月8日，慕維廉牧師於南京與洪仁玕會談之後，在他的委婉勸說下，洪仁玕表露出，太平天國無意接受外國人的福音，天王並不接受依賴外援，而南京現實際是一座軍營，至少目前不會鼓勵傳教士這麼做。

3月，美國聖公會牧師，施約瑟初次訪問南京。描述太平天國境內淒涼景象，認為傳教前景黯淡。他在信中寫道：「現在，我對太平叛亂者的印象著實壞透了。自從與他們進行接觸，並親眼看到他們的真實面目後，我得出的結論是，他們根本不值得任何一名基督徒給予同情。除了可怕的褻瀆外，他的冒牌基督教似乎沒有對他們的道德產生絲毫的正面影響。……叛軍很不歡迎傳教士在他們間定居。此外，在他們看來，傳教士並沒有什麼可教給他們的東西。相反，傳教士應當接受他們的指導。」[18]

1861年5月，美國監理會兩位牧師，林樂知和藍柏同行，先後訪問了杭州與南京。他們考查後的結論是，對於太平天國不抱有希望，並用惡意的語言進行攻擊，形容叛軍到處殘害殺戮，破壞城市經濟，不適

18　Letters from S. Schereschewsky, *Western Reports on the Taiping*, p295.

宜傳播基督教。

1861年8月，美國聖公會牧師，艾約瑟曾與洪秀全採用書寫的方式，討論「上帝有形或無形」的論爭。洪秀全試圖勸其接受自己的觀點，艾約瑟感覺到極其沮喪，對太平天國宗教前景無比的失落，從而也對他們所謂的「拜上帝教」有了更深刻的認識。

洪秀全的拜上帝教信仰，混合了中國傳統禮教，他的幻夢和政治抱負，從梁發處閱讀《勸世良言》的思想，以及羅孝全處得來的基督教基本教義綜合而成，是一種多元素的混合體。由此，也在某種程度上註定了太平天國最終不可能被西方所接受的命運。

總之，傳教士利用他們的職業優勢，成為了溝通美國與太平天國的重要媒介，在影響輿論環境、參與政策制定等方面發揮了不可替代的作用。

三、美國的敵對態度與對太平天國的鎮壓

1854年以後，在美國傳教士的影響下，大部分美國人對太平天國的熱情開始消退。在此情形下，美國「中立」政策開始傾向清政府，期望聯合英、法等西方國家，通過共同修約的方式擴大在華權益，太平天國成了談判過程中逼迫清政府做出讓步的砝碼。雖然，1860年太平天國出現了重振跡象，傳教士餘興又起，使得「中立」政策受到了一定的衝擊，卻仍然沒有挽回太平天國與西方決裂的局勢。

美國與西方國家的敵對態度

1861年，隨著傳教士和商人們對太平統治區調查的失望，以及之後太平天國的忠實支持者——羅孝全的公開決裂，傳教士、商人和官

方最終統一了敵視態度，一道走向了太平天國的對立面。雙方的決裂為美國與清政府及英法合作鎮壓太平天國鋪平了道路。此時期飽受內戰之苦的美國政府無力顧及中國事務，只能與其他國家合作，支援他國的行動。英、法、俄三國在 1860 年《北京條約》簽訂後，就認定較好的政策是支持清政府，共同鎮壓太平天國運動。

1861 年 1 月，太平天國所承諾的，一年內不進攻上海和吳淞周圍 100 華里以內地區的期限將到。西方對太平軍即將進駐上海憂心忡忡，英人代表賓漢（H. M. Bingham）照會太平天國，提出更進一步的無理要求：一是要太平軍無限期地不進攻上海；二是把不進攻的地區，從上海一地擴展到包括漢口、九江、鎮江等地區。[19]

太平天國當局對此事的反應極為強烈。1862 年 1 月 1 日，蒙時雍代表太平天國嚴正拒絕了上述要求。這種公開對英國意圖不作理會的態度，是太平天國當局自 1860 年來所採取的友善對外政策的一大轉變。這種態度的改變，亦可見於在寧波的太平天國士兵的行為中。在該城內美國長老會和英國教會設有傳教站，開始時傳教士們對官員們與太平天國將領所安排的，保護外籍僑民的辦法深具信心，因此都留在城內。[20]正如第八章所述，作為列強在華經濟活動的中心，上海的重要性無可替代，因此當太平軍逼近時，他們就破門而出，直接與太平軍兵戈相見。

太平天國公開拒絕了賓漢的要求後，英國徹底撕下了中立的偽裝，決定武裝干涉。迫於形勢，清政府方面決定採用「借師助剿」的策略。早在杭州被圍之時，上海的官紳和商人們就已預見到太平軍必將攻打上

---

19 高靜，《美國對太平天國運動態度及政策的演變（1851-1864）》，山東師範大學碩士論文，2016 年，第 59 頁。

20 John Fairbank, *The Missionary Enterprise in China and America*, Cambridge, MA: Harvard University Press, 1974, p. 196.

海。他們一致行動起來，要求英、法駐滬軍隊保衛上海。

總之，當用基督教改造上帝教的企圖失敗，阻止太平軍進攻上海等地的和平談判亦告失敗後，外國侵略者便撕下中立的偽裝，與清政府一道，訴諸武力鎮壓太平天國運動。

華爾洋槍隊對太平天國的鎮壓

在對太平天國的鎮壓方面，1861年美國內戰爆發後，美國撤回了在華海軍力量。此時，雖因內戰無力直接參與，但美國與清政府及英法合作的態度非常明顯。縱有與英法合作鎮壓之心，卻難免力不從心。然而，華爾的洋槍隊恰逢其時地解決了美國無力兼顧中國事務的困難。

1831年，華爾（Frederick T. Ward）出生於美國麻州的沙瀾（Salem）港。早年受過一點軍事訓練，欲入西點軍校而未成。15歲時曾赴海外冒險，參加墨西哥與歐洲克里米亞等戰役。也曾投效法軍，任法軍中尉。1851年為美船大副，初次到上海，1857年任中國沿海航行船隻大副。1859年，華爾聞中國內亂，可以大發橫財，於是任職於航行長江下游的汽艇，仍為大副。不久改任中國軍艦「孔子號」軍官，得以結織上海著名商人楊坊，時年28歲。

1860年，蘇州、松江等地接連被太平軍攻陷，上海岌岌可危。上海富商楊坊等人成立「會防局」，欲求自衛。在忠王李秀成攻下松江以後不久，在美國駐上海領事的支持下，轉薦於上海道台吳煦。商人楊坊許諾，給華爾3萬兩銀子，叫他克復該城。[21]

華爾與楊坊協商達成一致意見：商人必須擔負軍餉，當收復一城或

---

21 〔美〕解維康，《曾國藩與太平天國》，王紀卿譯，太原：山西人民出版社，2018年，第190-191頁。

一鎮時，依其面積大小與戰略重要性，來決定給付紅利的比率。這樣，華爾募到一大群「酗酒粗暴的水手」，以富爾思德（Edward Forester）和白齊文（H. A. Burgevine）二人作他的助手，還有五、六位大多是英軍逃兵作訓練班長，組成了洋槍隊，以西式方法加以訓練武裝。

7月1日，他們與太平軍第一次接觸，華爾失敗而歸。他知道這些粗暴的水手不能作戰，於是重組隊伍，由200名菲律賓人與100名西方人組成。楊坊更為華爾取其妻。於是內援外助，酒色財寶，皆不虞缺乏。每遇戰役，這些醉淘淘的飛將洋兵，挾其優良武器一往直前，少有顧慮。[22] 7月17日，華爾率領這支重組的「洋槍隊」攻下松江，並以此城作為根據地。奪得松江後，截斷滬杭交通，給予太平軍一次嚴重打擊，上海的官紳大喜過望。同時，華爾及其所率軍隊在松江大肆搶劫。然而，美國官員對此的態度卻是十分含糊的，這與以往駐華代表們的表現有所不同。

此時，上海英美的海陸軍當局，仍輕視這一華爾及其所率軍隊，且與美國1848年的禁令顯相違背，不便公然馬上撕毀假面具，加以武裝干涉。所以，英美海陸軍當局，只有睜一隻眼，閉一隻眼，表面上拘捕華爾等人，禁止他們的活動。實際上暗中接濟軍火，任其自由行動，而英、美兩國又互相猜忌。

在這樣的國際情勢之下，華爾慢慢地得到英人的諒解，擴大軍隊的組織，改用中國兵員為基礎，與太平軍激戰於嘉定、青浦等處，屢建奇功。雖然華爾、白齊文等屢次受傷，傷癒後又重上戰場。為此，清廷加獎其成功的業績，譽為「常勝軍」，規模最大時擴充至五六千人。至

22　鄧嗣禹，〈太平天國興亡與美國的關係〉，載彭靖編，《家國萬里：中國歷史的海外觀察》，北京：北京師範大學出版社，2018年，第71頁。

1862年，英國海陸軍已與常勝軍公開的在戰場上合作，無復中立政策之諾言。

「常勝軍」雖名義上是私人武裝隊伍，但華爾在成立壯大隊伍的過程中是得到美國政府認可的。隨著華爾聲譽漸高，他在中國的「事業」不僅增加了清政府對美國的好感，而且還提高了美國在中國與英法的對等地位。這支受美國人指揮的中國軍隊，一度成為清政府鎮壓力量的主力軍，在協助清朝平定太平軍的軍事行動中，可與英法在蘇浙等地的行動並駕齊驅。這對於美國政府和蒲安臣公使來說，是事先無法預料而又欣喜萬分的事。

然而，在1862年9月21日，華爾奉李鴻章之命，親率「常勝軍」千人，自上海急急忙忙赴浙江慈溪督戰。當時，華爾在慈溪城外，正大模大樣地拿著望遠鏡向城內瞭望，城內太平軍用鳥槍打中華爾胸膛，華爾受傷，第二天死去。擊斃華爾是近代中國反侵略鬥爭史上的一件大事，在美國引起很大震動。美駐華公使蒲安臣專門為華爾之死向總統林肯報告：「本公使以沉痛的心情向閣下報告華爾副將的死耗。華爾係美國人，以其才能和勇敢在清帝國軍界中擢升副將高位。」林肯把蒲安臣報告的抄件送國會備查。[23] 從美國當局對華爾之死的震驚和重視程度，可看出天平軍擊斃華爾，對外國侵略者打擊的沉重效果。

1866年，由李鴻章出資，在上海外灘建立一座「常勝軍紀念碑」。這是為紀念1862-1864年間，在江蘇省攻打太平軍的常勝軍陣亡將士而建的。紀念碑原在外灘花園北門外，重建公園圍牆時劃入園內。它以正方形大理石為基座，基座上為三角錐形碑。碑上鐫刻漢文「得勝」二字，

---

23 〔美〕亞明德，《華爾傳：有神自西方來》，雍家源譯、章克生校，《太平天國史譯叢》第三輯，北京：中華書局，1985年，第150-151頁。

共鐫刻有 48 名陣亡的外籍常勝軍官兵姓名。因華爾列居首位,因而又被稱作「華爾紀念碑」。

歷經 14 年的革命運動,在清政府與美英法三國侵略者的聯合夾擊下,最終歸於失敗。但是,太平天國革命運動代表了 19 世紀中葉,中國人民反抗壓迫剝削、反抗外來侵略的時代訴求,其革命性與進步性不容否定。

第十二章：太平天國王府建築與壁畫藝術

　　太平天國後期，曾經在全國各地建築眾多的王府，對於當地居民形成很大的負擔，成為政權不穩定的因素之一。但是，從另外一個角度而言，太平天國的建築藝術有相當成就。現存的比較知名的太平天國建築，主要有蘇州的忠王府，金華的侍王府和嘉興的聽王府。其中，金華的侍王府規模最為宏大，分宮殿建築和住宅建築兩種結構，1988 年被國務院列為全國重點文物保護單位。

　　同時，在這些王府中還保存有各種太平天國壁畫，具有較高的藝術價值與觀賞價值。截止目前為止，太平天國壁畫發現約 35 處，集中分佈於江蘇、浙江和安徽三省。所以，國內學者太平天國壁畫研究主要集中於這三省發現的壁畫上面。但是，太平天國北伐時，太平軍進佔天津府靜海縣期間，所繪年畫在楊柳青一帶發現。這是目前研究學者尚未涉及與研究的內容。

一、王府建築的數量、分類與特徵

太平天國的王府建築，作為中國近代建築史中不可或缺的一部分，承載了這段波瀾壯闊的歷史，同時也隨著太平天國的起落興衰發生巨大的變化。太平天國政權建立的十四年，是動盪的十四年。王府建築並未在亂世中形成一套完整的建築制度。[1]但是，我們仍可從動態中一觀演變脈絡，總結出太平天國王府建築的獨有特徵及其演變動因。

太平天國初期，除天王洪秀全外，其餘諸將僅封為五王（即東王楊秀清、西王蕭朝貴、南王馮雲山、北王韋昌輝和翼王石達開）。兵鋒所到之處，即以清政府官衙作為臨時王府。咸豐九年（1859年）九、十月以後，洪秀全開始無節制地封王，太平天國後期竟多達2700多人。[2]太平天國的王位分為大王、小王若干等級，只有位高權重、擁兵一方的王者才能營建王府。太平天國王府，可分為京內王府和京外王府，以天京最為集中。太平天國後期版圖縮小，湖北、江西大部分均已不存，活動區域集中在江浙皖地區，遂在三省陸續建造或改建若干王府。天京城內外太平天國王府共20餘座，加上其他地區的，總數約50座。[3]但是，因其諸王在文化、制度和個性等不同因素，造就了相異的形制特徵。

在太平天國戰敗後，大多數的王府建築或毀壞或改建，原貌已不復存在。再加上清朝對這段歷史的極力掩蓋，部分歷史文獻已經丟失。有研究學者調研後指出：太平天國王府尚存有14座歷史遺存。[4]即南京天

1　侯雯，《太平天國王府形制特徵及其演變動因研究》，蘇州科技大學碩士論文，2016年，第1頁。
2　華強，〈太平天國王府考訂〉，載《太平天國及晚清社會研究》2021年第1期。
3　華強，〈太平天國王府考訂〉，載《太平天國及晚清社會研究》2021年第1期。
4　侯雯，《太平天國王府形制特徵及其演變動因研究》，蘇州科技大學碩士論文，2016年，第2-3頁。

朝宮殿（現總統府）、南京幼西王府（現瞻園）、南京英王府（現升州路藥材公司）、南京堂子街某王府（現太平天國壁畫藝術館）、常州護王府（現護王府紀念館）、常州志王府（現民元里一號）、金壇戴王府（現金壇博物館）、宜興輔王府（現宜興太平天國王府文物保護所）、蘇州忠王府（現蘇州博物館）、安慶英王府（現任家坡民宅）、杭州聽王府（現聽王府紀念館）、湖州堵王府（現錢業會館內）、紹興來王殿（現下大路電器公司）和金華侍王府（現侍王府紀念館）。

根據王府遺存與歷史資料來看，太平天國的王府建築基本上可以分為三類：第一類是新建，如天朝宮殿本是在南京兩江總督署的基礎上改建的，後遭遇大火又於原址重建，此類建築可以鮮明地看出太平天國王府建築的特性；第二類是在原址的基礎上改建，太平天國王府大多為此類，需從原有建築中剝離出太平天國的獨有特色；第三類是對原建築僅作裝飾性改造，一般是流動作戰時期的王府，或是封王後期一些食利貴族的住宅，這類建築也可挖掘出一些裝飾性特徵。

二、太平軍佔領南京前的臨時王府

明清時期，永安州是省府桂林的南面門戶，為水陸要衝之處，山勢雄壯，勢若龍虎，自古就是兵家必爭之地。因此，太平軍從金田發動起義，首先選擇在永安州開國。1851年10月1日，洪秀全進駐原永安知州衙門，以此為臨時天王府。

（一）永安的臨時王府

太平軍在永安城駐留了大半年，其間清軍一直圍困永安州城，但城內物資一直不足。1852年4月5日，太平軍只得於趁著大雨撤出永安城。作為一直圍追的清朝官員，清人丁守存在〈從軍日記〉中，記錄了當時

永安州內的情景：

> 進州署，見賊於署外張貼偽示甚多……，入縣署則黃紙裱牆，並有懸額二、三、四朝門字樣，內門塗黃，對畫龍虎……捕廳署則改為東王府，其署前照壁上有大炮子擊中一處，斜穿尺許。[5]

　　太平天國佔據永安的時期，僅有天王洪秀全與東王楊秀清占居衙署為王府，其餘諸王分別紮營於州署四周。諸王稱號是根據各王駐地的傳統宇宙方位命名的，且各進房屋「懸額二、三、四朝門」，似乎是儒家傳統序列的體現，無形地透露出他們的中國傳統思想。從記載看來，天王府與東王府僅有裝飾性改造，並未對原衙署進行組群佈局及單體形制上的改動，但從「黃紙裱牆」和「對畫龍虎」的表述可以看出，太平天國在永安時期，他們所設立的王府，就已有了自己的裝飾特徵，並以此種皇室天子才可用的「龍虎」紋飾，以及門內塗「黃色」來挑戰清王朝的威嚴。伴隨著太平天國政權的建立，太平天國王府雛形出現，並隨著往後國家的起落興衰而發生改變。

（二）武昌的臨時王府

　　太平軍在永安突圍後，繼續向北進發，於 1852 年 12 月連克漢陽、漢口。此時，天王洪秀全住在關帝廟，東王楊秀清則住在萬壽宮，他們與武昌城隔江相望。二十天後，太平軍首克省城武昌，原漢口幾處王府皆被搗毀，僅留有金絲披墊、圍幔、八仙椅等文物遺存至今。進駐武昌城的各王均以衙署為府，天王洪秀全居撫署，「用立匾黃紙朱字大書曰

---

[5] 清·丁守存，〈從軍日記〉，太平天國歷史博物館，《太平天國史料叢編簡輯》第二冊，北京：中華書局，1962 年，第 311 頁。

天朝門」[6]，東王楊秀清占藩司衙門，西王蕭朝貴據湖廣總督衙門，北王韋昌輝居住按察使衙署，翼王石達開則居住在學政署。各王府大門上都貼著黃紙，除門上畫龍鳳外，就連居室內的帷幔桌圍，都用繡有龍鳳圖案的黃綢裝點。

天王居住的武昌撫署是武昌城內，除總督署外等級最高的衙署，東王居住的藩司衙署等級略低於撫署，與北王居住的按察使署同屬「三司衙門」。翼王所住的學政署為三個道台衙門之一，等級低於上述衙署。作為城內等級規模最大的衙署建築，西王所居的武昌總督署，則位於武昌城內最西南邊，與四王的距離甚遠，或許這是其並未選為王府的原因。

在武昌時期，由於南王馮雲山已經死於戰爭途中，其餘四王大體按照等級，分踞當地衙署為王府。除西南邊的總督署外，天王府等級規模最高，且處於武昌城中心偏東偏北的位置，東王府與北王府等級規模次之，翼王府則再次之。從各王府的分佈來看，從這時開始，太平天國王府就已經不再按照各王封號的方位來選址了，而是分散於城內，便於軍事指揮。這是太平軍首次攻克省城，因此佔據的衙署等級規模都高於永安時期，且整體格局也更宏偉壯麗。[7]

在王宮的內部裝飾上，延續了「塗黃」、「龍鳳」圖案與朝門秩序。在永安到武昌的過程中，太平天國領導成員已經有了居住、議政的經驗，王府建築不斷發展，應該已經有了相關空間劃分。此外，這個時期，雖然沒有禮拜堂的相關文字記載，但禮拜活動還在進行，為滿足太

---

6 張德堅，〈賊情彙纂〉，中國史學會，《中國近代史資料叢刊：太平天國》第三冊，上海：上海人民出版社，1957年，第165頁。

7 侯雯，《太平天國王府形制特徵及其演變動因研究》，蘇州科技大學碩士論文，2016年，第23-24頁。

平軍禮拜等宗教活動，王府內部應該已經設有了專門場所。太平軍在武昌僅待了一個月，駐留時間短暫，所以除裝飾元素外，此階段的太平天國王府並未看出其他獨有特徵。

三、在南京建造或改建的王府

太平軍在攻克武昌後，並未能久留，僅有不到三個月的時間，於1853年2月9日開拔直下江南，四週後便兵臨南京城下。其聲勢浩大，似乘風破浪而來，清軍無不望風遁逃。經過20多天的攻城之戰，於3月19日，「六朝古都」南京失陷，引發舉國震驚。

此時正是建國之初，太平軍一路征戰，未有安身立命之所，且因懼怕清兵圍趕，沿途未敢稍作休息。直至江寧，見宮室富、器用美，心生羨慕，待破城之後，各王紛紛佔據衙署富室，開始大興土木，興建各自的王府。

（一）洪秀全天王府

南京的天王府外觀十分壯麗。可惜在南京陷落後，天王府被清軍放火燒毀。但是，我們仍可以依據現存史料，以及相關學者的研究成果，基本推測與還原其原貌。

1853年3月29日，天王洪秀全乘轎自水西門入主天京，佔據江南最高官員的衙署，即兩江總督署為府，擴建成天朝宮殿。在宮殿修葺期間，他先是住藩司衙門，4月才正式遷入天朝宮殿。在原兩江總督署的基礎上，洪秀全派人拆毀附近的行宮寺廟，搬運磚石木材，拓寬基址。其範圍大致是南到衛巷，北至楊吳城壕，西臨箭道，東達利濟巷。但是，它卻在即將完工時毀於一場大火，其原因不詳。次年四月，洪秀全復興土木，於原址基礎是重建宮殿。比起年前修建的宮殿，實則有過之而無

不及。[8]

　　仿照中國傳統皇宮的空間序列，從南到北依次是：天朝門、聖天門、忠義門、金龍殿、基督殿、真神殿、內宮。天朝宮殿整體呈矩形，四周以壕溝包圍，南面有內外兩重城牆，最外面的叫「太陽城」，裡面的則稱「金龍城」。不同於紫禁城的是，它不是完全的兩重城牆，僅南面闢門，也許是為了體現天王居所的等級感，又不至於疏離各王。同樣用一條中軸線連接並形成逐步展開的空間序列。

　　從天朝門（頭門）到聖天門（二門）之間，東西兩側各有一座吹鼓亭，內設有大鐘鼓。宮中朝儀可以在吹鼓亭中演奏，大鐘鼓也稱聞登鼓，可擊鼓鳴冤。聖天門內外，各有兩座朝房，但內外朝房功能不同。聖天門外的外朝房是太平天國朝中大臣議政、起草奏章的地方，聖天門內的內朝房則是宮內服務人員的生活用房，同時也是天王洪秀全召見朝臣時用以等候的場所。

　　自忠義門以北的金龍殿、基督殿和真神殿區域，開始為天王辦公空間。第一進為金龍殿。根據英國倫敦不列顛博物院原件記載，在「天」、「主」與各大臣之間，把「天王之殿」描寫成「榮光大殿」。這是洪秀全頒布詔旨的大殿，同時也是舉辦天朝典禮活動的主要地點；第二進「基督殿」與第三進「真神殿」，都是洪秀全在宮內舉行禮拜儀式之所，每逢重要節日，儀式就會異常盛大。第九進為三層高樓。

　　三大殿之後就是神秘的內宮，這是我國歷代宮廷中，建築佈局的慣例。天朝宮殿也不例外。至於中軸線上內宮的名稱是什麼，相關記載較少。當代學者候福同研究後指出：內宮除「正月宮」、「又正月宮」外，

8　侯雯：《太平天國王府形制特徵及其演變動因研究》，蘇州科技大學碩士論文，2016年，第25頁。

天朝宮殿內還有「副月宮」、「兩十宮」等名稱。「正月宮」是天王元配，早逝。「又正月宮」是王后的居住地，主人姓賴，名為是天王續配，幼主洪天貴福就是賴氏所生。天王把賴氏尊為國母，要眾妃嬪聽她教導。[9]宮殿後方與左右兩區，都有後建造的園林與水池。在最北面的「後林苑」內，洪秀全蓄養了許多猛虎異獸，可見園林範圍之廣。

　　天朝門外壕溝上架五龍橋，距橋一裡立一大照壁，壁上繪雙龍雙鳳，貼有太平天國官文黃榜，照壁兩側各有一塊牌坊，寫著「左旁門」和「右旁門」三個大字。天朝宮殿前共有牌坊三座，品字式，坊柱塗黃，上貼硃書黃紙對聯。照壁前適中搭造高臺名曰天父台，為每年天王生辰與東王禮拜上帝之所，台前築一高壇，約數尺高寬，禮拜之時用以焚燒祭祀。

　　總之，天朝宮殿規模宏大，氣勢雄偉。正如天王〈御制千字詔〉中所描繪的那樣：「京都鐘阜，殿陛輝鮮，林苑芳菲，蘭桂疊妍，宮禁煥燦，樓閣百層，延闕瓊瑤，鐘磬鏗鏘，台凌霄漢。」可惜，1864年這座壯麗的宮殿被湘軍縱火焚毀，宮殿中的寶器連同傢俱、宮女也被搶劫一空。劫後的王宮，建築「存者十不及一」，只留下二堂之前的穿廊、朝房、大殿和一些附屬建築如吹鼓亭、牌坊以及花園等。如今那坐落在池中的石舫，還在一片水波漣漣中回首當年那場慘烈的悲劇。

（二）楊秀清東王府

　　太平軍攻入南京城的當天，東王楊秀清就從水門入城，期間三遷府址。先是選址於等級規模上，僅次於兩江總督署的江寧布政使署，因懼怕鬼神，遂遷至城東將軍署。將軍署位於天京城正東，臨近城門，許是

9　候福同，《十年壯麗天王府》，南京：南京出版社，第27-35頁。

因東王稱號本意為掌管東方之國，於是便刻意選址於城東。

楊秀清選址於將軍署後，並徵用周邊宅地，擴大王府範圍，不久卻因臨近朝陽門，而頻繁遭受清軍炮火困擾，決定再遷府址。先是屬意遷於聚寶門內上江考棚，並後側邢宅花園連成一個整體，但動工之後，楊秀清卻不甚滿意，便又移至旱西門的黃泥崗，改前山東鹽運使何其興的住所為王府，並拆毀了周邊的房屋、市場，竊奪其物料，以開拓東王府地基。作為天平天國軍師，楊秀清的東王府內部佈局同天朝宮殿大體一致：王府前部為處理國家政務的議事殿堂，頭門兩側是屬官的附屬辦公空間，議事殿堂往後為居住空間，中軸線上形成連續的空間序列。內殿之後有一方池，與主路兩側形成龐大的園囿。東王府大門外則樹立一個照壁，大門與照壁間建有一座五層望樓，門旁大鼓一面，外牆塗黃，門繪龍虎，華麗與奢侈程度不亞於天朝宮殿。

另外，東王府頭門與二門之間，左右各設有一廳。東廳為「承宣廳」，西廳為「參護廳」，均為傳令官辦公處，府外不遠還有「侍從館」，專門守衛東王府的安全。其他典官、差役等處所分佈在王府周邊，直接服務東王府。各王府與其附屬的館衙形成了龐大的政治機構群體。

（三）其它主要王府

翼王石達開是諸王中最先進入南京城的，入城後初住青溪裡巷熊宅，此地緊臨後來的天王府北側，在太平橋旁邊。洪秀全選址完畢後，因天朝宮殿的擴張，翼王府就遷至斛斗巷劉宅，與其他王府一同位於天京城東南地區（此時東王府遷至將軍署，位於天京正東），臨近北王府，王府軒敞華麗，且因石達開喜好花草，又收城北妙相庵為花園。之後不久，奉東王之命，石達開鎮守安慶，期間翼王府遷至皇甫巷上江考棚處。但是，新王府的選址和改建都是在翼王不在時完成的，原因不詳，依常

理推斷，是蒙得恩之流奉天王命，遵照東王的具體指示辦理的。

北王韋昌輝王府，建於中正街前湖北巡撫李長華宅，待洪、楊二人王府完工後方才改造。西王蕭朝貴與南王馮雲山，雖於炮火中犧牲，洪秀全至天京後仍為其建造王府，由幼主襲爵入住，華麗程度與其他王府大略相同。後建的燕王府占居中正街程宅，豫王府則占居清朝江寧府署。

天京事變爆發後，上帝家庭重新構建，納入了主要的朝臣將領，天京城內新建的上帝家庭成員王府仍位於城市南部並逐漸向南擴散，除了原有的天王府與新建的忠王府、勇王府位於北門橋以南、中正街以北，以及顧王府位於北門橋以北外，其餘王府均位於中正街以南，改舊署或富民宅邸。但是，天王府仍是政治統治中心。

干王洪仁玕的玕王府，位於南京市秦淮區金沙井36號建築，現為南京市秦淮區委黨校。天京事變後，洪秀全一人獨掌大權，名為朝綱之首的干王，洪仁玕任軍師卻不掌握軍權。干王府內第一進房屋，為干王屬官六部的辦公地點，英國領事官富禮賜在訪問干王府時，就記下了他的所見所聞：「進府門向右，經過幾處骯髒的庭院，你就來到一排又髒又暗的房子，那裡是『六部』的所在地……我住在干王府時，戶部裡面堆有很多煤炭，禮部的用處更是等而下之」[10] 可見，封王中後期的王府雖同樣設有六部，人數卻遠少於前期，六部房佈置亦是十分冷清。

10　〔英〕富禮賜，〈富禮賜的天京見聞〉，羅爾綱、王慶成，《中國近代史資料叢刊續編：太平天國》第九冊，桂林：廣西師範大學出版社，2004年，第369-370頁。

四、太平天國在南京以外的王府

在天京城外，太平軍將領因統率軍隊部下繁多，各王割據一方，王府建築內設置的署官辦公之所，仍然佔據重要位置。他們聘用當地匠師，王府裝飾更為精緻，華美程度不亞於天京城內建築。英國人吟唎遊訪嘉興聽王府時，他就感歎，其空間格局雖與天京城內的王府相仿，但細節卻更華貴，乃「數百年來所未有」。[11] 因為京外的王府散佈各處，多招募當地民間匠人，王府建築裝飾中出現了地域性的特色。其規模最為壯觀的，當屬位於浙江省金華市李世賢的侍王府。

（一）李世賢的侍王府

侍王府位於浙江金華城東，鼓樓里 70 號，分東院和西院。東院原是清朝的試士院，其規模宏大，分宮殿建築和住宅建築兩種結構；西院是在原明代千戶所的舊址拓建起來的。宮殿建築主要在東院，是侍王府的主體建築，大門前建有高大的照壁，飛簷抖出，氣勢雄偉。照壁正背面都嵌滿磚石雕，有雙鳳牡丹、鶴桃、雙龍戲珠、雙獅抱球、仙鶴壽桃、蝙蝠豔雲、雙桃捧壽等等，雕刻粗獷與精細相融，工藝設計十分得體。

特別是照壁正中嵌的那一團龍石雕，龍眼突出，龍嘴張開，龍爪外伸，異常威武。在金華城鄉，曾流傳著這樣的傳說：太平軍為了雕刻好這個團龍透空的兩根龍鬚，竟換了許多石匠，可見雕刻之精細。這是目前國內僅存的一座太平天國照壁建築。[12]

距離照壁 100 多米，即為侍王府大門，進了大門，便是大殿，也稱

11　〔英〕吟唎，《太平天國革命親歷記》，上海：上海古籍出版社，1985 年，第 579 頁。
12　王興福，《太平天國在浙江》，北京：社會科學文獻出版社，2007 年，第 229 頁。

議事廳，傳說是太平軍舉行軍事會議的地方，建築宏偉壯麗。大殿後為過廳，連著二殿，組成「工」字形。最後是三殿，也稱耐寒軒。軒前有參天古柏兩株，相傳已有1000多年歷史。大殿之西為住宅區，也稱西院，有房屋四進。一進與二進之間有長廊，也成工字形；二進建築最講究，其中特別是正廳，也稱花廳，傳說是侍王李世賢辦公的地方，建築尤為精細。李世賢和王娘的住所在花廳附近；第四進是樓房，傳說是侍王部屬和衛士居住的地方。西牆有一邊門可通花園，現花園僅存望樓遺址一座，其餘都被破壞。花園前面有可集數萬軍隊的練兵場。西院為住宅建築，佈局和諧整齊。侍王府的建築物上繪有輝煌秀麗的壁畫、彩畫，還有精緻的木雕、石雕和磚雕。

太平軍退出金華後，侍王府被清政府占為通判，歷經兩署；光緒三十二年（1906年），改為金華師範學堂；民國以來一直為中學校舍，浙江省立第七中學、浙江省立金華中學、金華第一中學先後設在這裡，直至1963年止，侍王府一直都為學校使用。因改建等種種原因，侍王府部分建築受到破壞，1963年重新修整，基本恢復原貌，並成立「金華侍王府紀念館」，1988年被國務院列為全國重點文物保護單位。[13]

（二）陸順德的來王殿

除金華的侍王府外，在紹興有來王陸順德的來王殿，位於今紹興市下大路，其建築也很宏偉。據《太平遺事》收錄的有關資料記載，來王殿共有大小宮殿七進，「窮極侈麗」，[14] 王府內所有棟樑、牆面都有彩畫。殿後還有一所花園，園內有一假山，假山的岩石鑿有虎、獅等動物的形

13　王興福，《太平天國在浙江》，北京：社會科學文獻出版社，2007年，第228頁。

14　王彝壽，〈越難志〉，邢鳳麟、鄒身城，《天國史事釋論》，上海：學林出版社，1984年，365頁。

狀。來王殿的門首還有兩座石橋，名曰金鮑、王龍。目前，紹興的來王殿已被破壞，現僅存有一門斗，而大門前的石牌坊猶存。牌坊兩側有石柱，牌坊頂上有浮雕。[15] 來王殿的其餘部分，現已被糧食部門改作倉庫。

（三）陳炳文的聽王府

在浙江嘉興，有聽王陳炳文的聽王府，位於嘉興市小營巷61號。許瑤光在〈談浙〉中記述：府內「盤龍騫鳳，重規疊矩，前後七重」，規模很大，從1861年動工建造，至1864年3月嘉興失陷，「工尚未竟」。[16] 參加過太平軍的，英國人呤唎曾經見到過尚未竣工的聽王府，他在《太平天國革命親歷記》中也記載道：

> 我在這裡見到了，我在中國從未見到過的最華美的建築。這是一所尚未竣工的新王府，為該省長官聽王修建的……我在中國或其他國家從來見到過這樣富麗堂皇的石刻和木雕。根據我在中國的見聞來判斷，我認為這樣一種建築誠為數百年來所未有。[17]

從呤唎的記述中，我們可以看出，嘉興聽王府建築的華麗程度。1861年聽王陳炳文後調駐杭州，杭州小營巷也設有王府。杭州的聽王府，是將小營巷顧鶯之宅改為王府，隨後大興土木，將顧宅的大廳、庭院等精心更新了一番。1958年1月5日，毛澤東主席來到小營巷視察時，

---

15 王興福，《太平天國在浙江》，北京：社會科學文獻出版社，2007年，第229-230頁。
16 許瑤光，〈談浙〉，中國史學會主編，《太平天國》第6冊，上海：神州國光社，1952年，第578頁。
17 〔英〕呤唎，《太平天國革命親歷記》下冊，王維周譯，上海：上海古籍出版社，1985年，第579頁。

曾到過小營巷 61 號。[18]

如今現存的聽王府舊址，只留有三進，中軸線上從南到北依次是門廳、百桌廳、樓廳，第一進門廳東側為花廳。據說，最早東西向也有不少房子，但是在百年間已被破壞。從現有格局看來，王府並無大面積的苑園，多以庭院為主，小巧精緻。現今為聽王府紀念館。[19] 聽王調到杭州時，由榮王廖發壽鎮守嘉興，也大造王府。嘉興的榮王府，太平軍退出後，清政府改為嘉興府衙，民國時改為大軍營，曾駐過陸軍。王府內部全毀，只有大門左右兩邊的高牆民國時猶存。[20]

（四）黃呈忠的戴王府

戴王府位於常州市金壇區沿河西路 66 號，是太平天國戴王黃呈忠的府第，始建於 1862 年，即太平軍攻克金壇的第三年。黃呈忠（1826-1865），廣西人，是侍王李世賢的部將，曾轉戰於浙北、皖南一帶。初為寶天義、殿右軍主將，隨李世賢佔領景德鎮，後入浙江轉戰於浦江、上虞、餘姚等地。1862 年在攻克浙江慈溪時，因擊斃「常勝軍」頭目華爾有功，被晉封為戴王。

據金壇博物館記載，戴王府初建時，大門外有石獅、旗杆和照壁，前後共七進，占地 1624 平方米。前兩進（門廳、正廳）為公署，後五進為住宅，兩側有附屬用房和林園。戴王府坐東朝西，原門前的照壁旗杆已毀，房屋亦經改建。目前，保留彩畫的房間為第二進，即正廳是戴

18　王興福，《太平天國在浙江》，北京：社會科學文獻出版社，2007 年，第 230 頁註腳。

19　侯雯，《太平天國王府形制特徵及其演變動因研究》，蘇州科技大學碩士論文，2016 年，第 35 頁。

20　榮王府情況見簡又文《太平天國典制通考》上冊，香港：猛進書屋，1958 年，第 247 頁。

王辦理政務的場所。主路建築西側有很多附屬用房，右側修有林園。正廳三間寬15米，深10米，該建築已經進行了整體維修。正廳內的木構件除了門窗、椽子，其它部位都有彩畫殘留痕跡，彩畫的面積約170米。

五、太平天國壁畫藝術的記載與起因

在王府裝飾藝術上，太平天國的壁畫藝術具有獨特的風格。太平天國的領導人在攻克永安時期，就大膽地使用了清朝皇室才能使用的「黃色」與「龍鳳」圖案，武昌時期也繼承了這一特性。到了定都天京後，大力推崇民間藝術形式，發展了壁畫、彩畫與雕刻等一系列裝飾藝術，並按照等級嚴格規範了各王府大門上繪製的圖案，不准繪製人物。天京事變後，突破了等級限制與不准繪人物的要求。[21] 其裝飾要素百無禁忌，一般多具有地域性特色的元素。主要分為四類：山水生活畫、吉祥瑞物圖、攻防戰爭圖和歷史神話故事圖。

壁畫作為建築上的裝飾點綴，起源甚早，流行甚廣。壁畫形式活潑，是人民群眾喜聞樂見的一種美術形式。自周秦以來，在宮苑寺廟壁上多有繪畫。但是自宋代以後，達官貴族階層普遍注重卷軸畫，壁畫藝術逐漸衰落。

壁畫的製作材料是壁畫價值的載體，蘊含著豐富的資訊。到清代晚期，由於第一次鴉片戰爭之後，受西方國家工業革命的影響，大量工業合成顏料湧入中國市場，使得這一時期的壁畫製作材料呈現鮮明的特點。在清代傳統壁畫藝術衰落的大背景下，太平天國時期壁畫藝術的興盛，為我們研究太平天國史、江南地區水墨壁畫繪製工藝、晚清民間繪

21　侯雯，《太平天國王府形制特徵及其演變動因研究》，蘇州科技大學碩士論文，2016年。

畫藝術等，提供了真實可靠而又難能可貴的實物資料。[22]

太平天國大力提倡壁畫，使清代以後中衰的壁畫有了復興的氣象，且壁畫的藝術水準得到提高。太平天國在浙江許多地方繪有壁畫。最有代表性的是，是位於浙江金華的侍王府壁畫，現存壁畫94幅，總面積約280平方米。[23] 其壁畫內容豐富，主題鮮明，代表了太平天國美術的成就，具有獨特的風格，是我國江南地區殿堂壁畫的典型代表，具有重要的歷史、藝術和科學價值。

在現存史料中，有大量的文獻記載：在紹興，太平軍曾「征工匠，窮繪事」，[24] 組織許多繪畫工人從事壁畫。王彝壽在〈越難志〉記載，紹興來王殿「擴其地至數里，圍以城，拘畫工繪零龍虎人物於其壁」。[25] 紹興太平軍高級將領余光前的住處，也「四壁彩畫，皆獅、象、龍、虎」。[26] 又如在金華，侍王府內「瞥見畫壁紛雲龍」。在嘉興，太平軍的住處「大畫龍虎，門廳屋皆畫龍虎，廳事兩旁畫虎豹獅象……廳上也各畫五彩」。[27] 因此說，在浙江的金華、紹興和嘉興等地，都曾經發現有大量太平天國壁畫。

關於太平天國壁畫興起的原因，晉文霞認為有幾個方面：太平天國前期建立了一套合適的繪畫制度。第一，組織制度，即在社會上招募能

22　水碧紋等，〈太平天國侍王府壁畫製作材料的光譜學分析〉，載《光譜學與光譜分析》2024年第2期。
23　水碧紋等，〈太平天國侍王府壁畫製作材料的光譜學分析〉，載《光譜學與光譜分析》2024年第2期。
24　隱名氏，〈越州紀略〉，中國史學會主編，《太平天國》第6冊，上海，神州國光社，1952，第768頁。
25　王彝壽，〈越難志〉，邢鳳麟、鄒身城，《天國史事釋論》，上海，學林出版社，1984，第370頁。
26　〈微蟲世界〉，《近代史資料》1955年第3期，第91頁。
27　沈梓，〈避寇日記〉，《太平天國史料叢編簡輯》第4冊，北京：中華書局，1963年，第316-317頁。

工巧匠，在土街口設立「錦繡衙」，專門從事壁畫繪製與創作；第二，大力普及壁畫藝術，太平天國把壁畫作為宣傳教育人們、美化環境的重要武器，加以大力提倡和普及；第三，宮廷畫士與民間畫士相結合進行集體創作。宮廷畫士與民間畫士之間相互切磋，取長補短進行大規模集體創作，這在中國壁畫史上是前所未有的事。[28] 筆者認為，還有第四方面的因素，即太平天國主要領導人洪秀全的興趣所在。早在攻克永安時期，他就大膽地使用了清朝皇室才能使用的「黃色」與「龍鳳」圖案，武昌時期也繼承了這一特性，並以此炫耀其皇室的身分。

對於太平天國革命的組織者，他們來自於社會下層，除了自身對壁畫有天然的喜好外，還發現壁畫是一種凝聚人心的媒介。利用壁畫傳播太平天國政見，喚醒下層民眾重視自我的權益，認識自身的力量，號召天下所有受苦難的人投入到推翻清廷統治的行列中。因此，壁畫起到了戰鬥標語的作用，是下層民眾對自身價值的張揚，是對「天國」和「太平一統」生活的無限嚮往。[29]

由於壁畫具有以上特性，太平天國在定都南京後，就成立有「繡錦衙」機構，大規模地組織專業畫師和民間畫工，進行廣泛地壁畫創作。在此影響下，太平天國壁畫藝術得到空前發展。從天京城內各王府，到太平天國轄區各府邸、館衙均施以裝飾，其雕樑畫棟，金碧輝煌，無處不畫。[30] 這些壁畫和彩畫一反文人雅士卷軸畫受眾的狹隘性，對廣大民眾開了藝術的大門，得到大眾的熱烈歡迎與喜愛。

28　晉文霞，〈太平天國壁畫淺談〉，載《四川文物》1995 年第 5 期。
29　李倩等，〈太平天侍王府壁畫的文物價值〉，《東方博物》第七十二輯，2019 年 11 月。
30　羅爾綱，〈論太平天國壁畫〉，載《太平天國壁畫全集》，瀋陽：遼寧美術出版社，2011 年。

太平天國壁畫現存數量

在太平天國對於歷史與人類的貢獻之中，最為輝煌的藝術成就是壁畫。有學者研究後指出：自從 1952 年 1 月 18 日，在南京堂子街發現太平天國壁畫起，後又陸續發現包括南京如意里、羅廊巷，蘇州忠王府、安慶英王府、紹興來王府、金華侍王府，以及金壇戴王府等在內的十八處壁畫，共 126 幅。[31]

對於太平天國涉及的北方佔領區，胡繩經過研究後指出：1853 年 5 月，太平天國派出了一支有 2 萬人左右的軍隊繼續北上。這支軍隊從揚州出發，迅速地穿越安徽、河南，在鄭州以西的地區渡過黃河，迂迴到山西境內，八月下旬進入了直隸省，攻到天津城邊。這是這支勇敢的軍隊到達的最北地區。[32] 近年，太平天國北伐軍進佔天津府靜海縣期間，所繪年畫在楊柳青一帶發現。但是至今為止，尚未能被研究學者關注與研究。

六、侍王府壁畫的價值與創作者

太平天國侍王府坐落於浙江省金華市城東東鼓樓里 70 號。1988 年被列入是全國重點文物保護單位，1997 年被浙江省列為省內愛國主義教育基地。其中的壁畫繪製精美、內容豐富，是現存太平天國遺址中壁畫數量最多、規模最大的一處文化遺產。侍王府原占地面積 63000 平方米，遺址占地面積 17700 平方米，建築面積 3600 平方米，分成東西兩條軸線，東軸線稱東院，遺存三進建築：大堂、二堂和耐寒軒，是當年侍王舉行軍事會議和重要集會的場所。

---

31 任嘉敏，《金華侍王府山水壁畫〈四季捕魚圖〉研究》，中國美術學院碩士論文，2021 年，第 10 頁。
32 胡繩，《從鴉片戰爭到五四運動》，上海：華東師範大學出版社，第 82 頁。

侍王府現存壁畫的總類

　　侍王當年在東、西兩院繪製大量精美壁畫，彩畫，其牆壁，梁枋等木構上，目之所及無處不繪。至今，在西院遺存了大量的太平天國時期壁畫和彩畫。調查顯示，壁畫 94 幅，彩畫 375 方，是目前發現太平天國壁畫、彩畫最多的地方。[33]

　　侍王府西院共有四進。位於西院的一進、二進門廳是壁畫主要繪製區域，牆壁、門板、天花板以及走廊上有大量的壁畫、彩繪以及石、木、磚雕等藝術品。進入西院，第一進門廳外牆東壁繪〈太獅少獅圖〉，西側北壁繪〈雲龍圖〉，外牆西壁繪〈太平有象圖〉，西壁扇面牆上方繪〈平安如意圖〉，外牆門框兩側及上方〈群蝠拱壽圖〉；門廳內牆門框上方繪有〈鴛鴦荷花圖〉和〈卷草纏枝回紋圖〉，內牆四壁繪有〈八仙赴會圖〉〈樵夫問釣圖〉；東廂房東壁與第四壁繪有〈玉蘭牡丹圖〉；南壁依次繪〈梧桐牡丹圖〉〈黃初平叱石成羊圖〉〈竹雀秋菊圖〉，西壁依次繪〈八仙聚會圖〉〈庭院梧桐圖〉〈晨舍遠山圖〉〈鳳凰牡丹圖〉；西廂房東壁依次繪〈瓶畫臥狗圖〉〈教子送書圖〉〈樵夫挑刺圖〉〈貓蝶圖〉。[34]這樣多的藝術作品，在全國現有的太平天國建築中是獨一無二的。其規模宏大，數量眾多。

侍王府現存壁畫的價值

　　英國軍官吟唎曾親歷太平天國運動，在《太平天國革命親歷記》中對太平天國時期的經歷進行了詳盡的記錄和論述，對當時所見到的太平天國時期的王府壁畫進行了詳細記載。「壁畫雕塑各具巧心，精美絕倫，

33　李倩等，〈太平天侍王府壁畫的文物價值〉，《東方博物》第七十二輯，2019 年 11 月。
34　任嘉敏，《金華侍王府山水壁畫〈四季捕魚圖〉研究》，中央美術學院碩士論文，2021 年，第 10 頁。

燦爛奪目，顯示了中國工匠的巧妙技藝。」[35] 他認為，太平天國統治者將壁畫的裝飾作用發揮到了極致，「顯示了中國工匠的巧妙技藝」，也是政權地位的體現。

侍王府人物山水壁畫，表現的是江南水鄉的風土人情。其中，代表作〈四季捕魚圖〉，採用中國傳統山水畫的表現形式，畫面構圖嚴謹，色彩淡雅，人物形象栩栩如生，是清末浙派畫風的文人畫士所繪。軍事題材壁畫代表作：〈望樓兵營圖〉整個畫面縱向高277釐米、寬201.8釐米。畫面中繪有望樓、戰船和旌旗等傳統山水畫中極少展現的物象，以表現金華江防之場景，可以說是太平天國對軍事實力的宣揚和對政權統治能力的強調。很可惜畫面正中開了窗，主要畫面遭破壞。殘留的左面部分，中部處有一望樓，在最高層豎立有一面大旗，迎風飄揚。

太平軍的這種望樓，是為了戰爭需要，在設計上具有多種功能，其上平頂，周圍欄杆，不蓋棚，上層與下層建築面積差不多，使指揮員能在高處安穩地指揮。而遠處的戰鬥員能清楚地望見指揮員旗號，以完成戰鬥任務。在侍王府內原有望樓，因地勢建立於府內高阜之處，可隨時觀察敵情，號令參戰部隊。當年侍王李世賢就常常站在望樓上觀看軍隊操練。

傅抱石曾撰文談及太平天國壁畫時，他曾指出：「中國幾百年來，整個山水畫陷入形式主義的深淵和現實遠離，造成中國近代繪畫史的腐朽和空虛，太平天國時期壁畫的輝煌成就，首先在藝術上便提供了至堪珍貴的業跡」。[36] 中國美術家協會中國壁畫藝委會主任，王穎生教授在

35　〔英〕呤唎著，王維周、王元化譯，《太平天國革命親歷記》，上海：上海人民出版社，1997年，第356頁。
36　傅抱石，〈南京堂子街太平天國的壁畫藝術成就及其在中國近代繪畫史上的重要性〉，載《光明日報》，1953年第2版。

考察侍王府壁畫時，也對〈四季捕魚圖〉做出較高的評價，認為該組作品是具有文人畫遺風的江南山水壁畫的典型代表，對研究太平天國時期壁畫具有重要的參考價值。

俞劍華曾在《中國壁畫》中描述：「到了清代末葉，繪畫的衰頹已達到極點，興亡繼絕的責任落在了太平天國的畫家身上，而太平天國的畫家也確乎具有偉大的魄力與高超的技巧，反映了民族復興的氣象，製作了傑出不朽的作品。」他同時還就藝術風格進行論述，「以筆墨、色彩、構圖各種技巧來講，也都是上乘。以雄厚偉大、蓬勃發揚的氣魄來講，也超過了一千年來許多有名的大作家，直可以上繼敦煌初盛唐的壁畫而無愧。藝術性之高，是令人驚歎的。」因此說，他對太平天國壁畫的評論是極高的。

侍王府現存壁畫的創作者

太平天國壁畫的創作者，大多是組織泥水匠和專門以畫為生的畫匠繪畫的，也有善畫者參加太平軍後，擔任繪畫工作的人。在浙江省，有很多人參加過繪製太平天國壁畫。金華市羅店鎮的方紹銑，早年就曾參加過侍王府壁畫的繪製。

方紹銑，字梅生，金華羅店鎮人。1861 年侍王李世賢率太平軍攻克金華後，方氏兄弟四人一起加入了太平軍，因其善繪畫並十分熱愛繪畫，故作為畫師參與到侍王府的壁畫繪製和軍旗繪製當中，在當時也被稱為「長毛畫師」。曲無名在《天國志》中記載：「紹銑世以壁畫為業，俗呼為畫船匠者也……紹銑偕子弟同事輩盡極心技，描摹百態，無不絢麗。天國以禁偶像故，不許繪人物，而紹銑作〈樵夫挑刺圖〉，栩栩如生，諸王喜而不以為嫌。」由此說明，侍王府的將領們對於擅長畫人物畫的方紹銑，不僅不嫌棄他，反而讚賞有佳。

方紹銑故居現留有漁、樵、耕、讀〈四民安業圖〉壁畫，也與侍王府現存的〈捕魚圖〉、〈樵夫圖〉相同。由此可見，方紹銑參與繪製了大量侍王府壁畫，據文字記載，侍王府〈樵夫挑刺圖〉有可能是其所繪。《天國志》中還曾記載：「銑隨軍至蘇杭、紹興等，繪遍各府衙官署。」方紹銑作為畫師，曾跟隨太平軍到過蘇州、杭州、紹興等地，也可以發現，很多地方畫家曾跟隨太平軍在多地參與過壁畫繪製，這也就解釋了為什麼，太平天國不同地域壁畫的風格和題材存在相似的現象。1921年，天京陷落六十周年之際，已經八十餘歲的他為緬懷太平天國的英雄們，懷念自己的青春時代，飽含深情繪製了一幅〈英雄圖〉，其風格與侍王府三進東廂方門扇上方南壁第二壁裙板所繪的〈麒麟雄鷹圖〉如出一轍，更加印證了他曾參與過侍王府壁畫繪製這一史實。[37]

還有一位畫師，名為陳聲遠，浙江東陽縣人，是一位相當出色的泥水匠。據他的徒弟說，師傅曾參加過侍王府建築的施工。他保存師傅的壁畫粉本，其中一幅〈雙獅圖〉，與現存侍王府西院大門東壁的〈雙獅滾球圖〉很相似。還有浦江縣的李維賢也擔任過太平天國的畫師。李維賢是浦江李源蓮塘沿人，1861年9月，李世賢部將徐朗攻下浦江，李維賢即參加了太平軍。他擅長畫人物，亦擅長畫山水、花鳥和獅虎，參加太平軍後就擔任畫師，在軍中繪製軍用飾物。李維賢隨軍到各地，在各地的太平軍駐地繪製壁畫。太平天國失敗後隱姓埋名，流寓他鄉，一直到1874年才返回家鄉，後從事壁畫、泥塑與寫真，但所有作品都不署名號。

參加侍王府壁畫繪製的還有「以畫為生」的朱小尊（又名朱彝）。清人齊學裘在《見聞續筆》書中，關於「朱小尊」詞條中，記載朱小尊

---

37 王興福，《太平天國在浙江》，北京：社會科學文獻出版社，2007年，第235-236頁。

被太平軍所俘情況：「走之半路，離侍王府一箭之地，忽執令刀賊問彝在妖裡所做何事，彝雲繪畫為生。賊大喜，即向拿令旗賊首說，此人能畫畫，我們將他帶回館子畫畫豈不妙哉！賊云甚好。當晚至金華府城館子中，賊云請先生畫畫，彝即大揮禿筆，畫官兵長毛交戰，兼畫各色花卉翎毛，又寫文書信件，賊酋大喜，待如上賓。」[38] 關於朱小尊為太平軍繪畫的情況，齊學裘在書中描寫的內容非常生動。

雖然太平天國壁畫的作者並非出名的畫家，整體的藝術水準放在整個中國畫史中並不算太好，但是作為一個特殊時期，出現的一批「現象級」的藝術品群，其藝術價值值得世人的關注與探究。[39]

儘管太平天國在中國歷史上留下的篇章不長，從革命運動興起到失敗僅有 14 個年頭。但是，在此期間興盛的太平天國壁畫，卻極大地推動了我國壁畫藝術的進步，是繪畫史上的一朵璀璨奇葩。

38　清・齊學裘，《見聞續筆》卷二〇，光緒二年刻本，第 5-6 頁。
39　任嘉敏，《金華侍王府山水壁畫〈四季捕魚圖〉研究》，中央美術學院碩士論文，2021 年，第 12 頁。

後記

　　2018 年前後，在編寫《鄧嗣禹文集》時，我就曾經收集、整理大量有關太平天國科舉的史料。而作為第一卷，鄧嗣禹《中國考試制度史》增補版一個章節內容，由於原作者的寫作風格與內容的限制，我僅使用了有關太平天國科舉考試的部分內容。2023 年 8 月，文集出版之後收到了較好的反響。特別是在 2023 年 9 月，在南京參加「第二十二屆科舉制與科舉學國際學術研討會」期間，許多研究科舉學的專家、教授與學者朋友們都希望進一步瞭解，有關太平天國科舉歷史的更多內容。

　　在 2023 年 10 月至 2024 年 1 月期間，我曾先後接受過中國「匠心品牌」和美國「華人驕子」主辦的訪談節目。在介紹外祖父鄧嗣禹出版的，四部太平天國研究著作時，主持人都從不同角度詢問，我在這方面增補的內容與貢獻。2024 年春節期間，華東師大教育學院李林教授在拜年的微信中，再次詢問這本書的寫作進展情況。由此，促使我下定決心，儘快完成《太平天國科舉與社會史》書籍的寫作工作。

　　然而，真正投入到寫作之中才發現，由於現有的參考資料很少，這

部書籍涉及的研究領域又比較寬泛，難度可想而之。但是，我願挑青燈書黃卷，孜孜矻矻，拂去歲月的塵埃，打撈記憶的殘片，找到先人留給我們的琳琅珠玉，並傳之於後世。書中即有我對於國內外研究成果的最新總結，也包含有我已經發表，或者即將發表的文章與論文的內容。由於時間關係，書中的內容或許還有許多不成熟與不完美之處，期待出版之後能夠與專家和學者們交流。

在此，我要感謝臺灣蘭臺出版社，是他們認定這本書的出版價值，給予出版繁體版本的安排。希望這本填補國內空白的書籍，不僅能夠走入海外，並且早日能夠有外文版出版。

最後，特別感謝多年來一直關注我的歷史與科舉專業研究學者、評論家朋友、高校在讀的博士與碩士研究生，還有科舉群、進士後人群中的朋友，以及全國未曾見面的文史愛好讀者。是他們的關注、鼓勵和祝福，成為我前進的動力。

時光荏苒，學無止境。我會繼續勉力前行。

作者郵箱：pengjing62917@sina.com

彭靖
書於上海，海上書屋
2024 年 3 月初稿
2025 年 3 月定稿

國家圖書館出版品預行編目資料

突破棘闈：太平天國科舉與社會史 / 彭靖著. -- 初版. -- 臺北市：蘭臺出版社, 2025.09
　　面；　公分. --（中國制度史研究；3）
ISBN 978-626-98677-9-0(平裝)

1.CST: 太平天國　2.CST: 科舉　3.CST: 社會史　4.CST: 研究考訂

627.7408　　　　　　　　　　　　114011156

中國制度史研究3

突破棘闈：太平天國科舉與社會史

| 作　　者：彭靖 |
| 總　　編：張加君 |
| 主　　編：沈彥伶 |
| 編　　輯：徐芷筠 |
| 美　　編：徐芷筠 |
| 封面設計：塗宇樵 |
| 出　　版：蘭臺出版社 |
| 地　　址：台北市中正區重慶南路1段121號8樓之14 |
| 電　　話：(02)2331-1675或(02)2331-1691 |
| 傳　　真：(02)2382-6225 |
| E—MAIL：books5w@gmail.com或books5w@yahoo.com.tw |
| 網路書店：http://5w.com.tw/ |
| 　　　　　https://shopee.tw/books5w |
| 　　　　　博客來網路書店、博客思網路書店 |
| 　　　　　三民書局、金石堂書店 |
| 經　　銷：聯合發行股份有限公司 |
| 電　　話：(02) 2917-8022　　傳真：(02) 2915-7212 |
| 劃撥戶名：蘭臺出版社　　　　帳號：18995335 |
| 香港代理：香港聯合零售有限公司 |
| 電　　話：(852)2150-2100　　傳真：(852)2356-0735 |
| 出版日期：2025年09月 初版 |
| 定　　價：新臺幣680元整（平裝） |
| ISBN：978-626-98677-9-0 |

版權所有‧翻印必究